本书初版曾入选 普通高等教育"十一五"国家级规划教材
"十二五"江苏省高等学校重点教材

にほんご
日语泛读

总主编　成春有　张胜芳

3

主　编　李　红
副主编　严　桢　叶　磊　李瑞华
参　编　王　静　王鹏飞　王　艳

内容简介

本套教材初版曾入选普通高等教育"十一五"国家级规划教材，此次改版后又荣获"十二五"江苏省高等学校重点教材、"十二五"江苏省精品教材等荣誉。本书共有 16 课内容，每一课均由数篇主读课文、单词解析、译文注释、课后练习以及阅读技巧等部分组成，所选内容涵盖日本的人文常识、礼仪文化、经济形势、科技知识等各个方面。每一课的最后还增设了日本语言文化栏目，旨在通过浅显的语言与事例介绍日本的语言文化，加深学生对日本语言文化风俗的理解，从而全面提高学生的日语阅读理解能力。本书可供日语专业三年级学生或与其相当水平的自学者使用，可助其达到国际日语能力考试 N1 级阅读理解水平。

图书在版编目（CIP）数据

日语泛读. 3 / 成春有，张胜芳总主编；李红主编. — 2 版. — 合肥：中国科学技术大学出版社，2016.6

ISBN 978-7-312-03953-9

Ⅰ. 日⋯　Ⅱ. ①成⋯　②张⋯　③李⋯　Ⅲ. 日语—阅读教学—高等学校—教材　Ⅳ. H369.4

中国版本图书馆 CIP 数据核字 (2016) 第 160685 号

出版	中国科学技术大学出版社
	安徽省合肥市金寨路 96 号，230026
	http://press.ustc.edu.cn
印刷	合肥市宏基印刷有限公司
发行	中国科学技术大学出版社
经销	全国新华书店
开本	787mm × 1092mm　1/16
印张	17.25
字数	357 千
版次	2011 年 2 月第 1 版　2016 年 6 月第 2 版
印次	2016 年 6 月第 1 次印刷
定价	30.00 元

前　言

《日语泛读》是普通高等教育"十一五"国家级规划教材，是"十二五"江苏省高等学校重点教材，曾获江苏省高等学校精品教材称号。

《日语泛读》是为高等院校日语专业学生或有志于自学日语者编写的教材，迄今已使用了7年。根据各院校师生在使用过程中的反馈意见，该教材较好地体现了《高等院校日语专业基础阶段教学大纲》和《高等院校日语专业高级阶段教学大纲》的基本精神，在提高学生阅读能力的同时着重培养了学生综合运用日语的能力。然而，随着普通高校日语专业学生水平的不断提高以及使用本教材学校类型的增多，有必要在保持原有亮点的基础上对教材的整体结构和内容进行完善和提高。

第2版教材保留了第1版中关于日本文化、日语学习策略等方面的内容，注重选用适合国际日语能力考试和高等院校日语专业四级或八级考试阅读理解的日文材料。新选材料涉及日本历史文化、经济评论、动漫、礼仪、创新性思维等方面。另外，依据21世纪日语专业四、八级考试和国际日语能力考试的新题型，对原教材中的练习进行了相应修订，练习的题型和内容都紧扣日语专业四、八级考试和国际日语能力考试。

本教材一套4册，每册16课，每课围绕一个主题，由一篇长篇文章及数篇短文组成，生词采用边注形式，有助于学生排除阅读障碍；文后附有注释、难句译文以及3种练习题型。第1、2册注重基础阶段阅读练习，构筑学生阅读理解的基本知识结构，使其达到国际日语能力考试N2级和日语专业四级考试要求的阅读理解要求，主题性文章后的练习题型为主观题（汉字写假名、假名注汉字、

造句）和多项选择题（主要考查对文章和词句的理解）。第3、4册注重培养学生高级阶段的阅读理解能力，使其掌握较高层次的阅读技巧，达到国际日语能力考试N1级和日语专业八级考试的阅读理解要求。

　　为了培养学生的阅读理解能力，本教材设置了"阅读技巧"栏目，分析各类文章的特点、所需掌握的重点、重要词汇的查找和与其相关联词句的搭配关系。重点培养学生在阅读日语文章时紧紧抓住指示代词的关键作用，掌握它的指代内容。为了开阔学生的知识面，拓展学生的视野，帮助学生更好地理解文章，本教材还设置了"语言文化"栏目，让学生了解和掌握语言文化知识。第1、第2册"语言文化"栏目原文引用了森田六朗先生的《读懂关键词　看懂日本人的内心》（商务印书馆出版）10篇文章。引用文章得到森田六朗先生以及商务印书馆、日本アスク出版方面的同意。

　　本套教材由南京农业大学、南京林业大学、南京工业职业技术学院、南京邮电大学、南京航天航空大学、安徽外语学院、盐城工学院和铜陵学院共同编写和修订。我们希望第2版不仅能帮助学生扩大知识面和词汇量，适应大学日语专业四、八级考试和国际日语能力考试的新题型，增强日语阅读理解能力，而且能帮助学生提高运用日语学习策略和跨文化交际能力，养成独立阅读的习惯，进一步提高日语运用能力。

《日语泛读》编委会
2016年4月

目　　次

前　言	I
第一課	001
第二課	012
第三課	025
第四課	040
第五課	049
第六課	061
第七課	074
第八課	088
第九課	105
第十課	119
第十一課	132
第十二課	143
第十三課	156

第十四課···································· 169

第十五課···································· 180

第十六課···································· 191

附录一　课文译文······························· 201

附录二　语言文化广场译文························ 233

附录三　练习参考答案··························· 257

第一課

（一）　綺麗な日本語

　日本語と中国語は、どちらも漢字を言語の骨組みとして成り立っている。漢字のなかには、一つの文字がいきいきとした画像として完成されているものもある。これは単なる意味を伝達する記号ではなく、われわれの視覚に直接訴えかけているものでもあるように思われる。中国語を母国語とするものにとって、日本語の仮名に引き付けられる時もあり、また漢字を「薄めた」後に残された線にいささかの違和感や困惑を覚えることもある。仮名の存在はすでに文法的なレベルだけではなく、漢字を見る我々の視覚にとっては、そのイメージを緩和するような働きを持っている。仮名は、漢字の偏旁だという定義がある。が、厚味のない仮名の筆画が、漢字の群の中を織り込むように水泳するさまは、①まるで砂漠のなかにあらわれてきたオアシスのようである。

　ひとつの画像としての漢字の存在を考えると、その形の豊満さもさることながら、意味空間にまで溢れ出て奥深い潭のように水底はほとんど見えてこない。人間の想像力に与える漢字の影響は、実に大きな大きなものであるが、そのすべてが、表形でないと言い表せないような内なる企図で、時には人に苦労を重ねさせる結果にもなる。画像は空であり、また人間を束縛する籠でもある。二つの言葉で文筆活動を行っている私は、②最近になって日本語に対するイメージがずいぶん変わった気がする。

　言語は、一枚の風景画のようなものだ。美術館で作品を鑑賞することを連想される方もあるだろう。人間は初めて絵に接した時に、距離感というものを忘れがちになるが、実際に視覚と作品の関係は、作品と自分との間に存在する距離によって決められることが多い。例えば、手元に持つ絵と、それを3メートル先に置きながら見る場合、さらに10メートルも離れてその絵が一つの点景にしか見えない場合を考えると、我々の感じ方は果たして一緒だろうか。言い換えれば、一枚の絵に対する我々の凝視を和らげる効果があるに違いない。そして絵を除いた周りの空間は絶えず視覚の領域に絞り込まれてきて、人間の感受性にますます大きくなっていく参照係数を提供してくれる。一枚の絵は、ただひとつの画像であ

るが、それは動き続ける現実の世界を切り取り紙面上に静止状態で凝固させたのであろう。人間は、生きている限り、思惟という活動を止めることが容易にできない。だから、静止画像も一種の流動する感性に変わりながら、われわれの感覚を刺激することがあるように思われる。

　日本語の一つの画像であり、時には風景そのものである。とりわけ、仮名と漢字の共用は、あたかも水と油を混ぜたような状態に見える。水は仮名で、透光に澄み切っている。ぎりぎりまで省略されたわずかな筆画は、まるで樹枝のように漢字の中をひっきりなしにかき回している。漢字は油で、仮名の中に滴らせるとすぐに凝固する。そしてその痕跡だけは、仮名と共に流れ漂いはじめる。漢字はひらかなと共に揺れ動きながら、かたかなによって浮かび上がることもある。

　漢字は動きまわる仮名によって、その隠喩が解釈されるのであろう。仮名を海とすると、漢字は島である。私は、一隻の船のように海と島の間を自由に往来する。出身地が漢字の島であることは、私の宿命かもしれないが、それは実に愉快なことである。なぜなら私は更なる広大な空間を目の前にして、島と取り囲む大海原をも満喫することができるからである。二つの言葉で書きものをしているこの私に、神様が新しい生命を授けてくれた気がする。

──── （二）人生 ────

　私は一本の長い階段を設ける。一年三百六十五日たつと、一段上に登る階段である。その階段の六十八段目の一番上のところに私が腰をおろしている。そして、妻、二人の息子、二人の娘、その配偶者、そして孫たちというように、長い階段のところどころに、十何人かの男女が配されている。

　下から二段目のところに、去年（昭和四十八年）生まれた幼児二人が、転がらないように紐で結びつけられている。どちらも男の子である。まだ這うこともできず、口もきけない。しかし、なんといっても、この英児二人が際立って溌剌としている。声から何十段でも階段をのぼっていくエネルギーを、その小さい体に詰め込み、いかなることでも、実現できる可能性を身内に貯えている。まだ人生のいかなる汚れにも染まっていない。本能的に母に求め、乳を欲しがる以外、いかなる欲望を持っていない。人を羨むことも、人を憎むことも、歓心を買うことも知らない。栄誉も、金も無関係である。時々笑うが、神様が笑うことの練習をさせているとしか思わない。ただ無心に笑うだけである。

人間はみトな、この英児から出発している。そんな思いが突き上げてくる。この二人の英児が私の腰をかけているところまでのぼるのは大変である。英児のいる二段目のところから上を仰ぐと、気の遠くなるような遠さであろうと思う。三十段目から四十段目あたりにかけてばら撒かれている息子や娘たちは、いつか青春期をぬけて、壮年期に入ろうとしている。当然私などの知らないそれぞれの人生の哀歓を経験しているところであろうと思う。私は残念ながら、そこへ入ってやることはできない。いかなる問題があろうと、それぞれ自分たちで処理してゆくほかはない。父親が苦しんだように悲しまなければならないであろうと思う。

　そういう自分で歩き、自分で処理していかねばならぬものが、人生というものであろうからである。

単　語

（一）

骨組み（ほねぐみ）	（名）	骨骼，组织，轮廓，建筑物等的基础结构
いきいき	（副）	活泼，生机勃勃
訴えかける（うったえかける）	（他一）	起诉、控诉、控告
薄める（うすめる）	（他一）	弄淡，冲淡
いささか	（副・形動）	有点、有些、些许，小小的
偏旁（へんぼう）	（名）	偏旁
織り込む（おりこむ）	（他五）	织入，编入，采纳
豊満（ほうまん）	（名・形動）	丰富、充足，（体态）丰满
溢れ出る（あふれでる）	（自一）	溢出来
潭（ふち）	（名）	渊、潭，〈比喻〉深渊，难摆脱的困境
企図（きと）	（名・他サ）	企图
束縛（そくばく）	（名・他サ）	捆绑，管束，剥夺自由
手元（てもと）	（名）	手头、身边、技巧、技能
点景（てんけい）	（名）	点缀性的动物、人物
凝視（ぎょうし）	（名・他サ）	凝视、注视
和らげる（やわらげる）	（他一）	使缓和，使明白易懂
切り取る（きりとる）	（他五）	切下，侵占

凝固（ぎょうこ）	（名・自サ）	凝结
思惟（しい）	（名・自サ）	思考，逻辑思维
共用（きょうよう）	（名・他サ）	共同使用
あたかも	（副）	正好，恰似
澄みきる（すみきる）	（自五）	清澈，晴朗，开朗、豁然开朗
滴らす（したたらす）	（他五）	（使液体）滴下
痕跡（こんせき）	（名）	痕迹，行迹
流れ漂う（ながれただよう）	（自五）	漂浮，漂泊
隠喩（いんゆ）	（名）	隐喻
大海原（おおうなばら）	（名）	广阔的大海
満喫（まんきつ）	（名・他サ）	吃饱喝足，充分享受

（二）

設ける（もうける）	（他一）	设置
腰を降ろす（こしをおろす）	（慣用）	坐下
転がる（ころがる）	（自五）	滚动
結びつける（むすびつける）	（他一）	结合，联系
這う（はう）	（自五）	爬
口をきく（くちをきく）	（慣用）	说话
溌剌（はつらつ）	（形動）	活泼，精力充沛
際立つ（きわたつ）	（自五）	明显、显著
貯える（たくわえる）	（他一）	储蓄，蓄积
染まる（そまる）	（自五）	染上、沾染
羨む（うらやむ）	（他五）	羡慕
突き上げる（つきあげる）	（他一）	往上推

文 法

（一）

1. 仮名の存在はすでに文法的なレベルだけではなく、漢字を見る我々の視覚にとっては、そのイメージを緩和するような働きを持っている。

　　这句话的意思是：假名的存在不仅是语法上的作用，对于只看汉字的视觉疲劳来说也起到了缓和作用。

　　其中"～だけで(は)なく"接在名词或用言连体形后，表示不仅前一项是这样，后一项也同样如此，可以翻译为"不仅……而且……""不仅……就连……"。例如：
○ このマンションは駅から遠いだけではなく、音もうるさい。
　　（这栋公寓不仅离车站远，还很嘈杂。）
○ 今日はピアノの練習をしただけではなく、歌も歌いました。
　　（今天不仅练习了钢琴，还唱歌了。）
○ あの人はバスケットボールが上手なだけでなく、バレーボールもよくできる。
　　（那个人不仅篮球打得好，也很会玩排球。）
2. 人間は初めて絵に接した時に、距離感というものを忘れがちになるが、実際に視覚と作品の関係は、作品と自分との間に存在する距離によって決められることが多い。
　　本句中"距離感というものを忘れがちになる"意思为"往往容易忘记距离感的存在"。
　　其中"～がちだ"接在名词或动词的第一连用形后面，意思为"经常……""总是……""动不动就……"等，用来表示常常发生不好的事情，"がち"常与表示频率的［副］词"いつも""よく""とかく"等搭配使用。例如：
○ その作家は、ここ数年病気がちでなかなかいい作品が書けない。
　　（那位作家这些年来经常生病，所以很难写出畅销的作品。）
○ このところ、はっきりしない曇りがちの天気が続いているので、洗濯物が干せなくて困る。
　　（最近天气总是那么阴沉沉的，洗的衣服也晾不干，真烦人。）
3. ひとつの画像としての漢字の存在を考えると、その形の豊満さもさることながら、意味空間にまで溢れ出て奥深い潭のように水底はほとんど見えてこない。
　　"～もさることながら"接在名词后面，意思为"……不用说，……更是如此"等，表示前项内容理所当然地不必说了，就连一般的后项内容也同样如此。例如：
○ 彼は、大学の成績もさることながら、スポーツ万能で親孝行という申し分のない息子だ。
　　（他在大学时的成绩就不用说了，在体育方面更是多才多艺，又孝顺父母，是个无可挑剔的儿子。）
○ このドレスは、デザインもさることながら、色使いが素晴らしい。
　　（这件女式礼服，设计上没得挑，颜色的搭配更是绝妙。）
4. 漢字を見る我々の視覚にとっては、そのイメージを緩和するような働きを持っている。

　　"～働きを持っている"接在"名词+の"或用言的连体形后面，意思为"起到……作用"，"働き"前面为修饰成分，表示其具体内容或性质。该句型表示拥有前项内容所提到的性能或作用等。例如：
○ 体内時計は夜になると眠くなり、朝が来ると目覚めるという働きを持っている。
　　（我们体内的时钟具有晚上使人变困、早上使人醒来的作用。）
○ 塩は人体に重要な働きを持っているというわけである。
　　（食盐对人的身体起着重要作用。）

（二）

1. いかなる問題があろうと、それぞれ自分たちで処理してゆくほかはない。
　　"～う・ようと"接在动词的推量形的后面，意思为"不管……都……""无论……都……"，表示不管前者如何，后者都不以前者发生的意志为转移，后者与前者所发生的变化无关。例如：
○ 彼が誰と結婚しようとも、私には関係ないことだ。
　　（他无论跟谁结婚，都跟我没关系。）
○ どこへ行こうとあなたの勝手だ。
　　（要去什么地方，是你的事。）
○ どんなに馬鹿にされようと腹を立てるでもなく彼はひたすら働いている
　　（不管别人怎么欺负他，他都不生气，就是一个劲儿地干活。）

2. そういう自分で歩き、自分で処理していかねばならぬものが、人生というものであろうからである。
　　这句话的意思是：像这样必须自己走自己的路，自己处理一切问题，这就是所谓的人生吧。该句中的"～ねばならぬ"是一个偏向古典日语的说法，偶为人们所用，其用法和作用与"～なければならない"相当，接在动词的未然形后面，表示"必须……""不得不……"的意思。
　　其中"ねば"是表示否定的助动词"ぬ"的假定形"ね"连接接续助词"ば"而成的。"ならぬ"是动词"なる"的未然形"なら"接表示否定的助动词"ぬ"而成的。也可以用"～ねばならない"的形式，比较礼貌的说法是"～ねばなりません"。例如：
○ 一致協力して問題解決に当たらねばならない。
　　（必须同心协力努力解决问题。）
○ 平和の実現のために努力せねばならない。
　　（必须要为实现和平而努力。）

○ 暴力には、力を合わせて立ち向かわねばならぬ。
（对于暴力，大家必须同心协力一起对抗。）

練 習

一、次の漢字にひらがなをつけなさい。
1. 筆画（　　　　）　　2. 定義（　　　　）
3. 訴えかける（　　　　）　4. 英児（　　　　）
5. 浮かび上がる（　　　　）　6. 大海原（　　　　）
7. 哀歓（　　　　）　　8. 凝視（　　　　）
9. 成り立つ（　　　　）　10. 厚味（　　　　）
11. 静止（　　　　）　　12. 思惟（　　　　）
13. 骨組み（　　　　）　14. 和らげる（　　　　）
15. 絞り込む（　　　　）　16. 貯える（　　　　）
17. 束縛（　　　　）　　18. 手元（　　　　）
19. 風景（　　　　）　　20. 憎む（　　　　）

二、次のひらがなによって、漢字を書きなさい。
1. がぞう（　　　　）　　2. へんぼう（　　　　）
3. こんわく（　　　　）　4. たくわえる（　　　　）
5. いんゆ（　　　　）　　6. はつらつ（　　　　）
7. うらやむ（　　　　）　8. いわかん（　　　　）
9. こんせき（　　　　）　10. さんしょう（　　　　）
11. でんたつ（　　　　）　12. はいぐうしゃ（　　　　）
13. そまる（　　　　）　14. おうらい（　　　　）
15. きと（　　　　）　　16. ほうまん（　　　　）
17. うすめる（　　　　）　18. りゅうどう（　　　　）
19. まんきつ（　　　　）　20. てんけい（　　　　）

三、次の表現を使って、文を作りなさい。
1. ～だけではなく
2. ～がちだ
3. ～もさることながら

4. ～ねばならぬ

四、文章一を読んで、次の質問に答えなさい。
　問一　なぜ①「まるで砂漠のなかにあらわれてきたオアシスのようである。」といわれるか。
　　①　漢字を言語の骨組みとした日本語には、仮名の数が少ないから。
　　②　仮名は漢字の偏旁だという定義があるから。
　　③　仮名は漢字を見るわれわれの視覚にとって緩和する働きを持っているから。
　　④　漢字を見るわれわれの視覚にとって緩和するような働きをしているから。
　問二　②「最近になって日本語に対するイメージがずいぶん変わった気がする」とあるが、どんなイメージに変わったか。
　　①　日本語は、一枚の風景画のようなものである。
　　②　日本語もひとつの画像であり、時には風景そのものである。
　　③　仮名はまるで砂漠にあらわれてきたオアシスのようなものである。
　　④　日本語は一つの静止画像である。
　問三　漢字について文章と合わないものがどれか。
　　①　漢字は画像からできている。
　　②　漢字は意味深いので時に人を苦しくさせる。
　　③　漢字は仮名によって壊された。
　　④　漢字は単なるの記号ではない。
　問四　文章について内容と合わないものはどれか。
　　①　漢字は仮名の共用は水と油を混ぜた混乱の状態に見える。
　　②　絵は距離によって与えた印象が違う。
　　③　筆者にとって日本語は生きている生命と同じである。
　　④　人間は生きている限り、思惟という活動を止められない。

五、文章二を読んで、次の質問に答えなさい。
　問一　本文では、人生は何に喩えられましたか。
　問二　あなたなら、人生を何に喩えますか。人生について、自分の感想などを書いてください。

読解技法

国际日本语能力测试介绍

"日本语能力认定标准"起始于1984年，由日本财团法人日本国际教育协会、日本国际交流基金主办，每年12月份的第一个星期天上午9时在世界各地同时进行。参加考试者为母语非日语者。日本国立大学留学生入学都要求学生日本语能力一级考试合格，名牌大学则对一级的考试成绩要求更高。专科院校要求学生通过日本语能力二级考试，一级考试合格者会免除学费。国家教育部1984年就开始承办这项考试，从上世纪90年代中期起应考人数猛增。到上世纪末本世纪初，日本语能力一级合格证书成为日语专业毕业生进入日本企业的特别通行证，每年考生都会为考试报名而发愁，尤从2003年开始施行网上报名，考生全国大流动，考生多的地区纷纷到考生少的城市参加考试，成为日语考试的一道风景线。

日本语能力按级别分为四级、三级、二级和一级，一级最高。每级分为文字·词汇、听解、读解·语法等三个部分，前两项各100分，后一项为200分，总计400分，下表为四个级别的计分等情况介绍：

	一级	二级	三级	四级
合格分（分）	280	240	240	240
学时（小时）	150	150	150	150
汉字（个）	2000	1000	300	100
单词（个）	10000	6000	1500	800

也就是说，日语专业学生一年级上学期可以达到四级水平，下学期可以达到三级水平，三年级上学期可以达到二级水平，四年级可以达到一级水平。学习刻苦、效果好的同学二年级下学期可以拿到二级证书，三年级下学期可以拿到一级证书。

言語文化コラム

日本の教育

古代から現代まで、日本の教育はいくつの段階を経て、絶えず発展し、改善することを通じて、次第に定着してきた。

古代の日本教育

古代の日本では、儒学が伝来した後宮廷の中で私学を設立したことより、

組織的な教育が始まった。聖徳太子は593～622年の摂政した時期に、文化教育を興し、仏教を伝播するために多くの仏教寺院を創立した。同時に、孔子の哲学思想を広く宣伝し、当時の中国の隋に使節や留学生たちを派遣し、中国の封建制度と文化を移植した。646年に「大化改新」の詔が発布された後、日本は教育を管理する官職を設け、中国の唐代の教育制度をまねて日本の貴族教育制度を確立した。668年に天智天皇が即位した後、京都で大学（大学寮ともいう）を設立し、地方で国学を設けた。奈良時代になると、官立の大学と国学、私塾、家学の教育形式が現れて発展してきた。平安時代の中期、大学が衰え、私学が次第に発展した。江戸時代、幕府は封建等級の制度を守るため、中国の宋儒の朱熹が創立した朱子学を尊崇することになる。教育機関は幕府が直轄する学校、藩学、民衆教育所との三種に分かれている。

近代の日本教育

明治政府は1868年に「明治維新」を実行した。それから、文部省を設立し、学校制度の改革に着手した。1872年に「学制」が公布され、教育改革の問題に注目し始めた。1877年に明治政府は東京開成学校と東京医学校を合併して東京大学になり、日本の近代史上に第一所の大学を創立した。また、1886年に公布された「学校令」により、尋常小学校（修業年限4年間）と高等小学校（修業年限4年間）を設立し、国民に対しての初等教育が始まった。1918年に公布された「高等学校令」により、高等科は文科と理科に分かれ、地方での公立大学の設立、私人団体が私立大学を創設ことが許された。

第二次世界大戦の間、日本は戦時教育を実行し、軍国主義の教育体制を確立した。学生が兵役に強制された同時に、労働力として徴用された。それため、文化科目を減らされ、軍事訓練の科目が増加になった。戦争の末期、日本の学校教育が全く崩壊の境地に陥ってしまった。戦後、日本は米国の教育制度を見本にしてブルジョア民主主義の教育制度を確立した。1947年より、日本は教育史上に第二回の重要な教育改革を始めた。全部で3年間余りがかかり、新しい教育制度が打ち立てられ、学制と教育の管理体制が大きな変化を起した。

現代の日本教育

戦後の教育改革を経て、現代の日本教育は主に小学校（6～12歳）、中学校（12～15歳）、高校・高等専門学校（16～18歳）、大学・短期大学との四つの段階を包括している。学校が性質上に国立、公立（都立）と私立に分かれている。義務教育の年限は6年間から9年間に延長され、つまり6年間の小学校と3年間の中学校は義務教育であり、さらに3年間の高

校と4年間の大学を加え、「6・3・3・4」の学制を確立した。なお小学校下に幼稚園を置いて、大学の上に大学院を設ける。幼稚園は非強制性で、3歳以上の子供を募集する。小学校と中学校は強制される段階であり、当年の4月1日まで満6歳になる子供が小学校に上がらなければならない。小学校の課程を修了した生徒が中学校に昇学する。中学校を卒業した後、個人の志望によって進学あるいは仕事を選択できる。

　高校は義務教育ではないため、中学校から卒業した後、高校、高等専門学校を問わず、必ず入学試験に参加することになる。高校は3年制で、普通の高校、高等専門学校、定時制高校と通信制高校に分かれている（定時制と通信制高校の学制は3年間以上である）。高等専門学校は5年制であり、ふつう高専という略語で呼ばれる。高専は工業、商船、ラジオ、航空に関する科目を置く。定時制高校と通信制高校は主に全日制に合わない人に向ける。高校を卒業した後、短期大学（以下に短大と略称する）と大学の入学試験の資格を獲得できる。短大は2年制、大学は4年制である。短大と高専を卒業した後、直接に大学の三年生に編入する場合もある。また、大学を卒業してから大学院に入って引き続き研究を行うことになる。大学院（修士課程）は普通2年制である。

　毎年の新学年は4月初から始め、来年の3月末まで終わり、毎学期の間に休みがある。法律によって、毎学年はせめて210日を授業の期間とされるという。ただし、多数の公立学校はそのうち約30日を利用して、学校の祝日、運動会と非学術的な儀式（特に協力と学校精神を宣伝する活動）などを行うことになる。

　教育の理念については、日本は海外の優秀な教育成果を受け入れるのを重視する。古代の封建社会の時期に中国に対しての模倣、それとも明治維新後欧米諸国に対しての学習から、日本が様々な長所を広く受け入れるという特徴がわかる。その次に、学校施設への投入も重視し、と同時に教育の均衡性も重んじる。小学校を例にして見れば、辺鄙な田舎にしても、にぎやかな都心にしても、教学ビル、運動場、図書室など欠かさないインフラが完備している。また、美術室、コンピュータ室、音楽室、保健室なども備えている。さらに、教学中に祝祭日、修学旅行などの様々な特色イベントを展開する。

　日本の教育には不公平な待遇、学校内のいじめなどの問題と弊害があるけれども、全体的にいえば、比較的に完備で成熟である。そのため、世界上でも先頭に立っていると言われている。

第二課

――（一） 年賀状の話 ――

　日本に来てしばらくすると、僕のところにも年賀状が来るようになった。その返信として、何を書けばいいのかと迷っていた。友達に聞いてみると「昨年中は大変お世話になりました。今年もよろしくお願いいたします」と書くのが一番無難であると教えられた。お陰で僕は、その後の三、四年間、年賀状にはその文句以外、何も書くことはなかった。すべての年賀状に「昨年中は大変お世話になりました。今年もよろしくお願いいたします」とだけ書き、個人的な数人の友人にだけ、せいぜい「HAPPY NEW YEAR」と書き足す程度だった。

　まさに①馬鹿のひとつ憶えのように、それだけの年賀状を出し続けていたのだ。その後②目から鱗が落ちるような思いをしたのが、エプソンというコンピュータ関連機器メーカーのテレビコマーシャルの仕事だった。

　当時エプソンでは同社のプリンターを使った年賀状コンテストを行っており、僕はその審査に参加することになった。集まった年賀状にはコンピュータを駆使したような、さまざまなデザインがあった。その中に、際僕の目を引く年賀状があった。土佐の美しい紺碧の海を背景に、父親らしい人物の元気な笑顔の写真が写っている。その父親の写真には吹き出しで、「みんな元気かい？おれ元気よ」と書いてある。年賀状に書いてあるのはそれだけなのだが、とても素晴らしいと思った。なんて型破りなんだろう！とても素直に自分の元気を伝え、みなの安否を気遣っている。それがとてもいい感じに思えたのだ。

　この年賀状を見たことがきっかけとなり、僕も自由に年賀状を書くようになった。しかも同じ日に、さらにもうひとつ、③マニュアルに翻弄されていた自分を発見する出来事があった。

　外出先から自分の家に電話をして、留守番電話のメッセージを確認しようとした。当然のことだが、留守番電話になっているので電話口には「只今出かけております。ご伝言のある方はピッという発信音のあとにメッセージをお願いいたします」という自分の声で録音した案内が流れてくる。これは電話を買ったときに、留守番電話の応答案内には何を録音すればよいのかを友人に聞き、教えられた科

白をそのまま吹き込んだだけの案内だった。以来、無関心にもずっとそのままにしていたのだが、これがとても恥ずかしく思えたのだ。
　僕は帰宅するなり、すぐさま録音をやり直した。今度はやさしい声で「あなたからのお電話を心持ちにしておりました。」といった具合だ。するとどうだろう、無言電話も減ったではないか！
　留守電の案内音声ながら、優しい声で話しかけられれば、相手も無言で電話を切るのは悪いと思うのだろう。僕自身も、相手の留守番電話が機械音の案内音声だったりすると、メッセージを残す気にもならない。もしかしたら、間違った場所へ電話を掛けてしまったのかと思ってしまうことさえある。④<u>携帯電話の留守番電話も同じだ</u>。たいがいは機械音の案内音声が流れるが、自分の声で案内を録音している人もたまにいる。僕の場合、「ちょっと声が聞きたかった」という程度の理由では、機械音の案内にメッセージを残すことはない。特に携帯電話の場合には、メッセージを残さなくても着信履歴で誰から電話がかかってきたのかが判別できるからだ。
　言葉というのは、あくまでも人間と人間の個人的な触れ合いのためのものだと思っている。言葉は道具だが、言葉を通してお互いの関係をもっとよくしようとし、言葉を使ってお互いに気を使いあう。
　以前の僕の年賀状のように、すべての人に同じ文面の年賀状を出していたら、それは結局、義務で送っているようなものになってしまうだろう。
　⑤<u>そのような年賀状</u>では、個人的な人間関係を築くことはまず無理だ。年賀状の文面ひとつを取ってみても、マニュアルにある定型文を使うだけではなく、臨機応変に自分の気持ちを伝えればいいのである。
　　　　　（ピーター・フランクル『美しくて面白い日本語』宝島社）

———（二）写真と記憶———

　久しぶりに会う友人と食事をしていた時のことだ。友人には小学校高学年の娘がいた。
　「お父さんとしては、やっぱり運動会でビデオを取りまくったりするんですか？」と私はやや茶化して尋ねた。デザイナーの友人は、およそ子どものビデオ撮影に熱狂するような父親には見えなかったかただ。彼は「まあ、人並み程度

には撮りますよ」と答えあと、①急に神妙な面持ちになった。

「僕らが子どもの頃って、せいぜい色褪せた写真が少しあっただけでしょう？でもいまの子どもには、子ども時代の動く映像が死ぬほど残っているんです。証拠がたくさんあるから、記憶を勝手に書き換えたりできない。記憶がすごく映像に縛られる。それはそれで、けっこう辛いことだと思いますよ。」

小さいこと、人の昔話を聞くのが好きだった。当時としては比較的多い七人という家族構成に加え、父の工場で働く工員さんやお手伝いさん、近くに住む親戚など、我が家には常に人がひしめきあい、会話が飛び交ざっていた。好むと好まざるにかかわらず、私は話にまみれていた。

父が東京から埼玉へ向かう列車に乗っていた時空襲に遭い、祖父とはぐれてしまった時の話。母が勤めていた会社の工場で爆発事故があったこと。祖母の末弟が不慮の事故で命を落としてしまった場面。祖父が徴兵検査に合格したくがためにどんな努力をしたか。両親の結婚式で、酔っ払った農家の親戚が式場の芝生で立ち小便をしてしまった時の、みんなの呆気にとられた顔。東京で働いていた母が久しぶりに実家へ帰る時、祖母がちょうちんを持って駅まで迎えに来てくれたという話…

記憶によってしか過去を再生できない時、人は驚くべき記憶力を発揮する。空から近づいてくる爆撃機。暗闇の中で崖にたたきつけられる荒波。暗い道をゆっくりを進んでいくちょうちんの頼りない灯り。

単語

(一)

年賀状（ねんがじょう）	（名）	贺年卡
無難（ぶなん）	（名・形動）	无灾无难，没有缺点，无可非议，说得过去
書き足す（かきたす）	（他五）	添写、注上
コマーシャル	（名）	商业广告
同社（どうしゃ）	（名）	同一神社、同一公司，该神社、该公司
審査（しんさ）	（名・他サ）	审查
駆使（くし）	（名・他サ）	驱使，运用，操纵自如
一際（ひときわ）	（副）	格外、分外
紺碧（こんぺき）	（名）	深蓝、湛蓝
吹き出し（ふきだし）	（名）	吹出、喷出，图说文字

型破り（かたやぶり）	（名）	不拘常规的做法、打破常规、破格、破例
安否（あんぴ）	（名）	平安与否，起居状况、生活如何
気遣う（きづかう）	（他五）	担心、挂念、忧虑
翻弄（ほんろう）	（名・他サ）	拨弄，玩弄、愚弄、摆动、颠簸不停
科白（かはく）	（名）	戏曲中角色的动作和道白
吹き込む（ふきこむ）	（他五・自五）	注入，教唆，录音，刮进，吹入
無関心（むかんしん）	（名・形動）	无兴趣、不感兴趣
判別（はんべつ）	（名・他サ）	辨别、区别
触れ合い（ふれあい）	（名）	接触
文面（ぶんめん）	（名）	大意、要旨、主要内容
マニュアル	（名）	手册、指南
定型（ていけい）	（名）	定型、一定的规格
臨機応変（りんきおうへん）	（慣用）	随机应变

（二）

捲くる（まくる）	（他五）	卷起，连续做
茶化す（ちゃかす）	（他五）	逗笑、开玩笑、挖苦、嘲弄、蒙混、欺骗
熱狂（ねっきょう）	（名・自サ）	狂热
神妙（しんみょう）	（形動）	神奇，值得称赞，老老实实
褪せる（はせる）	（他一・自一）	驱赶，驰名，跑
縛る（しばる）	（他五）	捆，束缚，限制
ひしめき	（名）	拥挤，嘎吱嘎吱作响
飛び交ざる（とびまざる）	（自五）	相互混杂
はぐれる	（自一）	失散，错过
爆発（ばくはつ）	（名・自サ）	骤然破裂，爆发
不慮（ふりょ）	（名）	不测、意外、想不到
徴兵（ちょうへい）	（名・自サ）	征兵
酔っ払う（よっぱらう）	（自五）	烂醉
爆撃機（はくげきき）	（名）	轰炸机
叩きつける（たたきつける）	（他一）	猛烈敲打，扔过去
荒波（あらなみ）	（名）	激浪，人世的艰辛

提灯（ちょうちん）　　　（名）　　　灯笼

文法

（一）

1. 昨年中は大変お世話になりました。

　　这句话的意思是：承蒙您去年多方关照。

　　其中"お／ご～になる"接在名词或动词ます形后，表示对动作主体的敬意，动作主体一般为身份或地位尊贵者。例如：
○ 山田先生は昨日東京にお帰りになりました。

　　（山田老师昨天回东京了。）
○ ご覧になる上でのご注意とお願いだ。

　　（这是观看前的注意事项。）
○ 先生は田中さんの論文をお読みになりましたか。

　　（老师，您看了田中的论文了吗？）

2. 外出先から自分の家に電話をして、留守番電話のメッセージを確認しようとした。

　　这句话的意思是：从外地打电话回家，想确认留守时的电话留言。其中"～う（よう）とする／した"接在动词的意向形后，表示动作或变化处于正要开始或将要结束之际，可以翻译为"打算……""想……"。例如：
○ あんなに肥っているのに全然ダイエットしようとしないのです。

　　（已经那么胖了，他却一点儿也不打算减肥。）
○ 中にはなかなか触ろうとしない子供もいるが、それは例外的である。

　　（其中也有些根本不想去碰的孩子，但那仅仅是例外。）
○ あの子はゲームに夢中になっていて、全然勉強しようとしません。

　　（那孩子热衷于玩游戏，一点儿也不想学习。）

3. 僕は帰宅するなり、すぐさま録音をやり直した。

　　这句话的意思是：我一回到家，立马重新录音。其中「～なり」接在动词的辞书形后，这种用法要求前后主体一致，后项多为出乎意料或令人吃惊的事情，可以翻译为"一……马上就……"。例如：
○ 立ち上がるなり、めまいがして倒れそうになった。

　　（刚一站起来就头晕要倒下。）
○ 電話で母親の声を聞くなり、わっと泣き出した。

（他在电话里一听到母亲的声音，就"哇"地哭了起来。）
○ お酒に弱い張さんは、ビールをコップいっぱい飲むなり寝てしまった。
（小张不会喝酒，喝一杯啤酒马上就睡着了。）

（二）
1. 当時としては比較的多い七人という家族構成に加え、父の工場で働く工員さんやお手伝いさん、近くに住む親戚など、我が家には常に人がひしめきあい、会話が飛び交ざっていた。

　　本句中"当時としては比較的多い七人という家族構成に加え"意思是"当时比较常见的七人家族结构，再加上……"。

　　其中"～にくわえ（て）"接在名词的后面，表示添加，可以翻译为"不仅……而且……""加上……"。例如：
○ 台風が近づくにつれ、大雨に加えて風も強くなってきた。
　（随着台风临近，不仅雨大，风也大了起来。）
○ 大企業の社員は給料が高いのに加え、休暇も多い。
　（大企业的职员工资高，休假又多。）
○ 今学期から日本語の授業に加えて、英語と数学の授業も始まります。
　（这学期除了日语课，还将开始上英语课和数学课。）

2. 好むと好まざるにかかわらず、私ははなしにまみれていた。

　　这句话的意思是：无论是否喜欢，我身边都充斥着各种故事。

　　其中"～にかかわらず"一般接在名词后，但也可以接在表示对立意思的形容词、形容动词之后，如"よしあし""すききらい"等，可以翻译为"无论……都……""无论……与否"。例如：
○ 天候にかかわらず、明日の午後2時から試合を行います。
　（不论天气如何，明天下午2点比赛都会如期举行。）
○ 次回の交渉では、相手の態度のいかんにかかわらず、こっちはこちらの主張を貫き通すつもりだ。
　（在下次的谈判中，不管对方态度怎样，我们都要坚持自己的主张。）
○ 父が賛成するかしないかにかかわらず、私はこの仕事につこうと思う。
　（无论父亲是否赞成，我都要从事这个工作。）

3. 記憶によってしか過去を再生できない時、人は驚くべき記憶力を発揮する。

　　这句话的意思是：只有通过记忆回放过去，人们才会发挥惊人的记忆力。

　　其中"～によって／～による"接在名词的后面，在这句话中的意思为

"凭……""用……"，表示方法、手段，全面地依靠对方。例如：

○ その問題は話し合いによって、解決できると思います。
　　（我想这个问题通过协商可以解决。）
○ この資料によって、多くの事実が明らかになった。
　　（通过这个资料，弄清楚了许多事实。）

　　此外，还有4种用法：

　　（1）表示原因时，意思为"由于……""因为……"。例如：
○ 大雪によって、電車は2時間も遅れました。
　　（由于大雪，那趟电车竟晚点两个小时。）
○ この計算は、コンピューターの発達によって、はじめて可能となった。
　　（这种计算，由于电脑的发明才成为了可能。）

　　（2）表示被动时，一般是客观地叙述历史事实或既定事实。例如：
○ この建物は有名な建築家によって設計された。
　　（这座建筑是由著名的建筑师设计的。）
○ 電話はベールによって発明された。
　　（电话是贝尔发明的。）

　　（3）表示"根据各种情况，有不同的可能性"时，意思为"根据……"。
○ 行くか行かないかは、明日の天気によって決めよう。
　　（去还是不去，看明天的天气再决定吧。）
○ 人によって、考え方が違う。
　　（想法因人而异。）

　　（4）表示信息的来源，通常作为传闻的句型使用，后项多与"そうだ""ということだ""とのことだ"等结合使用，不能用"〜によって"的形式，只能用"〜によると""〜によれば"，意思为"据……说"。
○ 天気予報によると、明日は雨だそうです。
　　（据天气预报说，明天有雨。）
○ 母からの手紙によると、弟は大学の受験に合格したとのことだ。
　　（从母亲的来信中得知，弟弟考上了大学。）

 練 習

一、次の漢字にひらがなをつけなさい。

1. 提灯（　　　　）　　　　2. 爆撃機（　　　　）

3. 不慮（　　　　）　　　4. 空襲（　　　　）
5. 臨機応変（　　　　）　6. 文面（　　　　）
7. 無関心（　　　　）　　8. 翻弄（　　　　）
9. 型破り（　　　　）　　10. 一際（　　　　）
11. 飛び交ざる（　　　　）12. 褪せる（　　　　）
13. 茶化す（　　　　）　　14. 同社（　　　　）
15. 無難（　　　　）　　　16. 農家（　　　　）
17. 親戚（　　　　）　　　18. 式場（　　　　）
19. 芝居（　　　　）　　　20. 実家（　　　　）

二、次のひらがなによって、漢字を書きなさい。
1. あらなみ（　　　　）　2. たたきつける（　　　　）
3. よっぱらう（　　　　）4. ちょうへい（　　　　）
5. ばくはつ（　　　　）　6. しばる（　　　　）
7. まくる（　　　　）　　8. ねっきょう（　　　　）
9. しんみょう（　　　　）10. ていけい（　　　　）
11. ふれあい（　　　　）　12. けんべつ（　　　　）
13. ふきこむ（　　　　）　14. かはく（　　　　）
15. きづかう（　　　　）　16. あんぴ（　　　　）
17. ふきだし（　　　　）　18. こんぺき（　　　　）
19. くし（　　　　）　　　20. しんさ（　　　　）

三、次の表現を使って、文を作りなさい。
1. 〜に加え
2. 〜なり
3. 〜にかかわらず
4. 〜によって

四、文章一を読んで、次の質問に答えなさい。
　問一　①「馬鹿のひとつ憶えのように」と言っているのはなぜか。
　　①　個人的な数人の友人にだけ年賀状を出していたから。
　　②　無難であると教えられた同じ文句だけを毎年書いていたから。
　　③　馬鹿のような文句だけを毎年書いていたから。

④ 昨年お世話になったことだけを毎年書いていたから。
問二 ②「目から鱗が落ちるような思いをした」のはなぜか。
① コンピュータ関連機器メーカーのコマーシャルに出演したから。
② 土佐の美しい紺碧の海の写真を見たから。
③ 素直な気持ちを伝えた型にはまっていない年賀状を見たから。
④ 父親に宛てた写真入の年賀状を見たから。
問三 ③「マニュアルに翻弄されていた」とあるが、この場合どういう意味か。
① 外出先から留守番電話の伝言を確にしていたという意味。
② 留守番電話の応答案内を優しい声で録音し直していたという意味。
③ 留守番電話の応答案内を友人に教えられた科白で流していたという意味。
④ 誰から電話があったかを着信履歴で調べていたという意味。
問四 ④「携帯電話の留守番電話も同じだ。」とあるが、何が同じなのか。
① 留守番電話の応答案内が優しい声でも無言で電話を切ること。
②「声が聞きたかった」という伝言を残すこと。
③ 着信履歴で誰から掛かってきたか分かるので伝言を残さないこと。
④ 留守番電話の応答案内が機械音の音声だと伝言を残す気にならないこと。
問五 ⑤「そのような年賀状」とあるが、どんな年賀状か。
① コンピュータを使って書いた年賀状
② 決まり文句だけを書いた年賀状
③ 写真を入れた年賀状
④ 自由に書いた年賀状

五、文章二を読んで、次の質問に答えなさい。
友人が①「急に神妙な面持ちになった。」とあるが、それはどうしてか。

読解技法

阅读技巧与注意事项

阅读理解是日语专业学生的基本功之一，它要求应试者具有应用所学日语知识及文化背景知识，快速阅读日语文献资料，准确获取所需信息，解决实际问题的综合能力。阅读理解所要求的日语知识能力包括掌握一定数量的单词、

相关惯用句和构词法，以及语法知识、文章结构、题材样式，还要掌握会话规则和必要的语用知识。背景知识要求经常读书看报，掌握日本社会的一般知识，了解历史上具有重大影响的事件和最新发生的重大事件。阅读综合考察理解能力、归纳能力、表达能力和判断能力；阅读技能包括阅读习惯、读解速度、应变能力和适应能力。阅读技巧的掌握和提高是在大量阅读的过程中培养出来的，有意识的培养能够加快阅读量和提高阅读质量，提高阅读理解的准确性。

一级阅读考试内容多种多样，题材有小说、散文、随笔、日记和新闻报道等，内容涉及政治、经济、法律、历史、地理、文化、教育、娱乐、人物传记、科普知识和语言知识等。从2003年起，一级的阅读理解试题有了一些更改，1200～1300字左右的长文章1～2篇，600～900字左右的中篇文章2～3篇，300字左右的短篇文章3～4篇，试题方式与以前大体相同，主要是：1.抓文章的主要内容、中心思想及标题；2.掌握コ、ソ、ア等指示代词所指代的内容；3.根据上下文关系选择合适的接续词；4.指出词语在文章中的具体含义；5.找出原因理由；6.判断正误；7.排列句子顺序；8.根据文章内容找出合适的图表等。

阅读方法

阅读的方法因人而异，一般的方法有：

1. 看到标题后进行联想，迅速猜想文章大概内容；

2. 找出文章中的关键词，关键词在文章中的出现频率一般比较高；

3. 寻找文章的中心部分，中心内容一般出现在文章的开头或结尾；

4. 一边读一边寻找段落大意；

5. 一边读一边找出本部分和前面部分或整个文章的关系；

6. 抓文章大意；

7. 在仅靠文章所提供的内容无法判断时进行大胆猜测；

8. 碰到不懂的词句依靠上下文关系进行大胆猜测；

9. 在你感到重要的地方画上横线或做出特别记号；

10. 一边记要点一边读；

11. 将文章所描述的事实、文章中人物的意见和作者的意见区别开。

根据不同要求，阅读的方法有速读（快读）、抓大意读、斜读、选读、部分读等。获取知识主要采取精读、速读、抓大意读等方法，寻找知识及要点一般采取斜读、选段读、扫描读等方法。

阅读步骤和技巧

阅读方法（一）

1. 看文章标题，根据标题、出处、作者信息、单词注释、图示图表等来判

断文章主题。

  2. 粗略看一下所提问题，不看选项不找答案，判断问题的类型，确定阅读要点，圈出对象。

  3. 粗略阅读全文，判断问题的所在位置，圈出关键词和信号词，解答要点。

  4. 划分文章和段落结构，圈出连接词和接续助词。

  5. 阅读文章开头和结尾部分，结合主题句子和关键词，判断文章的中心大意。

  6. 圈出文章中的指示词，判断指代关系和所替代的内容。

  7. 仔细阅读文章，判断细节关系，圈出相关时间、地点、人物。

  8. 圈出文章中的因果关系信号词，判断因果关系，找出解答问题的要点。

阅读方法（二）

  1. 先粗读一遍：①看一遍文章后的[注]，它是帮助理解文中生僻单词的；②看清楚全文分成几个段落，在该段落的旁边写上简单的段落大意；③找出频繁出现的单词（关键词），画出关键词，以便回答问题，关键词多为名词，个别的也有动词；④找出结论在哪个段落；⑤大体找出本文的主题思想；⑥在你认为重要的句子下面画上线，成为判断问题的依据；⑦用方框将出现人物框住，以引起注意；⑧要搞清楚说话者是谁，旁边标清；⑨用符号将指示代词与其所指示的内容连接起来；⑩用符号将接续词圈画出来，弄清接续词前后文的关系。

  2. 第二次读的时候，一边读一边寻找答案：①切记要真正弄清楚所提的问题，弄清是肯定还是否定；②将供选择的 4 个答案粗读一遍；③特别注意与问题相关联的那一部分，找出正确的答案；④以此类推，回答下面的问题。

言語文化コラム

日本の新聞

  日本の新聞は内容によって各方面の情報を報道する総合性の新聞、専門職業の専門新聞、スポーツ界と芸能界を主要な内容とする娯楽新聞とスポーツ新聞、工商業など業界の状況をはじめとする新聞という以上の四つ類に大体分けることができる。

  一般家庭が読む新聞の大部分は総合新聞である。総合性の新聞では発行部数が大きいのは『読売』『朝日』『毎日』という三大紙。この三つの新

聞は全国向け発売するから全国紙と称される。逆に、特定の地域内で発行される新聞は地方紙と呼ばれる。近年、日本の経済が不景気で、『日本経済新聞』などの専門紙を読む人も増えている。

日本の新聞は「朝刊」と「夕刊」にわける。「朝刊」は朝に送る新聞であり、「夕刊」は夕方に送る新聞という。ただし、日本の「朝刊」「夕刊」と中国の「日報」と「晩報」が違う。中国の「日報」と「晩報」は二種類の新聞で、日本の朝刊と夕刊は同じな新聞で朝晩に分け二回送信されるものである。

東京で、人々の家にいる時間を利用して、一軒一軒すべての家を訪ねて新聞を売り込む係がいる。もし、仕事が忙しくて、セールスマンが会えない場合、自宅近くの新聞販売店に電話すれば、すぐ訪問サービスがくる。契約は一般最短で3ヶ月である。調印する時、顧客は通常にビール券、洗剤などの小さなプレゼントがもらえる。

日本の新聞は以下の商業性・株式制経営、広告収入が総収入の四割を占める、五大である全国紙が全国日報発行量の六割を占めるため、日本の世論界での主導的地位であると考えられる。

日本新聞はメディアグループとして実業化経営を実行し、新聞が全国版も、地方版もある。また、雑誌、書籍、テレビなどのメディア産業も関連する。それに業界の垣根を越え、不動産、保険などの他の業務を兼営する。

五つの全国紙：

一、『読売新聞』：1874年11月2日に東京で創刊された。創始者は子安峻である。初めは市井タブロイド紙、「俗談平話」の編集方針を持って、通俗小説を掲載するのは主要な特色である。今の方針は「思い切って同双翼独裁思想と戦え」である。読売新聞は日本の一番の大新聞であり、世界一の大新聞でもある。2009年で同紙は1日平均発行量が1408.1万部に達した。市民を主な販売先とする。読売新聞は約十万配達員から構成される配達ネットワークを有し、99%の新聞は彼らの手で購読者に届けるのだ。また、旧読売新聞の回収を担当し、回収率は50%であるという。

二、『朝日新聞』：1879年1月25日に大阪で創刊された。創始者は木村騰と村山竜平である。方針は「不偏不党」である。1888年に『東京朝日新聞』の名を乗って東京出版市場に入った。1930年前後、読売新聞と毎日新聞と東京三大紙が鼎立競争の局面を形成した。1940年9月1日に日本各地で出版される新聞を朝日新聞に統一した。今の発行量1200万部に達した。同紙は初めにイラストタブロイド紙であり、民権運動時期から政治に足を踏み入れ、言論を掲載し、大新聞やタブロイド紙の特徴を兼備し、かつ中立の姿が現れ、報道の実効性を追求し、スクープに努力し、ワシントン、

ロンドン、カイロ、バンコク、ペッキン（1964年に成立）に朝日新聞の5つの総局が設立されている。その特徴は以下である：1、読者対象が主にインテリであり、「エレガントな」新聞と呼ばれる；2、時効の原則を維持し、絶えずに新しい技術と設備を導入する。

　三、『毎日新聞』：毎日新聞の前身は1876年に創設された大阪日報である。新聞創刊のスローガンは「論争の下が真理」である。公式発表した発行部数が393万部である。元読者は主に農民であったが、今市民読者より多くなっている。1918年株式会社制を実行し、国内に四局、国外にワシントンやロンドンに二つの局を設置している。朝刊は28版、約400万部であるが夕刊は16版、約160万部である。また、他の新聞、雑誌や書籍も出版し、複数の企業を所有している。

　四、『日本経済新聞』：日本経済新聞の前身は1876年に東京で創設された中外物価新聞という週刊である。1946年3月から日本経済新聞に改名した。その方針は「中正公正、国民生活基礎——経済の平和と民主の発展を促進する」である。日本経済新聞は日本の中産階級を読者対象とし、読者の多くは日本の経済界、政治界など各界のエリートと会社の従業員である。内容は経済の報道に重点をし、経済情報を中心に、一定の専門性を持つだろう。全世界の発行部数が最大の財経類新聞であり、2005年に463.5万部の財経類新聞の発行記録を創造したという。

　五、『産業経済新聞』：前身は1933年に大阪で創設された日本工業新聞であり、日本最大の財経類新聞である。1942年、関西地域の多くの経済類の新聞を合併して成立した。同紙の宣伝スローガンは「避けない、はでに宣伝しない、新聞らしい新聞になる」である。立場は保守主義者に傾いて、「自民党のセールスマン」を皮肉する人がいる。1958年には東京支社を本社にし、重心を東京に転移させ、それによって全国紙になった。産業経済新聞は株式会社制で、東京、大阪に二つの本社を持つ。朝刊が200万部、夕刊が90万部、傘下には他の文化産業がある。

第三課

――――（一） 幽霊屋敷の電話番号 ――――

　「ダンプカーと正面衝突でした」と、刑事が言った。「ともかく、完全潰されて…お気の毒です。」
　「いえ…」悠子は、黒いスーツで、布の下の、夫の死体から目をそむけた。「仕方ありません。自分が逃げたんですから」
　「ご主人が人をはねた、というのは、ご存知でしたか」と、刑事が訊く。
　冷たい死体置き場の空気に、悠子の顔は少し青ざめていた。
　「何かあったらしい、とは思っていました。ひどい雨の日で…。でも、何も言っていませんでしたが。」
　「そうですか。――まあ、ご主人がなくなってしまったは、ご主人がはねた相手への補償の方も、面倒ですね。」
　「でも、主人の責任なのですから、できるだけのことは、妻として、させていただきますわ」
　…そう。少しぐらいのお金が何だろう？
　あの夫と、義母（ぎぼ）から解放された代償なら、安いものだ。
　悠子は、表に出ると、まぶしい日射しに目を細めた。
　自由。自由なのだ！
　人をはねた、そのことが、逆に自分の「武器」になる、と悠子は気付いたのだった。
　久米子は、悠子が「やっぱり気が咎め（とがめ）ます。自首したいんです」と言い出すと、あわてて悠子のご機嫌を取り始めた。
　それは何とも愉快な経験だった。悠子は、久米子と調子を合わせておいて、一方で、夫の会社へ電話をした。
　小心な夫は、放っておけばだれも気にしない小さな凹（くぼ）みを、何とかしようとして、墓穴（ぼけつ）を掘ったのだ。悠子の予測通りだった。
　刑事が訪ねてくるタイミングも、絶好だったし、よもやと思ったことが――久米子まで、息子と運命を共にするという、夢のような結果になったのだ。
　歩きながら、悠子は、つい笑み（えみ）がこぼれるのを押さえ切れなかった。

私と健一で、楽しく暮らせるんだわ。その内には、すてきな男性が現れるかもしれない…

悠子の足取りは軽かった。

「そうだわ。」

健一が一人で留守番している。電話しておこう。今から帰るわよ、と。——二人で、おいしいお菓子でも食べよう…

電話ボックスに入って、自宅へかけた悠子は、お話中の信号音に、眉を寄せた。

「健一ったら…」

どこかへかけているのかしら？それとも、かかってきたのだろうか？

まあ、いい。後でまたかけてみよう。

悠子はボックスを出て、歩き出した。

「もしもし…」

と、健一は言った。

「はい、警察です。もしもし？」

「あのね…僕のお母さん、車で人をはねたんだよ」

「何ですって？」

「誰かをね、車ではねたの」

「もしもし。君の名前は？」

健一は、学校でもよくほめられていた。自分の名前を堂々と言える、というので。もちろん、電話でだって、ちゃんと名前をいうことができる…健一は得意だった。

（赤川次朗『幽霊屋敷の電話番』新潮社）

——（二） 蹴りたい背中 ——

さびしさは鳴る。耳が痛くなるほど高く澄んだ鈴の音で鳴り響いて、胸を締め付けるから。せめて周囲には聞こえないように、私はプリントを指で千切る。細長く、細長く。紙を裂く耳障りな音は、孤独の音を消してくれる。気怠げに見せてくれたりもするしね。葉緑体？オオカナダモ？ハッ。っていうこのスタンス。あなたたちは微生物を見てはしゃいでいるみたいですけど（苦笑）、私はちょっと遠慮しておく、だってもう高校生だし。ま、あなたたちを横目で見ながらプリントでも千切ってますよ、気怠くっていうこのスタンス。

第三課

　黒い実験用机の上にある紙屑の山に、また一つ、そうめんのように細長く千切った紙屑を載せた。うずたかく積もった紙屑の山、私の孤独な時間を凝縮された山。
　顕微鏡の順番はいつまで経っても回ってこない。同じ班の女子たちは楽しげにはしゃぎながら、かわりばんこに顕微鏡を覗きこんでいる。彼女らが動いたり笑ったりする度に舞い上がる細かい埃が、窓から射す陽をうけてきらきらと美しい。これほどのお日和なら、顕微鏡もさぞかしくっきり見えることでしょう。さっきから顕微鏡の反射鏡が太陽光をチカチカと跳ね返して私の目を焼いてくる。①暗幕を全部引いてこの理科室を真っ暗にしてしまいたい。
　今日は実験だから、てきとうに座って五人で一班を作れ。先生が何の気なしにいった一言のせいで、理科室にはただならぬ②緊張が走った。てきとうに座れと言われて―五人全員親しい友達で固められるか、それとも足りない分を余り者で補わなければいけないか―がなされ、友達を探し求めて泳ぐ視線同士がみるみるうちに絡み合い、グループが編まれていく。どの糸が絡み合っていくか、私には手に取るように分かる。高校に入学してからまだ二ヶ月した経っていないこの六月の時点で、クラスの交友関係を相関図にして書けるのは、きっと私くらいだろう。当の自分は相関図の粋外にいるというのに。唯一の頼みの網だった絹代にも見捨てられ、誰か余っている人いませんか、と聞かれて手を挙げた、あのみじめさ。せめて口で返事すればよかった。目をぎょろつかせながら、無言で、顔の高さまで挙手した私は妖怪じみていただろう。

　　　　　　　　　　　　　　（綿矢りさ『蹴りたい背中』河出書房新社）

単　語

（一）

ダンプカー（dump car）	（名）	货车，有倾倒台或自动卸货的卡车
衝突（しょうとつ）	（名・自サ）	撞上、冲撞、碰上，矛盾，冲突，不一致
刑事（けいじ）	（名）	刑事、应该适用刑法的事项，刑警
背ける（そむける）	（他一）	转（背）过去、扭转过去
兎も角（ともかく）	（副）	回头再说、姑且不论，无论如何、不管怎样
訊く（きく）	（他五）	问、打听、询问，反省
日射（にっしゃ）	（名）	日照、日射
細める（ほそめる）	（他一）	弄细
咎める（とがめる）	（自他一）	责难、责备，挑剔，盘问，红肿、发炎

機嫌（きげん）	（名）	心情、情绪，痛快、畅快、快活、高兴，安否
足取り（あしどり）	（名）	脚步、步伐，行踪、踪迹，行情的动向
調子をあわせる	（慣用）	奉承，帮腔
小心（しょうしん）	（名・形動）	胆小、小心、慎重
放っておく（ほうっておく）	（他一）	扔下、撇开不管
零れる（こぼれる）	（自一）	溢出、流出
ご機嫌を取り始める	（慣用）	讨好、取悦、逢迎
墓穴を掘る	（慣用）	自掘坟墓

（二）

鳴り響く（なりひびく）	（自一）	响、响彻，驰名、闻名
締め付ける（しめつける）	（他一）	捆紧、系紧、紧固，约束、管束
プリント	（名・他サ）	印刷、印刷品，油印、油印品，印花、印染
千切る（ちぎる）	（他一）	撕碎、掐碎，掐下、摘取
耳障り（みみざわり）	（名・形動）	刺耳
気怠い（けだる）	（形）	倦怠的
オオカナダモ	（名）	水蕴草
苦笑（くしょう）	（名・自サ）	苦笑
横目（よこめ）	（名）	斜视，秋波，横纹、横齿
紙屑（かみくず）	（名）	废纸
スタンス	（名）	对事物的立场、态度，准备击球的姿势
堆い（うずたかい）	（形）	堆得很高的、堆积如山的
凝縮（ぎょうしゅく）	（自サ）	凝缩、凝聚、冷凝
燥ぐ（はしゃぐ）	（自五）	风干、干燥，喧闹、欢闹
日和（ひより）	（名）	天气，形势、趋势，大晴天
さぞかし	（副）	想必、一定是
ちかちか	（副）	闪烁、闪闪发光，晃眼、刺眼
跳ね返す（はねかえす）	（他一）	飞溅、使溅起，反击、顶撞，克服，拒绝
暗幕（あんまく）	（名）	黑幕帘
代わり番こ（かわりばんこ）	（名）	轮番、轮换、轮流替换
ただならぬ	（接続）	不寻常、不平常、非一般

手に取るように	（慣用）	非常清楚、清晰地
絡み合う（からみあう）	（自一）	互相缠绕、搅在一起，彼此牵扯，错综复杂
見捨てる（みすてる）	（他一）	弃而不顾、抛弃、离弃，眼睁睁地舍弃
ぎょろつかせる	（慣用）	卷，滚动，使……转动，摇摆
挙手（きょしゅ）	（名・自サ）	举手

文法

（一）

1. ともかく、完全潰されて…お気の毒で。

　　这句话的意思是：不管怎样，彻底被毁了……太可怜。其中「ともかく」一般接在名词后或单独使用，如固定句型"名词＋はともかく（として）"，表示先不考虑前项，相当于汉语的"暂且不说"。例如：

○ この家具は、デザインはともかく、品質がよくないよ。

　　（这家具暂且不说款式，质量也不好啊。）

○ わたしは、話すことはともかく、書くことは苦手だ。

　　（我说话的能力就先不说了，书写也不擅长。）

○ この中華料理店は味はともかくとして、値段は安い。

　　（这家中国餐馆暂且不说味道，至少价格便宜。）

2. 何かあったらしい、とは思っていました。ひどい雨の日で…でも、何も言っていませんでしたが。

　　本句中的"何かあったらしい"意思为"好像发生了什么事呢"，其中"らしい"主要接在体言或用言简体后面，意思如下：

　　(1) 好像（表示有根据有理由的判断）。

○ このレストランは美味しいらしいよ、いつも客がいっぱいいるから。

　　（这家餐馆的菜好像很可口啊，因为总是客人满堂。）

○ 彼は正直者らしい。

　　（他像是一个正直的人。）

　　(2) 表示委婉的断定之意。

○ どうやら事実らしい。

　　（看来像是事实。）

○ 彼は不合格だったらしい。

（他似乎没有考上。）

3. 刑事が訪ねてくるタイミングも、絶好だったし、よもやと思ったことが——久米子まで、息子と運命を共にするという、夢のような結果になったのだ。

本文意思是：刑警询问的时机也是极佳的，总以为不至于那样——久米子之前都想和儿子共命运，结果真的梦想成真了。其中"～てくる"表示近向动作，有以下3个意思：

（1）表示空间的由远而近的变化。例：

○ 鳥が飛んできた。

（鸟儿飞来了[表示鸟由远处向我飞近]）。

○ タバコを一個買ってきなさい。

（你给我买包烟来。）

（2）在时间上，由过去向现在发展、变化。例：

○ 中国は発展してきました。

（中国发展起来了。）

○ 彼は今日まで皆に軽蔑されながら生きてきました。

（他至今是在众人的蔑视中活过来的。）

（3）接在非意志动词后，表示动作、状态的发展及变化过程。例：

○ 男は年をとるにしたがって、洗練されてくる。

（男人随着年龄的增长，都将变得成熟起来。）

○ 大火事がだんだん消えてくる。

（大火逐渐熄灭。）

和"～てくる"相对应的是"～ていく"，表示远向动作，有以下3个意义：

（1）在空间上表示由近及远，在时间上表示由现在面向将来。例：

○ 鳥が飛んでいきました。

（鸟儿飞走了[鸟儿刚才离我近，现在飞得离我远了，这里表示空间的由近及远]）。

○ 皆は次々家へ帰っていきました。

（大家都一个个回去了。）

（2）在时间上表示由现在面向将来继续下去。例：

○ 人間はこの習慣を続けていくだろう。

（人类会把这种习惯保留下去。）

（3）接在瞬间动词（无意志动词）后，表示向某一极限点不断靠拢，也就是完成这一状态的过程。例：

○ 誰も年をとると身心ともに弱っていく。

（不管是谁，上了年纪就会身心不断衰弱 ["弱る"是个瞬间无意志动词，表示向它不断靠拢]）。
○ 大火事がだんだん消えていった。
　　（大火渐渐熄灭了。）
4. 健一が一人で留守番している。電話しておこう。今から帰るわよ、と。——二人で、おいしいお菓子でも食べよう…
　　本句主要语法点为"～ておく""ーておく／ーてある"，偶尔会接在"歩く""走る""寝る""遊ぶ"等动作性的自动词后面，但是基本上是接在他动词的后面。
　　（1）表示准备行为"（人）がーをーておく"（＝事前にーておく）。
○ 今晩パーティーがありますから、（事前に）部屋を掃除しておきます。
　（今晚有联欢会，所以事先打扫了房间。）
　　（2）表示状态的保持，保存或放置"（人）がーをーておく"（＝そのままーておく）
○「ドアを閉めましょうか。」「夫が帰ってきますから、（そのまま）開けておいてください。」
　　（"要关门吗？""我老公就要回来了，开着吧。"）

（二）
1. 耳が痛くなるほど高く澄んだ鈴の音で鳴り響いて、胸を締め付けるから。这句话的意思是"心中憋闷，这洪亮清脆的铃声显得格外刺耳。"其中，"ほど"作为接续词主要有如下用法：
　　（1）动词辞书形、动词ない形、形容词い形、形容动词な形、名词＋ほど，表示程度。
○ 会場にはあふれるほど、ギターを持った若者が集まっていた。
　（拿吉他的年轻人聚集到一起，以至于会场都容纳不下了。）
○ わたしにも言いたいことが山ほどある。
　（我想说的话也是堆积如山。）
　　（2）动词辞书形、名词＋ほど…はない，表示"最好""再也没有""没有比……"，常采用"～ほど～はない"的形式。
○ 仲のいい友達と旅行するほど楽しいことはない。
　（没有比和好朋友结伴旅游更高兴的事了。）
○ 彼女ほど頭のいい人には会ったことがない。
　（没有见过像她这么聪明的人。）

2. 気怠げに見せてくれたりもするしね。

　　这句话的意思是：也让我看见倦怠的神情。其中"～げ"主要接续在形容词词干／动词连用形后面，相当于样态助动词"～そう"的形式，但"～げ"书面语气较浓。表示"……的神态""……的样子""……的情形""……的感觉"。

○ その人は退屈げに雑誌のページをめくっていた。
　　（他百无聊赖地翻看着杂志。）
○ 彼女の笑顔にはどこか寂しげなとこがあった。
　　（她的笑脸中带着一股凄凉。）
○ 彼のそのいわくありげな様子が私には気になった。
　　（他那欲言又止的表情令我不安。）

3. ま、あなたたちを横目で見ながらプリントでも千切ってますよ、気怠くっていうこのスタンス。

　　"ながら"在此处表示两个行为动作同时进行。接在动词的第一连用形后面，可译为"一边……一边……"。此种用法为"ながら"的主要用法，此时与"ながら"相接的多为持续性动作动词。例如：

○ テレビを見ながら、ご飯を食べる。
　　（边看电视边吃饭。）
○ 考えごとをしながら歩いている。
　　（一边考虑事情一边走着。）

　　此外，"ながら"还表示逆接（转折）关系等，可译为"尽管……却……"。表示逆接（转折）关系时语感强烈，与"のに"意义比较相近。例如：

○ 知っていながら、知らないふりをしている。
　　（尽管知道，却佯装不知。）
○ 体は小さいながら、なかなか力がある。
　　（尽管个头小，却相当有力气。）
○ 難しい難しいと言いながらも、この本を終わりまで読んでしまった。
　　（尽管一个劲儿地说难，但还是把这本书读完了。）

再者，还有一些约定俗成的用法，可视作固定搭配。例如：

　　及ばずながら（尽管能力有限）　　　失礼ながら（恕我冒昧）
　　お粗末ながら（招待不周）　　　　　われながら（连我自己也）
　　いやいやながら（勉勉强强地）　　　いつもながら（和往常一样）
　　昔ながら（一如往昔）　　　　　　　生まれながら（天生）
　　涙ながら（含着泪）

4．彼女らが動いたり笑ったりする度に舞い上がる細かい埃が、窓から射す陽をうけてきらきらと美しい。

本句意思为：她们每一次扭动吱笑，飞扬起来的微小灰尘就受到窗外阳光的照射而闪闪发亮，异常美丽。其中"たり"包括如下用法：

（1）用于从多种事例当中列举出 A 和 B 两个具有代表性的内容，有时也只列举一项内容而暗示其他。本句型中最后列举的事例必须后接"たり"，可译为"既……又……"。"～たり～たり"后一般为"する"，也有后接"は、だ、で、の、を"的情况。

接续：名词だったり名词だったり（する）
形容动词だったり形容动词だったり（する）
形容词かったり形容词かったり（する）
动词たり动词たり（する）

○ 電話をかけたり、メールを送ったり、彼は毎日のように恋人と連絡をしています。
（他天天都打电话或者发电子邮件跟女朋友联系。）

○ 泣いている子供をなだめたり、すかしたりしたが、なかなか泣き止まない。
（又哄又劝，可孩子还是哭个不停。）

○ みんな冬休みに見たり聞いたりしたことを、日本語で話してみてください。
（请大家用日语把寒假的所见所闻说一说。）

○ 姉は朝から洗濯をしたり掃除をしたりで、ちっとも休んでいない。
（姐姐一早起来，又是洗衣服又是扫地，一点也没闲着。）

（2）表示两种相反的状态或某种行为、状态的交替反复，可译为"一会儿……一会儿……"。常见的对比组合还有"あったりなかったり""あがったりさがったり""泣いたり笑ったり""乗ったり降りたり""出たり入ったり"等。

○ 相手の態度は冷たかったり、親切だったりして理解できない。
（对方的态度忽冷忽热，不可理解。）

○ 春は寒かったり暖かかったりして、風邪を引きやすい季節だ。
（春天天气一会儿冷一会儿暖，是容易感冒的季节。）

○ 春節は年によって一月だったり二月だったりして、きまっていない。
（春节的时间因年而异，或是一月或是二月，没有一定。）

○ 海は穏やかだったり、荒れ狂ったり、変わりやすい。
（大海时而风平浪静，时而波涛汹涌，变化无常。）

練 習

一、次の漢字にひらがなをつけなさい。

1. 衝突（　　　　　）　　2. 背ける（　　　　　）
3. 兎も角（　　　　　）　　4. 零れる（　　　　　）
5. 墓穴（　　　　　）　　6. 鳴り響く（　　　　　）
7. 小心（　　　　　）　　8. 締め付ける（　　　　　）
9. 千切る（　　　　　）　　10. 耳障り（　　　　　）
11. 堆い（　　　　　）　　12. 凝縮（　　　　　）
13. 燥ぐ（　　　　　）　　14. 絡み合う（　　　　　）
15. 見捨てる（　　　　　）　　16. 無言（　　　　　）
17. 顕微鏡（　　　　　）　　18. 真っ暗（　　　　　）
19. 締め付ける（　　　　　）　　20. 堂々（　　　　　）

二、次のひらがなによって、漢字を書きなさい。

1. にっしゃ（　　　　　）　　2. とがめる（　　　　　）
3. きげん（　　　　　）　　4. あしどり（　　　　　）
5. ほうっておく（　　　　　）　　6. くしょう（　　　　　）
7. よこめ（　　　　　）　　8. かみくず（　　　　　）
9. ひより（　　　　　）　　10. はねかえす（　　　　　）
11. あんまく（　　　　　）　　12. かわりばんこ（　　　　　）
13. きょしゅ（　　　　　）　　14. きのどく（　　　　　）
15. おきば（　　　　　）　　16. あおざめる（　　　　　）
17. ほしょう（　　　　　）　　18. ほそながい（　　　　　）
19. ぜっこう（　　　　　）　　20. るすばん（　　　　　）

三、次の表現を使って、文を作りなさい

1. ～ともかく
2. ～ながら
3. ～てくる
4. ～らしい
5. ～げ

四、文章一を読んで、次の質問に答えなさい。
　問一　この物語の内容と合っているものはどれか。
　　①　悠子の義母が人をはねたことを、悠子の夫は隠そうとして事故で死んでしまった。
　　②　悠子の夫が人をはねたことを、悠子の義母は隠そうとして事故でしんでしまった。
　　③　悠子の息子が人をはねたことを、悠子の夫は隠そうとして事故で死んでしまった。
　　④　悠子が人をはねたことを、悠子の夫は隠そうとして事故で死んでしまった。
　問二　この物語の結末はどうなるかを考えよ。
　　①　悠子は息子健一と楽しく暮らしていく。
　　②　悠子は義母と息子健一と暮らしていく。
　　③　悠子は警察につかまる。
　　④　悠子の義母は警察につかまる。

五、文章二を読んで、次の質問に答えなさい。
　問一　①「暗幕を全部引いてこの理科室を真っ暗にしてしまいたい」とあるが、この時の「私」の気持ちは次のどれか。
　　①　同じ班の女子が私に顕微鏡を見せてくれないので、意地悪をして顕微鏡を見えにくくしたい。
　　②　顕微鏡の反射鏡が太陽光を跳ね返してまぶしいので、太陽光が目に入らないようにしたい。
　　③　実験などしたくなくて、ずっと紙を千切っていたいから、顕微鏡の順番が回ってこないようにしたい。
　　④　楽しげにしている友達が鬱陶しく、その中に素直に入れない自分も嫌で、この雰囲気を消してしまいたい。
　問二　②「緊張が走った」とあるが、どんな緊張か。
　　①　今からどんな実験をするのかという緊張。
　　②　誰と一緒にグループが作れるかという緊張。
　　③　早く班を作らないと先生に叱られるという緊張。
　　④　座る所がなくなるのではないかという緊張。

読解技法

主　語

　　作主语有两种情况，一是人物名词或人称代词作主语，一是事物名词或代名词作主语。

　　"だれ"（谁）做主语时，有两种情况；一种是显现的主语，也就是句子中明显出现主语成分；另一种是不显现的主语，也就是句子中没有出现主语。

　　显现主语也有两种情况。一是常规句中的主语，常规句主要分为：①判断句　"○○は○○だ"；②存在句"○○は○○にある""○○に○○がある"；③描写句"○○は○○い"　"○○は○○だ"；④叙述句"○○はする"。主语一般由体言（名词、代名词、数词）加格助词"が"和 [副] 助词"は""も"等担任。一些定语从句也可以由体言加格助词"の"担任。

　　第二种情况是非常规句，即被动句和使役句等，这时的主语和被动助动词和使役助动词有关，而动词的动作者则是被动者或被使役者，如：

　　A　①彼は②すりに財布を③盗ま④れた。
　　B　①泥棒は②警察に③捕ま④れた。
　　C　①母は②子供を一人で③寝か④せた。
　　D　①父は②花子に英語を③習わ④せた。

　　例句 A、B 是被动句，其中的①"彼は"和①"泥棒は"是被动句的主语，即被动助动词④"れ"的主语。被动者②"すりに"和②"警察に"为动词的主动者（主语）。

　　例句 C、D 是使役句，其中的①"母は"和①"父は"　是使役助动词④"せ"的主语，②"子供を"和②"花子に"是使役对象，是动词③"寝か"和③"習わ"的主动者（主语）。

　　这类句子可能被搞得十分复杂，但自己要清楚它们的相互关系，不然在做题时就会出现差错。

　　日语是一种含蓄的语言，如果双方都能理解的地方就往往省略，主语是省略最多的部分,出题者往往让考生寻找句子的主语。寻找句子(或动词)的主语(动作者)，就需要吃透句子的构造，搞清楚背景，才能准确无误地找出正确答案。

　　（一）人物作主语

　　人物作句子主语的现象比较普遍，在日语四大句型（判断句、存在句、叙述句、描写句）中均可见到。人物作句子主语时，疑问句问到"谁在做什么"，日语的"谁"一般由"だれ""どのひと"来承当。敬语的"どなた"一般很

少出现在试卷问题中。

主要出题形式：

> 問い 「それで納得していた」とあるが、だれが何に納得していたのか。
> 問い ここで「好奇心」を持ったのはだれか。
> 問い 「『信頼できる友人がいない』と嘆く人」はどのような人か。
> 問い この手紙を受け取る人はどんな人か。
> 問い 名司会者とはどのような人か。

（二）事物名词作主语

"なに"（什么）这里代表事物，代表事物的名词或代词主要指事和物，它可以作句子的主语。事物名词和事物代词作主语的形式基本和前面所说的人物名词和人物代词相同，出题形式主要是"何が""どれが""どんなことが""どんな物が"等，让考生找出句子的主语。

主要出题形式：

> 問い 「なかなかできるものではない」とあるが、何ができないのか。
> 問い 「臨機応変の才能のあることを示している」とあるが、この場合、何が「臨機応変の才能」を示しているか。
> 問い 「間違っていなかった」とあるが、何が間違っていなかったのか。
> 問い この文章によると、チンパンジーはどのようなことができるか。

言語文化コラム

日本の社会治安

日本警察庁により、2014年その一年間警察側が掌握する全国の刑事事件は共に約121.22万件、昨年に比べて10.19万件（7.8％）を減らし、戦後第三低になった。

日本は今世界で最も発達している資本主義国家の一つであり、世界第三の経済体と人口の最も密集している国家の一つとして、社会管理のレベルが高く、公民の法律意識が強く、社会治安が良好で、世界で社会治安の最も良い国家の一つと認められる。

しかし、社会治安に対して最も著しいのが暴力犯罪だといわれているが、暴力犯罪の中で殺人、強奪が多い。世界保健機関のある研究は西方工業先進国の20国から見ると、イギリスしか殺人犯罪率と日本が接近しないのを発見した。オーストラリア、イギリス、ドイツ、シンガポールは治安秩序がわ

りに良い先進国であるが、強盗事件の発生率は日本の20～30倍である。韓国も治安良好な国家で、しかも地理と文化の方面で日本とはすぐ隣に位置し、しかしその強盗事件の犯罪率が依然として後者の6.5倍で抜きん出る。

　社会の治安状況が民衆の安心感の保障であろう。日本の社会治安が良い。日本関西地区で中国の留学生が万人を超えて、社会治安に大きな風波を誘発したことがない。日本で調査する或いは旅行する幾らかの欧米人が類似の体験もある。例えば、店の外に担当者のない屋台、錠を下ろしていない自転車がどこでも見える。また、女性は独りでいかなる時段にバス或いは地下鉄に乗ることができる。

　それでは、日本の社会治安に全局を掌握する警察機関は他の先進国の相関機関に比べ、果たしてどんな優れているところがあるか。「交番」と「駐在所」制度が日本警察側が誇らしい勤務方式で、日本の警務仕事の最も著しい特徴でも持つと言える。全国の都市と農村に分布している6,500余りの「交番」と7,600余りの「駐在所」は警務仕事の最前線にあり、国民に諮問と助けなどを提供し、コミュニティの秩序の安定と生活の安定を確保する。

　日本警察機関の最前線としての「交番」は、当直や巡視および位置を決める上でより強い便利さと高効率が現れる。一つは当番制ではなく交替制を実行する。「駐在所」の警官は家族と所内に住み、全天候の仕事制度を実現させる。二つは定められた時間どおりに出勤ではなく、巡視制度を実行する。オムニ方位の巡視を通し、ただちに公衆にサービスを提供できる。三つは位置の便利化である。すべての「交番」と「駐在所」は交通便利な繁華街或いは村と町の主要な通りに設置し、コミュニティの「セキュリティセンター」になった。四つはいつも民衆との密接な関係を維持する。コミュニティの警官は定期的に住民とコミュニティ部門を見舞い、訪問し、コミュニティの用役やサービスに参加し、若者に準則や遵法の教育を行う。このような科学的かつ合理的な勤務モデル及び各予防措置は、犯罪の発生を効果的に減らしただけではなく、警察と住民の関係も密接になった。コミュニティの雰囲気を調和させるほど、社会治安が更に良くなる。

　もちろん、日本は現在いくつかの社会治安の問題に直面している。一つはここ数年、日本経済の不景気で、失業人口は絶えず増え、街頭犯罪や侵入窃盗と傷害事件が上昇している。二つは反社会的な本質を持っている暴力団の勢いが広がり、そのイベントはだんだん猛り狂ってくる。三つは外国人の犯罪事件が絶えず増え、そして日本の暴力団と結託し、犯罪の組織力はだんだん高くなる。四つは警察の力量の不足が日増しになっている。ただし、日本の警官と民衆の割合は1／527で、この割合が1／225に達するのは理想的だと思われているが、社会経済現状の制約を受け、短い時

間に警察の力量を大幅に増加するのが無理であろう、そこで困難が多くて手が回りかね、やる気はあるが力が伴わなく見える。

　一方、サイバー犯罪の頻発は日本社会の治安に影響した。ここ数年、未成年サイバー犯罪の増加は日本の警察側が警戒しなければならない領域になる。今少年のイベントに密接にかかわっているため、東京警視庁は警務人員にスマートフォンを支給し、また論壇やメッセージボードや社交サイトなどのネット連絡手段を監視範囲に入れた。警務人員は個人身分を装い、ネットで東京の青少年がメッセージボードに発表するスレッドを検査する。いったん犯罪の手がかりを発見したら、警務人員は青少年の身分を明らかにして警告にあげる。

　とにかく、日本の社会治安が良好である。今日はさまざまな新型犯罪の挑戦のもとで、日本の警察機関は日本民衆の積極的な協力を変えて法律が有効に執行される治安環境を作り上げようと力を尽している。

第四課

——（一）朝顔——

　私は十数年前から毎年朝顔を植えている。それは花を見るためよりも葉が毒虫に刺された時の薬になるので、絶やさないようにしている。蚊や蚋は素より百足でも蜂でも非常によく効く。葉を三四枚、両の掌で暫く揉んでいると、ねっとりした汁が出て来る。それを葉と一緒に刺された個所に擦りつけると、痛みでも痒みでもすぐ止まり、後、そこから何時まで汁が出たりするような事がない。

　私は今住んでいる熱海大洞台の住いの裏山の中腹に小さい掘っ立て小屋の書斎を建てた。狭い場所で、窓の前はすぐ急な傾斜地なので、用心のため、低い四つ目垣を結い、その下に茶の実を蒔いた。ゆくゆくは茶の生垣にするつもりだが、それは何年か先の事なので、今年は東京の百貨店で買った幾種類かの朝顔の種を蒔いた。夏が近づくとそれらが四つ目垣に絡み始めた。反対の方に地面を這う蔓があると、私はそれを垣の方にもどしてやった。茶も所々に芽を出したが、繁った朝顔の為に気の毒なくらい日光を受けられなかった。

　毎朝、起きると、出窓に胡坐をかいて、煙草をのみながら、景色を眺める。そして未た、すぐ眼の前の四つ目垣に咲いた朝顔を見る。

　私は朝顔をこれまで、それほど、美しい花とは思っていなかった。一つは朝寝坊で、咲いたばかりの花を見る機会が少なかったためで、多く見たのは日に照らされ、形の崩れた朝顔で、その弱弱しい感じからも私はこの花をあまり好きになれなかった。

　ところが、この夏、夜明けに覚めて、開いたばかりの朝顔を見るようになった。カンナと見比べ、ゼラニウムと見比べて、このみずみずしい美しさは特別なものだと思った。朝顔の花生命は一時間か二時間といっていいだろう。私は朝顔の花のみずみずしい美しさに気付いた時、なぜか、不意に自分の少年時代を思い浮かべた。あとで考えたことだが、これは少年時代、すでにこのみずみずしさは知っていて、それほどに思わず、老年になって、それを大変美しく感じたのだろうと思った。

　母屋から話し声が聞こえてきたので、私は降りて行った。その前、小学校へ通う孫娘の押し花の材料にと考え、瑠璃色と赤と小豆色の朝顔を一輪ずつ摘んで、

　それを上向けに持って段になった坂路を降りて行くと、一匹の虻が私の顔の回りを煩く飛び回った。私は空しいているほうの手で、それを追ったが、どうしても逃げない。私は坂の途中でちょっと立ち止った。と、同時に今まで飛んでいた虻は身を逆さに花の芯に深く入って蜜を吸い始めた。丸みのある虎斑の尻の先が息でもするように動いている。しばらくすると虻は飛び込んだときとは反対にやや不器用な見振りで芯から抜け出すと、すぐ次の花に——そして更に次の花に身を逆さにして入り、ひととおり蜜を吸うと、なんの未練もなく、どこかへ飛んで行ってしまった。

　虻にとっては朝顔だけで、私という人間は全く眼中になかったわけである。そういう虻に対し、私はなにか親近を覚え、楽しい気分になった。

——（二）　花の絵——

　花の絵を描き始める時、心は画用紙のように真っ白でありたいと思っている。同じ名前がついている花でも、よく見ると一つ一つが、人間の顔が違うようにそれぞれの表情を持っているからである。また、同じ花でも朝と昼とでは、ほんのわずか色が変わっている場合が多い。

　いくら見慣れた花でも、「この花はこういう形をしているんだ。」などと、先入観を持って書き始めると、①花にそっぽを向かれてしまうことがある。花屋さんでは、開き過ぎたものは売り物にならないようだけれど、開き過ぎて雌蕊や雄蕊が飛び出したのも、時にはっとするぐらい美しい表情を見せてくれることがある。花びらが一、二枚落ちてしまったのも、虫が食っているのも、（　②　）と思う。咲き終わって、花びらが茶色くなってしまったのも…。それは決して死んだ花ではなく、一生懸命生きて、今、実を結び始めた最も素晴らしい時期を迎えているのだと思う。

　風で折れてぶら下がっているのもあれば、病気か何かで歪んで咲いているものある。日向で勢い良く咲いているのもあるが、根元の方では、雨の日に土の跳ね返りを受けて、薄汚くなったのもある。そういうのを見ていると、人間の社会と同じだなあと思ったりする。はしっこい人もいれば、のんきな人のいる。美しい人も、そうでない人も、病気の人も、健康な人も…。いろいろな人がいる。

　しかし、私自身、「あいつは、ああいう奴なんだ。」とほんのわずかしか知らないうちに決め付けてしまうことが、（　③　）。花の色が一日にして変化する

のだから、まして心を持っている人間を見るとき、自分のわずかなばかりで決めつけてしまうのなんて、全く間違っていると思う。

単 語

（一）

蚋（ぶよ）	（名）	蚋
百足（むかで）	（名）	蜈蚣
擦る（する）	（他五）	划，擦，研磨、碾碎
中腹（ちゅうふく）	（名）	山腰
傾斜（けいしゃ）	（名・自サ）	傾斜，傾斜度，傾向
蒔く（まく）	（他五）	播、种
蔓（つる）	（名）	植物的蔓，线索
繁る（しげる）	（自一）	（草木）繁茂
煙草（えんそう）	（名）	烟草
みずみずしい	（形）	水灵、娇嫩
母屋（もや）	（名）	正堂、主房、正房
孫娘（まごむすめ）	（名）	孙女
瑠璃色（るりいろ）	（名）	深蓝色
坂路（はんろ）	（名）	坡道
虻（あぶ）	（名）	虻、牛虻
空しい（むなしい）	（名）	空洞、空虚，徒劳，虚幻
芯（しん）	（名）	蕊，中心，核心，内部
蜜（みつ）	（名）	蜜、蜂蜜，甜水
虎斑（とらふ）	（名）	虎皮色，虎皮花纹

（二）

先入観（せんにゅうかん）	（名）	先入之见，成见
雄蕊（おしべ）	（名）	雄蕊
雌蕊（めしべ）	（名）	雌蕊
茶色い（ちゃいろい）	（形）	茶色的
ぶら下がる（ぶらさがる）	（自五）	吊垂、悬，耷拉

文法

（一）

1. それは花を見るためよりも葉が毒虫に刺された時の薬になるので、絶やさないようにしている。

"～ようにする"这个句型接续在简体句末动词连体形后，表示说话者将竭尽可能去实现某个计划、尽量努力去做某件事。"～ようにしている"则强调一直持续这样做。

○ 毎日日記を書くようにする。

（我尽可能每天记日记。）

○ 寒い冬でも毎日水泳をするようにしています。

（即使在寒冷的冬天，我也努力坚持每天游泳。）

○ 冷たいものを飲ませないようにしています。

（我尽量不让他们喝冷饮。）

2. 毎朝、起きると、出窓に胡坐をかいて、煙草をのみながら、景色を眺める。

"胡坐をかく"为惯用语，是"盘腿而坐"的意思，由中国古语而来。中国古代胡人（北方少数民族）的坐姿多为盘腿而坐，这个短语由此而来。

○ 胡坐をかいて、ドデッとしてテレビをみる。

（盘着腿大大咧咧地坐着看电视。）

3. 私は空いているほうの手で、それを追ったが、どうしても逃げない。

"どうしても～ない"表示"虽然努力也办不到"或"不论用什么手段，也没有（不）……"。重点在于努力了、尽力了，也没能办到。

○ どうしても彼女の名前が思い出せなくて、困っている。

（我怎么也想不起她的名字，左右为难。）

○ 努力はしているが、あの課長はどうしてもすきになれない。

（我做了努力，可对那个处长怎么也喜欢不起来。）

○ あの人はどうしても60歳には見えない。

（他怎么也不像60岁的人。）

（二）

1. いくら見慣れた花でも、「この花はこういう形をしているんだ。」などと、先入観を持って書き始めると、花にそっぽを向かれてしまうことがある。

"いくら"一词表示金额、价格或数量，引申为表示次数。在句型中表示无论

前项的数量、次数有多少，均无效果，后项不受其影响。在句型"いくら～ても"中表示无论前项的数量、次数有多少，均无效果，后项均不受其影响。

○ しかし、いくら電話を掛けても、お話中です。
　　（但是，不管打多少次电话都占线。）
○ いくらやって見ても、やっぱり失敗だった。やり方が間違っているかなあ。
　　（不管怎么做都以失败告终，是方法不对吧。）
○ いくら辛くても、男だから、泣いてはいかんぞ。
　　（不论多么艰辛，男人都不能哭哦。）

2. そういうのを見ていると、人間の社会と同じだなあと思ったりする。
　　一般都使用"ーたりーたりします／です"的形式，但是有时只用一个"ーたりする"，这是表示"たりする"前面的事项是一个代表，指"这一类""之类"。
○ 部屋を汚くしたりするのはよくありませんね。
　　（把房间搞脏之类的事情可不好啊。）
○ 王さんは病気だったりして欠席がちです。
　　（小王因为生病之类的事情，常常缺席。）

練 習

一、次の漢字にひらがなをつけなさい。

1. 熱海（　　　）　　2. 中腹（　　　）
3. 傾斜（　　　）　　4. 蒔く（　　　）
5. 胡坐（　　　）　　6. 朝顔（　　　）
7. 寝坊（　　　）　　8. 蔓（　　　）
9. 煙草（　　　）　　10. 孫娘（　　　）
11. 虻（　　　）　　12. 弱弱しい（　　　）
13. 雄蕊（　　　）　　14. 蚋（　　　）
15. 一輪（　　　）　　16. 虎斑（　　　）
17. 素晴らしい（　　　）　　18. 全く（　　　）
19. 日向（　　　）　　20. 画用紙（　　　）

二、次のひらがなによって、漢字を書きなさい。

1. むかで（　　　）　　2. しげる（　　　）
3. もや（　　　）　　4. るりいろ（　　　）

5. はんろ（　　　　）　　　6. あぶ（　　　　）
7. むなしい（　　　　）　　8. めしべ（　　　　）
9. ぶらさがる（　　　　）　10. えんそう（　　　　）
11. けいしゃ（　　　　）　　12. せんにゅうかん（　　　　）
13. おしべ（　　　　）　　　14. ちゃいろい（　　　　）

三、次の表現を使って、文を作りなさい。
1. ～ようにする
2. どうしても～ない
3. いくら～ても
4. ～たりする

四、文章二を読んで、次の質問に答えなさい。
　問一　①「花にそっぽを向かれてしまう」とはどういうことか。
　　①　花の向きが描いている間に変わってしまう。
　　②　その花の持つ本当の美しさが出せなくなってしまう。
　　③　その花を描きたい気持ちが消えてしまう。
　　④　その花を用意してくれた人に、いやな気持ちを与えてしまう。
　問二　（　②　）に入る言葉を選べ。
　　①　いいなあ　　　　　　②　かわいそうだなあ
　　③　仕方がないなあ　　　④　困ったなあ
　問三　（　③　）に入る言葉を選べ。
　　①　よくないことだと知っている。
　　②　ないように気をつけている。
　　③　なんと多いのだろう。
　　④　あるのだろうか。

読解技法

谓语与宾语

谓语

日语句子中的谓语一般在句子的最后面，由用言或体言加助动词担当。如：
○二人は仲のいい友達です。

（两个人是好朋友。）

○父親が買ってくれたカメラを思い出した。

（想起来父亲给我买的照相机。）

○毎日雨ばかりで、なんとうっとうしい。

（每天老是下雨，郁闷极了。）

○お茶の入れ方から二人の関係を見抜くなんて、君は想像力が豊かだねえ。

（从泡茶的方式看穿两人的关系，你的想象力太丰富了。）

一级读解出题方式使用的疑问词一般为"どれ""何か"等，这些问题只要仔细阅读前后文，弄懂文章意思，就不难解出。

主要出题形式：

> 問い　この手紙で表されている書き手の気持ちとして、最も適当なものはどれか。
> 問い　記憶について、筆者が述べていることと合っているものはどれか
> 問い　「目に見えないもの」とあるが、それは何か。

宾语

日语句子中的宾语有明显的特征，一般都是体言加宾格助词"を"，有时宾语受到提示和凸现，使用（副）助词"は""も"等，后续他动词（汉语的及物动词），如：

○火山が噴火の兆候を見せ始めたので、ふもとの住民は避難の準備をしている。

（因为发现火山开始喷发的兆头，山脚下的住民都在做避难的准备。）

○あの車がかっこういいが、ガソリンを相当食いそうだ。

（那台车样子很酷，但似乎很费油。）

○僕は、お酒は少し飲んでもかまわない。

（酒我稍微喝点儿也没有关系。）

○テーブルも椅子も買いたい。

（桌子椅子都想买。）

在一级读解考试中，问题里最喜欢用的疑问词为"何を""どんな～を"等，让考生搞清楚宾语"何""どんな"指的是什么。

主要出题形式：

問い 「のちほどこちらからお電話さしあげます」とあるが、そう言われた客は、たいてい何をすると考えられるか。

問い この手紙を読んだ人は、この後何をするか。

問い 「発見させられる」とあるが、何を発見させられるのか。

問い 「これは、チョウチョにはたいへん失礼な思いちがいであった」とあるが、どんな思いちがいをしたのか。

問い 「うーんなるほど」とあるが、このとき筆者はどんなことを考えたか。

言語文化コラム

日本の茶道文化

　日本の一番早い飲茶の文化が唐の時中国に留学して派遣された僧侶から入って来たのである。西暦紀元の8世紀、緑茶は日本に入って来た。『茶経詳説』という本に、「本朝聖武帝天平元年（729年）召百人僧於内裡而被講般若　第二日　有行茶之儀」と書かれている。『茶道入門』に、「天平勝宝元年（749年）に、孝謙天皇が奈良の東大寺に、500人の僧を召して、盧舎那仏の前において講読せしめ、終わって茶を賜られた」という記録もある。当時お茶を接触した日本人からすると、お茶は天朝上国からきた貴重な薬物で、とても貴重で、天皇からお茶の賞与式典は普通ではなかった。

　平安時代（794～1184年）に入り、日本高僧の永忠、最澄、空海は相前後して中国のお茶を日本に持ち帰って種をまき、正式の茶園を創立した。弘仁年間（810～823年）天皇が崇福寺及び梵釈寺両寺の高僧人の都永忠によって煎茶を奉られ、日本の茶文化初期の「弘仁茶風」が形成された。この時、日本人がお茶を薬物として、飲茶の方法はほぼ中国の茶礼、茶俗を学んで伝授していた。

　鎌倉時代（1185～1333年）に、日本で品茶が風潮になり、リーダーは中国に留学したことがある栄西禅師である。建久二年（1191年）、彼は自らお茶を植え、お茶の種を京都の高僧人の明恵上人にあげた。明恵上人がお茶の種を栂尾山に植えた。その時、「栂山の尾山の茶の木分植てあとぞ生ふべし駒の蹄影」という歌があった。それでこれは日本のかなり有名な「栂尾茶」になり、今なおこの茶畑は「駒蹄影」と称させられる。栄西は中国唐代の陸羽の『茶経』を研究し、日本の第一部の飲茶専門書『喫茶養生記』

を書き出し、300年後日本茶道文化の誕生に先行条件を与えた。彼はこの本を鎌倉幕府に捧げ、上層階級の飲茶の趣味が始まった。あとで、日本全国で飲茶の風潮が盛んになり、飲茶の習慣はすでに庶民まで普及させ、日本茶道の「抹茶」も鎌倉時代から現れた。正慶元年（1332年）に、新たな興味と娯楽を含めた民間闘茶が流行っていた。

　室町時代（1336～1572年）以降、茶の木を植えることがすでに普及してきた。茶礼を日本に取り入れたのは大応国師で、後は一休和尚である。茶道の大家の村田珠光は彼らの飲茶儀礼を受け継いで発展し、もっと優雅な飲茶儀礼を創造し、日本茶道の創始者と称させられる。村田珠光は禅の哲学的な内包を飲茶の精神境界、民間の飲茶活動、貴族の飲茶活動と互いに結び付け、「茶禅一味」の草庵茶文化を創めた。これも日本茶道の精神趣旨と形式の原形である。

　安土・桃山時代（1573～1598年）に、村田珠光を開祖として、武野紹鴎を中心にした日本の茶文化は、千利秋時代に至ってかつてなく盛んな段階まで発展し、最終的に今有名な日本茶道に発展してきた。この日本の茶文化は中国禅宗の修行活動に対する単純な模倣から、上流社会の娯楽のことを通り、ついに道具の運命を抜け出し、繁雑な形式があって緻密な思想の内包を含め、名実ともに備わった高レベルの総合的な文化形式に上昇してきた。

　現在日本が流行っている茶道は16世紀後期に茶道の大家の千利休が創立したのである。千利休は先輩が制定した渋茶を受け継ぎ、茶室の簡潔性と庭園の独創性、静かな場所で茶室を建てるのを主張した。彼は茶道具の「名器の美しさ」や精巧な茶碗や木と竹の互いに使うことを重んじ、独創的な風格がある日本の正統茶道を創立した──「千家流」の茶道。1591年、千利休は武将の豊臣秀吉に自殺させられ、彼の技巧はその孫から受け継いだ。江戸時代（1603～1867年）に、「家元制度」が創立され、茶道が代々継ぎ、祖流を出させられなかった。千利休の子孫は「表千家」「裏千家」「武者小路千家」3つの流派に分けた。そのほか、他派は林立し、主に織部流、遠州流、三斎流、藪内流、石州流、宗徧流、庸軒流があった。ここ数年、「裏千家」の後継者が最も名高くて、弟子が最も多いである。

　今、茶道は日本で津々浦々に知れ渡っていて、だれでも知っているのと言える。茶道の組織は全国各地に及び、その人数はおよそ1,000万で全国総人口の十分の一に達した。若い女の子が嫁ぐ前に、特別な練習を受けて茶道を稽古しなくてはいけない。また、茶道も日本の中・小学生放課後の重要な科目である。

第五課

──（一）桜について──

　三月の声をきくと、桜が待ち遠しい。このあいだまで、冬のくせにいっこうに寒くないと言って不平顔をしていたにしては、いかにも現金な話だが、木々のこずえがあからみ、空の色が、あたたかい冬とはまた異なる、一種独特のうるおいのあるのびやかさを漂わせ始めると、もうどうしょうもない。私は、自分の眼が、と言うよりも自分の全身が、桜を求めているのを覚えるのである。

　もっとも、昔から桜の花が格別に好きだったわけではない。春の花としては、梅のほうがはるかに好きだった。ある力強い枝ぶりや、繊細だがいかにも中身のつまった花の姿は直截に私の眼と心に訴えてきて、少年のころから、強く心を惹かれ続けていたようだ。けっして桜がきらいだったわけではないが、梅とくらべるとその立姿も平凡だし花から受ける印象にも、なにやら浮薄なところがあって、時折美しいと思うことはあっても、それ以上のめり込むことなく終わった。

　少年のころ、私が桜に覚えたこの一種のよそよそしさには、必ずしも桜そのものから発したものではない、さまざまな事情がかかわっていたようだ。ひとつには、人々が桜の下で酒を飲んで歌いさわぐ、あの花見という行事の、猥雑で卑しげな気配が、どうにも好きになれなかったせいである。何度か出かけてすっかり懲りた私は、以後両親に花見誘われても、かたくなに首をふった。そしてこの嫌悪感が、桜そのものの中にまで、猥雑で卑しげな気配を感じさせるに至ったようだ。このような理由に加えて、やがて桜がもとに至ったいかにも権威ありげな衣装が、いっそう私のよそよそしさをそそることとなった。もちろん私は、桜は大和魂を象徴するとか、桜の散りぎわ武士のいさぎよさを示すとかいった御題目を拒否するほど長じてはいなかった。それどころか、こういった御題目に感傷的な思いをそそられてもいたのだが、桜を見るたびこういった言葉が入り込んでくるのはなんともわずらわしかった。教室でそういう言葉を口にしていた教師の顔つきが浮かんできたりもして、私はなんとなくいらだった。つまりはこういうわけで、私は桜をめぐる人々の行動や言葉によって桜から遠ざけられた、と言っていい。

　もちろん、花見の雰囲気を嫌ったり、桜に関する通念に或る押しつけがましさ

を覚えたりするのは、私の個人的な好みにすぎないだろうが、この通念というやつは、実は逃れようと思って逃れうるものではない。桜が大和魂を象徴するなどという考えをばかばかしいと思うことは簡単だが、そんなふうに通念を次々と引っぺがしてゆくことで、桜そのものに行き着けるわけではない。いっさいの通念にわずらわされることなく、桜のそのものの美しさに心をゆだねているつもりでも、そのような心の動きは、実は、古来人々が桜という対象のうちに積みあげてきた無数の思いに支えられ、そのうえに成り立っているものだ。だから、神経質に通念を拒み続けて桜そのものを追うことは、桜を、奇妙にやせた、それが純粋であればあるほど薄っぺらな存在と化することになりかねないのである。

　だがしかし、それではさまざまな通念にのんびりと心をゆだねていればよいかとなると、そうもゆかぬところがある。いろいろな事情で、桜についての通念は、あまりにも一般化し平板化しているために、無警戒にそれらの侵入を許すと、桜との個性的な出合いのきっかけをうしなうこととともなる。もちろん、さまざまな通念をのびやかに生かしながら、そのことを通して桜というものの微妙な生をとらえるということは不可能ではないが、それはすくなくとも現在のわれわれにとっては、きわめて困難なことに属する。かつての歌人たちは、花を持ち、花を愛で、花を惜しむという共通の感情の場に身をゆだねながら、それぞれの個性的な歌声を響かせた。その場合、その感情の場の共通性が、彼らの歌の個性を支えるものともなっていたのだが、われわれにとっては、共通のものと個性的なものとのこのような幸福な融和が失われているからである。われわれが、あの西行の歌をはじめとして、桜を主題とした無数の名歌秀句を所有しているにもかかわらず、近代現代の詩歌小説のうち、一読こころに残るような桜のイメージを多く見いだせないのは、そういったことの現れといっていいであろう。

——（二）　包み合い失い「裸の個人」に——

　今日の山村は厳しい。過疎化も高齢化もすすんでいるし、経済的基盤は年々弱体化してきている。ところが不思議なことに、村の暮らしの方が都市よりも無事な感覚をいだかせるのはなぜなのだろうか。

　私はその理由は、「私」を包んでいるものの厚さにあると思っている。村では自然が「私」を包んでいる。村人が「私」を包んでくれている。村の文化や歴史も「私」

を包む。ここにはいろいろなものに包まれている安心感があり、それが無事な時空を感じさせる。

　現代社会が弱体化させたのは、この包まれた安心感である。かつて人々を包んでいた自然や地域、風土から人間は離脱し、都市に暮らす個人になっていった。それでも少し前までの都市の暮らしには、まだいくつかの「包むもの」が残っていた。人々は家族に包まれていると感じ、友人たちもお互いを包み合っていた。終身雇用制や年功序列型の賃金制度をもっていた企業も、働く人たちを包んでくれているような安心感を与えていた。

　ところが今日では、それらもまたハゲ落ちはじめている。家族に包まれていると感じなくなった人々もふえてきている。労働者を利益追求の道具のように扱う企業もふえ、いまでは労働者の三分の一以上が非正規雇用になってしまった。正規雇用であったとしても、定年までの安定が保障されていると感じる人がどれだけいるだろうか。

　私たちは次第に「裸の個人」になってしまったのである。いろいろなものに包まれながら生きていた人間が、その包まれたものを失い、「裸の個人」になっていった。

　①それは個人の利益を絶対視する思想を生む。自分以外に頼るものがない以上、すべてのものは自分が利益を上げるための手段になってしまう。こうして野蛮な市場経済が展開し、その市場経済からさえ退席させられていく企業や個人が増加する時代がはじまった。誰もが、たとえそれなりのかたちであれ、無事に生きていく仕組みがなくなってしまったのである。

　これで私たちの社会はもつのだろうか。私にはこの問いが、これから具体的なかたちで、私たちの前に現れてくる気がしてならない。多くの人たちが、さまざまな不安に怯える社会、というかたちで。

　近代社会の思想は、人間を②単なる個体としてとらえた。「裸の個人」を絶対視したのである。私はそれは根本的な誤りであったと思う。そうではなく、いろいろなものに包まれているとき、個人にも安心感があり、無事を感じさせる一生がありえたのではなかったか。自然が人間を包み、人間の営みが自然を包む関係が成立しているとき、自然も人間も無事でありえたように、人間同士もまた、お互いを包み合うように生きていかなければならなかったではないだろうか。

　今日の私たちに与えられている課題は、自然をふくめて、人間たちが無事に生きていく方法の発見である。

　（内山節『包み合い失い「裸の個人」に』東京新聞2009年3月22日付朝刊による）

単 語

（一）

待ち遠しい（まちどおしい）	（形）	急切等待的，盼望已久的
不平顔（ふへいがお）	（名）	不满的表情、发牢骚的表情
梢（こずえ）	（名）	树梢
赤らむ（あからむ）	（自五）	带红、发红
潤い（うるおい）	（名）	湿润
伸びやか（のびやか）	（形動）	轻松愉快、悠然自得
枝振り（えだぶり）	（名）	树枝伸展的摸样
詰まる（つまる）	（自五）	充满、塞满
立姿（たちすがた）	（名）	站立的姿势，舞姿
何やら（なにやら）	（副）	某些，什么，总觉得
浮薄（ふはく）	（名・形動）	浅薄，轻浮
のめり込む（のめりこむ）	（自五）	陷入、沉湎、热衷
余所余所しい（よそよそしい）	（形）	冷淡的、疏远的
騒ぐ（さわぐ）	（自五）	吵闹，慌张
猥雑（わいざつ）	（形動）	无秩序
卑しい（いやしい）	（形）	下贱的、下流的
気配（けはい）	（名）	情形、苗头
懲りる（こりる）	（自一）	吃了苦头再也不想干
頑な（かたくな）	（形動）	顽固、固执
嫌悪感（けんおかん）	（名）	厌恶感
纏う（まとう）	（自五・他五）	缠、使缠上，穿上身
そそる	（他五）	引起，唤起、激起感情等
潔い（いさぎよい）	（形）	干脆的、果断的，清白的
御題目（おだいもく）	（名）	主张，题目、标题
長じる（ちょうじる）	（自一）	成长、长大、擅长
入り込む（いりこむ）	（自五）	混杂、复杂、混入、潜入
煩わしい（わずらわしい）	（形）	繁琐的，烦恼的
苛立つ（いらだつ）	（自五）	急躁、焦躁
馬鹿馬鹿しい（ばかばかしい）	（形）	非常愚蠢的，无聊的，过分的

引っぺがす（ひっぺがす）	（他五）	使剥落
委ねる（ゆだねる）	（他一）	委托、委任，听凭
拒む（こばむ）	（他五）	拒绝，阻挠
薄っぺら（うすっぺら）	（形動）	肤浅、浅薄
出会い（であい）	（名）	相识、相遇
愛でる（めでる）	（他一）	爱、怜爱，欣赏
融和（ゆうわ）	（名）	融合、融为一体，友好相处
一読（いちどく）	（名・他サ）	一读，读一遍
見出す（みいだす）	（他五）	找到，发现

（二）

過疎化（かそか）	（名）	过于稀化
高齢化（こうれいか）	（名）	高龄化
基盤（きばん）	（名）	基础，地基
時空（じくう）	（名）	时空（时间与空间）
離脱（りだつ）	（名・他サ）	脱离，脱身，摆脱
賃金（ちんきん）	（名）	租金，工资
雇用（こよう）	（名・他サ）	雇用
野蛮（やばん）	（名・形動）	没有开化，没有教养
退席（たいせき）	（名・他サ）	退席、离席、退场

文法

（一）

1. このあいだまで、冬のくせにいっこうに寒くないと言って不平顔をしていた<u>にしては</u>、いかにも現金な話だが。

　　这句话的意思为：就在前些日子，自己还在抱怨冬天不冷。如此看来，我还真有点过于现实主义了。

　　其中，"〜にしては"接在名词的后面，表示作为一个事物与一般情况不相符，超过或不及预想的标准。该句型在使用时前后主语要一致。该句型通常用于评价他人的场合，不用于评价自身，可以翻译为"虽然……但是……""就……来说"。
例如：
○ あの人は新入社員にしては、客の応対がうまい。

(他作为新来的员工，接待客人的水平不算低。)
○ 彼は、タクシーの運転手にしては道を知らない。
　　(他是出租车司机，却不太认识路。)
○ この子は小学生にしてはずいぶんしっかりしている。
　　(这孩子虽然是个小学生，却很坚强。)

2. このような理由に加えて、やがて桜がもとうに至ったいかにも権威あり<u>げ</u>な衣装が、いっそう私のよそよそしさをそそことなった。

　　这句话的意思为：不久，我甚至对樱花那权威似的外貌也产生了一种十分冷漠的感情。

　　其中，"～げ"前接形容词、形容动词语干或者动词的ます形，表示从人的表情推测。一般用于表述人的心理状态，可以与表示样态的"～そう"互换，但"～げ"更接近书面语，一般只用于对人的表情等的描写。"～げ"可以与前边的词一起构成新的形容动词，所以活用时按形容动词的规则来变化，可以翻译为"带有……的样子"。例如：
○ 彼女の笑顔にはどこか寂しげなところがあった。
　　(她的笑容里带着一丝凄凉。)
○ 彼のそのいわくありげ様子が私には気になった。
　　(他那欲言又止的表情令我不安。)
○ その人は退屈げに雑誌のページをめくっていた。
　　(那人百无聊赖地翻看着杂志。)

3. そんなふうに通念を次々と引っぺがしてゆく<u>ことで</u>、桜そのものに行き着けるわけではない。

　　这句话的意思为：但是，要彻底摆脱社会成见走回到原来的樱花，谈何容易！

　　其中，"～ことで"前接动词的普通形，表示原因，前后为因果关系。它多用于客观表述，类似的句型"ことだから"表示以说话人的主观判断作为依据，可以翻译为"因为……""由于……"。例如：
○ 米英はこの戦争を始めたことで、膨大な経済的、政治的な損失を蒙るだろう。
　　(英美两国大概会因发动了这场战争而在经济上、政治上蒙受巨大的损失吧。)
○ 今回の事件は、社長がテレビで陳謝することで、何とか解決した。
　　(通过社长在电视上公开道歉，这次事件总算解决了。)
○ すばらしい研究成果をだしたことで、彼は学界では注目されるようになりました。
　　(他因研究出了优秀的成果而引起了学术界的关注。)

4. それが純粋であればあるほど薄っぺらな存在と化することになりかねないのである。

　　这句话的意思为：所谓纯粹之极便淡而无味是也。其中"～かねない／かねる"前接动词的ます形，"～かねる"表示否定，意思是比前项动作难。用其否定形式的"～かねない"则表示有可能或容易发生某种恶果，此种用法常用于表达负面评价。"～かねる"表示主观上或情感上难以做到某事，所以主语一般为第一人称，可以翻译为 "难以……"。例如：
○ 優勝チームのパレードを待ちかねて、町は大騒ぎになっていた。
　　（人们在焦急地等待夺冠队的胜利大游行，街上热闹非凡。）
○ 食事と睡眠はきちんと取らないと、体を壊すことになりかねない。
　　（不好好吃饭和睡觉的话，有可能搞垮身体。）
○ 面接試験ではどんな質問が出るのかと聞かれたが、そのようなことを聞かれてもちょっと答えかねる。
　　（有人问我面试时会出什么题，可是我实在难以回答。）

（二）
1. ところが不思議なことに、村の暮らしの方が都市よりも無事な感覚をいだかせるのはなぜなのだろうか。

　　这句话的意思为：但令人不可思议的是，生活在农村的人们比都市的人们更觉得平安无事，那是什么原因呢。

　　其中，"～ことに"前接形容词的辞书形、形容动词な形或动词的た形。所接之词通常是表示感情的形容词或动词，来强调对即将叙述的事件的感情色彩，是书面语。注意后续内容不能表示说话人的意志，可以翻译为"令人感到……的是……"。例如：
○ 困ったことに、今、金の持ち合わせがないんです。
　　（为难的是，我现在没带钱。）
○ 興味深いことに、昔のおもちゃが再び流行しているそうだ。
　　（让人感到有趣的是，听说从前的玩具又流行了起来。）
○ 嬉しいことに、弟が先月無事卒業しました。
　　（令人高兴的是，上个月弟弟顺利毕业了。）
2. 正規雇用であったとしても、定年までの安定が保障されていると感じる人がどれだけいるだろうか。

　　这句话的意思为：即使是正规雇用，又有多少人能感觉到退休之前的安定能得

以保障呢。

其中，"～としても"前接名词だ、动词的辞书形、た形、形容词的普通形、形容动词だ形，可以翻译为"即使……也……"。例如：

○ 今からタクシーに乗ったとしても、会議に間に合いそうもない。

（即使现在打车去，也赶不上开会了。）

○ たとえ賛成してくれる人がいないとしても、自分の意見を最後まで主張するつもりだ。

（即便没有人赞成，我也打算把自己的想法坚持到最后。）

○ 教室はうるさいから、勉強しようとしても勉強できません。

（教室里很吵，想学也学不进去。）

練 習

一、次の漢字にひらがなをつけなさい。

1. 見出す（   ）   2. 愛でる（   ）
3. 拒む（   ）   4. 馬鹿馬鹿しい（   ）
5. 入り込む（   ） 6. 潔い（   ）
7. 嫌悪感（   ）   8. 気配（   ）
9. 騒ぐ（   ）   10. 浮薄（   ）
11. 詰まる（   ）   12. 潤い（   ）
13. 不平顔（   ）   14. 貸金（   ）
15. 野蛮（   ）   16. 離脱（   ）
17. 伸びやか（   ） 18. 梢（   ）
19. 赤らむ（   ）   20. 待ち遠しい（   ）

二、次のひらがなによって、漢字を書きなさい。

1. いちどく（   ） 2. ゆうわ（   ）
3. であい（   ）   4. うすっぺら（   ）
5. ゆだねる（   ） 6. ひっぺがす（   ）
7. いらだつ（   ） 8. わずらわしい（   ）
9. ちょうじる（   ） 10. おだいもく（   ）
11. まとう（   ）   12. かたくな（   ）
13. こりる（   ）   14. いやしい（   ）

15. わいざつ（　　　　）　16. よそよそしい（　　　　）
17. のめりこむ（　　　　）　18. なにやら（　　　　）
19. たちすがた（　　　　）　20. えだぶり（　　　　）

三、次の表現を使って、文を作りなさい。
1. 〜にしては
2. 〜ことで
3. 〜ことに
4. 〜としても

四、文章一を読んで、次の質問に答えなさい。
　問一　「現金な話」という言葉はどういう意味だ。
　問二　「頑なに首を振った」という言葉はどういう意味だ。

五、文章二を読んで、次の質問に答えなさい。
　問一　①「それ」は何か。
　　① 人間が利益追求の道具であること
　　② 人間が「裸の個人」になったこと
　　③ 定年までの雇用が保障されないこと
　　④ 野蛮な市場経済が展開したこと
　問二　②「単なる個体」とは何を指すか。
　　① 自然の中の野蛮な動物
　　② 個人の利益を絶対視する人間
　　③ 周囲から切り離された個人
　　④ 都市に存在する物質
　問三　この文章で筆者が「無事」というのはどういうことか。
　　① 家族や友人に囲まれていて、失業する心配がなく、定年まで働いていられること。
　　② 自然と人間が共存し、人々が互いに関係を持ち、安心感をもっていられること。
　　③ 自然に包まれた田舎で、個人主義者と関係しないで過ごしていられること。
　　④ 都市にいても、村での暮らしのように自然を感じながち暮らしていけること。

問四　この文章で筆者が言いたいことは何か。

①　人間は効率を求めるあまり、自然を破壊し、安心できる生活を失ってしまった。これからは自然と共存する方法を探さなければならない。

②　都会の人間は周囲との関係がなくなり、個人主義に陥ってしまっている。山村の生活を見習って、安心感のある生活を始めたほうがいい。

③　個人主義が広がって人々が自分のことしか考えなくなってしまった。互いに安心して協力し合える心の豊かな社会をめざすべきだ。

④　人間は以前は自然や社会と深い関わりを持って安心して暮らしていたのに、今はそれを失ってしまった。考え直さなければならない。

読解技法

补　语

日语句子中的补语一是人物名词或人称代词，一是事物名词或代名词。

在句子当中，"だれ"（谁）还可以用作补语。作补语的主要后续格助词有"に""と"等，表示动作的对象、对手等。如：

○ 田中先生は弟に数学を教えた。
（田中老师教弟弟数学。）
○ 佐藤さんは先生に教えてもらった。
（佐藤向老师请教。）
○ 私は母とデパートへ行きました。
（我和妈妈一起去百货大楼。）
○ 田中さんは花子さんと結婚しました。
（田中和花子结婚了。）

事物名词或代名词作补语时同上述一样，后续格助词"に""へ""と""から""まで""より"等作补语，表示动作的对象、对手等。如：

○ 小切手を現金にかえる。
（把支票换成现金。）
○ 花より団子。
（好看不如好吃的。）
○ 私の国と比べると、日本のほうが暑いです。
（和我国相比，日本热。）
○ 雨戸のすきまから朝日の光がさしこんでいる。
（朝阳从雨搭的间隙射进来。）

第五課

阅读理解题中这方面的问题一般都是句子中没有出现的，需要认真阅读前后文将其补充，才能完成。

主要出题形式：

> 問い 「どちらかに電話をした」とあるが、筆者（親）は子どもがだれと話していると思っていたか。
>
> 問い 「好きにさせておいた」とあるが、だれがだれに何をさせておいたのか。
>
> 問い 「子供の授業参観に行って驚いたこと」とあるが、筆者は何に驚いたのか。
>
> 問い 「おゆずりしましょう」とあるが、誰がだれにゆずるのですか。
>
> 問い この会話はどこでおこなわれたか。

言語文化コラム

年功序列

「年功序列」とは社員の年齢、学歴や同一企業での勤続年数に応じて役職や賃金を上昇させることである。年功序列は終身雇用、企業内組合とともに、日本的経営の「三種の神器」と称され、日本経済発展に寄与した。年功序列は次の4つの段階を経験した。

経済復興段階（1945～1960年）——純粋な年功序列

戦後初期、経済が壊滅され、国民は食糧難と住宅難に陥り、労働運動が高まっていた。社員とその家族の最低生活を保障するため、企業では次第に平均主義傾向の年功序列が実行されるようになった。新入社員の賃金が低めであるが、勤続年数や年齢が増加すると、家庭全体の消費が高くなり、賃金もそれに応じて上がるということである。1946年に日本電気産業労働組合が生み出した電産型賃金体系は年功序列の原形である。その賃金体系では、直接的には、年齢、家族数、勤続年数、間接的には、学歴、経験年数が賃金決定基準として使われている。この賃金モデルが電気産業での実行を始め、多くの企業に採用され、次第に当時の日本企業の賃金制度の主流となった。

高度成長段階（1960～1975年）——年功序列の全盛期

経済の高速発展につれて、社員の生活水準が上昇し、平均主義傾向の純粋的な年功序列は経済発展と企業管理に適応していなかった。それを背景

に、賃金総額を減らすとともに、社員の安定性を保証し、また社員の働く意欲を高めるため、20世紀60年代の初め、職能給（いわゆる職能資格賃金制度）が導入された。職能給とは、職務遂行能力によって給与を決定するというシステムであり、賃金決定基準としての能力が強調された。職能給は競争的要素をもたらしたが、当時の賃金体系では年齢と勤続年数が依然として絶対優位であった。それに応じて、昇進制度の面でも、職能資格制度が実行され、昇格基準としては学歴と一定の勤続年数のほか、人事考課による業務遂行能力と実績の評価も必要になった。

　安定成長段階（1975〜1990年）——年功序列が弱まり、能力要素が強まった

　20世紀70年代以降、日本経済成長のペースが緩やかになり、企業規模の拡大が困難になるため、年ごとに新卒を採用できなくなり、中高年社員の昇給・昇進が遅くなり、さらには留まり、年功序列制度が微妙に変化していた。例えば、一部の企業では能力と業績の評価システムが強化されたとともに、開発創新能力、仕事環境への対応力、会社への関心、仕事手配の服従などの新たな能力要素も導入された。しかし、全体的に見れば、この時期の賃金と役職は基本的に勤続年数に応じて上昇され、依然として年功的な処遇が幅をきかせていた。

　長期不況段階（1990年至今）——年功序列が主位を喪失した

　20世紀90年代、バブルの崩壊により、日本経済が長期不況に陥った。経営環境の悪化のため、年齢と勤続年数に応じて定期的に役職や賃金を上昇するのができなくなった。経営上の苦境から脱するように日本の企業では「目標管理制度」が導入され、業績に重きを置いた賃金体系を実行させた。一方、昇進上の年齢制限を廃止し、若手社員をリーダーに抜擢するという企業が増えている。そうすると、年齢と勤続年数などに応じて定期的に昇給・昇格を行う年功序列制度は大きな打撃を受けて、徐々に崩れていく。

　経済復興段階と高度成長段階の日本にとっては、年功序列は、社員の定着を維持すること、また会社への帰属意識を強化することなど、計り知れないほど役立っていたが、20世紀90年代のバブル経済の崩壊により、年功序列を支えてきた経済基礎がくずれてしまい、年功序列は歴史の舞台から退場しつつある。

第六課

──（一） ウラかオモテか ──

　数年前のことだが、ある官庁から封書が届いた。あけてみると、ワープロで打った文書がすぐ目に飛び込んできた。つまり、文面を外にして折ってあったのである。ぎょっとした。差出人は若い事務官らしい。おそらくものを知らないから、こんなことをしたのだろうと勝手に解釈した。

　それにしてもひどいものだとびっくりしたから、いつまでも頭に残っていた。そして気をつけるともなく気をつけていると、①同じようなことをしている文書が時々ある。世の中はそこまで落ちぶれてきたのかと②情けない思いをして、ものを知らない代表のように言われる学生はどうであろう、と思ってアンケートをとることを考え付いた。

　五十人に聞いた。全員が文面を内側にして出す、と答えた。外にしたりすることがあるのか、と反問したものもいる。まずは常識的である、とひそかに安心した。やはりお役所がおかしいのだと、こんどはいっそう自信を持って勝手に判断した。そのことを文章に書いたものをいれて本を出版したところ知人から注意を受けた。

　③それは無知のせいではない。非常識と決めつけられては困る。このごろは文面を外にする折り方は少しも珍しくない。自分も仕事上の通信ではそのようにしている。書いてあることが内側になっていると、ひらいて見るのに手間がかかる。外を向いていれば、一目で用件がわかって便利である。能率的である。もっとも私信は別で、これは必ず書いたほうを内側にして便箋を折る。

　そう言われて、ひどくおどろいた。いつのまにか世の中に新しい自分のまったく知らない方式が行われていたのである。こちらが無知なのに、相手がいけないと思ったりして恥ずかしかった。この知人は大企業の最高幹部として活躍しているだけでなく、文筆でも一家をなしていて、日ごろから敬服している人だけに、④その言葉は決定的だった。私はさっそく自分の考えを訂正することにした。

　そこへやはり知り合いの年配の婦人からやはりその本をよんだといってはがきをもらった。その人が先年、ある機関の事務の仕事をすることになったとき、まず、最初に教えられた訓練は郵便物を出すとき、文面を外側して折るように、という

ことだった、と書いてある。

　そう言われて注意してみると、あるわあるわ、文面を外にした郵便物が毎日いくつも届くのである。ダイレクトメールのたぐいが多いこともあって、これまで気がつかなかった。そんなものは手紙と認めないから、ろくに見もしないで、時には封も切らずに捨てていた。そうゆう郵便物の多くは印刷してある。あるいはワープロで打ってある。事務用、業務用、宣伝用の通信で、手書きの私信で外側にしたのは、いまのところひとつもない。しかし、それだけ外折りが増えてくると、⑤私信といえども安心できなくなるかもしれない。

　折り曲げるから、文面を内にするか外にするかが問題になる。折り曲げてあるから広げる面倒も起こる。一枚をそのままにして封に入れればそういうことが一挙に解決してしまう。そう考えるところが多くなったとしても不思議ではない。折らないものをそのまま送ってくる。それで郵便物がどんどん大型化してきた。

　（中略）

　それはともかく、当面は、私信は文面を内側にし、事務通信、ダイレクトメールは外側にするという二通りの様式が共存することになる。そのことをまだ一般に知らない人が多いということを官庁や企業などの人は⑥頭に入れておいたほうがよいかもしれない。われわれはなにごとによらず、むき出しをきらう。金や物を人に渡すときにもかならず包む。封書からむき出しの文面が飛び出してくるのはあまりいい感じのものではない。

　　　　　　　　　　　（外山滋比古『ことがと人間関係』チクマ出版社）

――――（二）　子供の日――――

　日本にやってきたフランス人が、五月五日は、なぜ、祭りなのか、と尋ねた。
　「こどもの日です。」と、私は答えた。
　「私の国には、こんな、心優しい祭日はない。」と、フランス人が、①ため息をもらした。彼は、ある遊園地に行って、これはどういうところか、と質問した。
　「こどもの国です。」と、私は答えた。
　「日本は、なんて子供を大切にする国だろう。私の国には、こんな名前の遊園地を聞いたことがない。」
　そのフランス人が、十年日本で暮らしてから、私に言った。「日本の子供には、たった一日だけ、こどもの日があり、こどもの国しか、子供のための場所がない

のですね。」

「どうも、②そうらしいです。」と私は答えた。

「こどもの日」が来ると、私はそのことをいつも思い出すのである。こどもの日がなくなり、三六五日を、子供が大人と共有することができればよい。三六五日のうち、一日をお前のものだと子供に与え、猫の額ほどの土地を、子供たちに、お前たちのものだと与え、三六四日は、おれのものだとする大人、大部分の日本の土地から、子供を追い出した大人、空地には囲いがされ道路は自動車が子供を追い払う。子供の遊び場は街にはなくなった。私は、その大人の子供に対する負い目を、この日になると感じるのである。

（中略）

都会の日常では、道路から、広場から、公園の芝生から、子供は追放される。そして、子供の事故死が、空地の放置された冷蔵庫が原因だと報じられる。また、大人の事故死で、孤児が生まれる。これが、こどもの国を一歩出たところで起こっている日常なのである。子供は、子供らしく、学生は学生らしく、娘は娘らしく、そうした、取り繕われたなんとなくまっとうに響く言葉の中で、限りなく差別されて、日本の子供は生活している。そして、現在の子供は過保護を受けているという③神話が、皮肉にも、この日本で語られる。過保護が存在しないとは言わない。しかし過保護は、社会から子供が疎外されたために、個々の親が一人一人で、自分の子供を守ろうとするところから生まれた反動であるだけだ。

実際にあるのは過保護ではなく、こどもの対する過干渉だけ。私はこどもの日が、一日だけ作られるときが来ればいいと思うが。

単　語

（一）

封書（ふうしょ）	（名）	封口的书信
ワープロ	（名）	文字处理机
飛び込む（とびこむ）	（自五）	参加，突然进入
差出人（さしだしにん）	（名）	发信人、寄信人
事務官（じむかん）	（名）	事务官，科员
情けない（なさけない）	（形）	非常可怜的，无情的
内側（うちがわ）	（名）	内側，里面
反問（はんもん）	（名・他自サ）	反问

常識的（じょうしきてき）	（形動）	一般的，平常的
役所（やくしょ）	（名）	官厅，机关
出版（しゅっぱん）	（名・他サ）	出版
能率的（のうりつてき）	（形動）	有效率的
便箋（びんせん）	（名）	信纸、信笺
幹部（かんぶ）	（名）	干部
活躍（かつやく）	（名・自サ）	活跃
文筆（ぶんぴつ）	（名）	写文章、著述
敬服（けいふく）	（名・他サ）	佩服、敬佩
訂正（ていせい）	（名・他サ）	修订、订正，改正
機関（きかん）	（名）	机关
郵便物（ゆうびんぶつ）	（名）	邮件
訓練（くんれん）	（名・他サ）	训练
捨てる（すてる）	（他一）	置之不理，抛弃
宣伝（せんでん）	（名・他サ）	宣传
一挙（いっきょ）	（名）	一个动作
官庁（かんちょう）	（名）	政府机关

（二）

遊園地（ゆうえんち）	（名）	幼儿园
ため息（ためいき）	（名）	叹气
額（ひたい）	（名）	额头
追い出す（おいだす）	（他五）	赶出，开除
追い払う（おいはらう）	（他五）	赶远，赶出
追放（ついほう）	（名・他サ）	放逐、流放
空地（あきち）	（名）	空地
放置（ほうち）	（名・他サ）	放置，搁置
冷蔵庫（れいぞうこ）	（名）	冰箱
報じる（ほうじる）	（自一・他一）	报答，通知
孤児（こじ）	（名）	孤儿
響く（ひびく）	（自五）	回响，影响
差別（さべつ）	（（名・他サ）	差别，歧视
過保護（かほご）	（名）	溺爱、娇纵

皮肉(ひにく)	（形動）	讽刺
疎外(そがい)	（名・他サ）	疏远，异化
反動(はんどう)	（名）	反作用力
干渉(かんしょう)	（名・自サ）	干涉，干扰

文　法

（一）

1. そして気をつける<u>ともなく</u>気をつけていると、同じようなことをしている文書が時々ある。

　　这句话的意思是：也没有特别留意，但如果细心留意一下，就会发现时不时收到同样的信件。

　　其中，"～ともなく"前接动词的辞书形，"～ともなく"可以置换为"～ともなしに"，后续句子的动词要为非意志动词，可以翻译为"不经意间……""漫不经心……"。例如：

○ 寝るともなしにヘッドによこになっていたら、いつの間にかぐっすりねむってしまった。

　　（躺在床上并没有打算睡觉，却不知什么时候睡着了。）

○ 見るともなくテレビを見ていたら、私の学校が映っている。

　　（不经意看了一下电视，结果看到在播放自己学校的事情。）

○ ラジオを聞くともなく聞いていたら、懐かしい曲が流れてきた。

　　（听了一下收音机，里面传来令人怀念的曲子。）

2. この知人は大企業の最高幹部として活躍しているだけでなく、文筆でも一家をなしていて、日ごろから敬服している人<u>だけに</u>、その言葉は決定的だった。

　　这句话的意思是：（告诉我的）这位熟人不仅是活跃于大企业的最高层干部，文笔更是自成一家，是我一直很敬佩的人，所以他说的话是决定性的结论。

　　其中，"～だけに"前接名词或者动词的普通形，表示因某一原因而产生了高于一般的结果。与该句型容易混淆的句型"～ばかりに"则多用来表示产生某一意外的结果，前项的性质决定后项必然出现的情况和结果。"～ばかりに"后项多为消极结果，而"～だけに"的后项结果既可以是消极的，也可以是积极的。"～だけに"既可接名次后，亦可接动词后，而"～ばかりに"只能接用言后，可以翻译为"正因为……所以更……"。例如：

○ 考えにあげく出した結論だっただけに、すぐさま母親に否定され、何もいえ

なかった。
　　（由于这是考虑良久才得出的结论，可是立即被母亲否定了，我一时说不出话来。）
○ 何一つ抵抗らしい抵抗にあわなかっただけに、かえって張り合いが抜けたような気がする。
　　（由于没有遇到像样的抵抗，反而觉得有点泄气。）
○ 今まで何かをやれたという自信がないだけに、めちゃくちゃ不安です。
　　（正因为觉得自己到现在还是一事无成，所以非常不安。）
3. 事務用、業務用、宣伝用の通信で、手書きの私信で外側にしたのは、いまのところひとつもない。
　　这句话的意思是：因为是用于事务、业务、宣传等，现在已经看不到往外折的手写私信。
　　其中，"～ひとつもない"前接名词，后项为否定形式，也可以是"ひとつ～ない"或"～ひとつない"，表示"～すこしもない""まったく～ない""全然～ない"很强的否定意味，可以翻译为"连一……都没有"。例如：
○ 大連はごみひとつ落ちていない大変きれいな町だという印象を受けたが、その町にいったらどうだね。
　　（大连的街上看不到一点垃圾，给我留下了非常干净的印象。我们去那个城市怎么样？）
○ これほど簡単な事件なのに、まだ手掛りひとつつかめていないなんて、お前たちは一体なにをしているんだ。
　　（这么简单的事，却一点线索都没找到，你们究竟在干什么！）
○ 川は都の大通りの中央を流れ、両岸には命の木があって、年に12回実を結び、毎月実を実らせる。もはや、呪われるものは何ひとつない。
　　（这条河横穿城市的中央，河的两边生长着生命之树，这些树1年结12次果实，每个月结1次。它没有任何可以被诅咒的地方。）
4. われわれはなにごとによらず、むき出しをきらう。金や物を人に渡すときにもかならず包む。
　　这句话的意思是：我们不管是什么事情，都不喜欢裸露。递给别人钱或物品时，一定是包着外皮的。
　　其中，"～によらず"前接名词或者疑问词，与"～を問わず"基本同义。"～問わず"多接在"男女""昼夜"等这样意思相对的词之后，而此句型多接在疑问词之后。要注意"～によらず"与"～を問わず"助词的不同，可以翻译为"不管……""不论……"例如：

○ 理由のいかんによらず、暴力はよくない。

（不管什么理由，暴力总是不好的。）

○ この奨学金は中学生のためのものです。出身国のいかんによらず、応募することができます。

（这个奖学金是为留学生设的，不管来自哪个国家，都可以申请。）

○ うちの会社は性別や学歴によらず、実績で給料が決まります。

（我们公司不论性别与学历，是由实际业绩来决定工资的。）

（二）

1. 私は、その大人の子供に対する負い目を、この日になると感じるのである。

 这句话的意思是：我觉得儿童节这一天是大人还给孩子的债。其中，"～に対する"前接名词，该句型表示动作指向的对方或对象。与"～について""～に関して"有时区别不大，但当对象为人时，是指对对方采取的直接的动作。该句型也有"相对于"（表示对比）的用法。该句型的译文与"～にとって"相似，但"～にとって"表示的是从某个立场出发评价事物，翻译为"对于……""对……"。例如：

○ 先日の会議では、彼の説明に対して質問が集中した。

（前几天的会议上，大家主要针对他的说明进行了提问。）

○ この店では、特に客に対しことばがかいや態度に注意をはらっている。

（这家店特别注意待客的用语与态度。）

○ 戦争に対して、批判の声が次第に高まっている。

（对于战争，反对的呼声越来越高。）

2. しかし過保護は、社会から子供が疎外されたために、個々の親が一人一人で、自分の子供を守ろうとするところから生まれた反動であるだけだ。

 这句话的意思是：可是，因为溺爱而把孩子从社会中脱离出去，这只不过是每个父母想要保护孩子所产生的反作用。

 其中，"～ところから"前接动词的ている形、た形，"～ところから"的形式暗含"还有其他原因"的意思，多用于书面语，可以翻译为"因为……""由于……"。例如：

○ 人が大勢集まっているところから、彼の人気のすごさがわかる。

（从人聚集了这么多这点可以看出他非常受欢迎。）

○ 土が湿っているところから、昨夜は雨だったらしいと考えた。

（从地是湿的这点来看，昨晚可能下雨了。）

○ あまり頭を使いすぎたところから、こんな病気になったのだと医者は言った。

（医生说这个病大概是用脑过度引起的。）

練習

一、次の漢字にひらがなをつけなさい。

1. 干渉（　　　）　2. 皮肉（　　　）
3. 響く（　　　）　4. 冷蔵庫（　　　）
5. 追放（　　　）　6. 額（　　　）
7. 官庁（　　　）　8. 捨てる（　　　）
9. 機関（　　　）　10. 文筆（　　　）
11. 便箋（　　　）　12. 役所（　　　）
13. 内側（　　　）　14. 差出人（　　　）
15. 封書（　　　）　16. 能率的（　　　）
17. 出版（　　　）　18. 常識的（　　　）
19. 反問（　　　）　20. 情けない（　　　）

二、次のひらがなによって、漢字を書きなさい。

1. はんどう（　　　）　2. そがい（　　　）
3. かほご（　　　）　4. さべつ（　　　）
5. こじ（　　　）　6. ほうじる（　　　）
7. ほうち（　　　）　8. あきち（　　　）
9. おいはらう（　　　）　10. おいだす（　　　）
11. ためいき（　　　）　12. ゆうえんち（　　　）
13. いっきょ（　　　）　14. せんでん（　　　）
15. くんれん（　　　）　16. ゆうびんぶつ（　　　）
17. ていせい（　　　）　18. けいふく（　　　）
19. かつやく（　　　）　20. かんぶ（　　　）

三、次の表現を使って、文を作りなさい。

1. ～によらず
2. ～ともなく
3. ～に対する
4. ～ところから

第六課

四、文章一を読んで、次の質問に答えなさい。

問一　①「同じようなことをしている文書」とあるが、どんな文書か。
　①　ワープロで打った文書。
　②　文面を外側にして折った文書。
　③　勝手な解釈を載せた文書。
　④　ものを知らずに書いた文書。

問二　②「情けない思い」とあるが、筆者はなぜ情けないと思ったのか。
　①　ワープロで打った文書はいつも文面を外にして折られていて、ぎょっとすることが多いから。
　②　若い事務官は、文書の折り方に気をつけたり付けなかったりで、びっくりさせられることが多いから。
　③　文面を外側にして折った非常識だと思われる文書をときどき見るので、ものを知らない人間が増えてきたと感じたから。
　④　世の中が落ちぶれてきて、ものを知らない学生や若い事務官が多くなったから。

問三　③「それは無知のせいではない。」とあるが、「それ」は何を指すか。
　①　学生がものを知らないこと。
　②　文面を内側にして折ること。
　③　学生が反問したこと。
　④　文面を外側にして折ること。

問四　④「その言葉は決定的だった。」とあるが、何を決定的にしたのか。
　①　知人を敬服すること。
　②　自分の考えを訂正すること。
　③　文面を外側にして折ること。
　④　相手が間違っていること。

問五　⑤「私信といえども安心できなくなるかもしれない。」とあるが、どういう意味か。
　①　私信は安心して送れなくなるかもしれない。
　②　私信も印刷するようになるかもしれない。
　③　私信も外折になるかもしれない。
　④　私信は折らずに送るようになるかもしれない。

問六　⑥「頭に入れておいたほうがよいかもしれない。」とあるが、何を頭に入れておくのか。

① 私信は文面を内に、事務通信、宣伝用は外にするという二通りの様式が共存すること。
② 私信は文面を内に、事務通信、宣伝用は外にするという二通りの様式が将来もずっと共存するだろうということ。
③ 私信は文面を内に、事務通信、宣伝用は外にするという二通りの様式が共存することを、知らない人が多いこと。
④ 私信は文面を内に、事務通信、宣伝用は外にするという二通りの様式が共存することを、知らない人はいないこと。
問七　文書の外折りを筆者はどのように思っているか。
① 世の中の新しい方式ではあるが、むき出しの文面は感じのいいものではないので、やめるべきだ。
② あまり感じのいいものではないし、われわれの習慣にもそぐわないので非常識である。
③ 文面を外にした郵便物は手紙と認められていないから、事務用、業務用、宣伝用だけにしたほうがいい。
④ 非常識であるとはいわないが、われわれの習慣にそぐわないし、あまり感じのいいものではない。

五、文章二を読んで、次の質問に答えなさい。
問一　①「ため息」は、どのような気持ちを表すか。
① 日本が羨ましいと思う気持ち
② 日本の子供がかわいそうだと思う気持ち
③ フランスに祭日は少なくて残念だという気持ち
④ フランスに「こどもの国」という遊園地がないのは残念だという気持ち
問二　②「そう」は、どんなことを表すか。
① 日本には子供のための場所がひとつあるということ
② 日本には「こどもの日」が一日あるということ
③ 日本は子供を大切しない国だということ
④ 日本は子供を大切にする国だということ
問三　③「神話」という言葉は、この文章では、どのような意味で使われているか。
① 都会の人が日常的に考えていること
② うそのように思えるが、実は真実であること

③ 古代の人が作り、現代までずっと伝えられている話
④ 絶対に真実だと考えられているが、実は真実ではないこと

読解技法

定　語

日语句子的定语有一定的格式，一个是体言后接所属格助词"の"，充当后面体言的定语。如：

○<u>夜の</u>12時に町を歩いてみたところ、<u>ことごとくの</u>店が戸を閉めていた。
　　（夜里12点上街一看，商店都关门了。）
○<u>田中さんの</u>店でその本を買ったんです。
　　（在田中的店里买了这本书。）
○<u>日本の</u>言葉を日本語という。
　　（把日本人使用的语言叫做日语。）
○ほうきで<u>部屋の</u>ごみを掃いて、ごみ取りにいれて、ゴミ箱に捨てた。
　　（用笤帚扫房间的垃圾，将垃圾扫进垃圾斗里，丢进垃圾箱里。）

二是用言（动词、形容词、第二类形容词）或者助动词的连体形作句子的定语成分。如：

○ここに<u>集めた</u>お金は、<u>困っている</u>人を助けるために使います。
　　（收集于此的钱用于帮助困难的人。）
○あの人は<u>美しい</u>顔をしている。
　　（那个人脸长得很美。）
○彼は気性が穏やかで、<u>静かな</u>人だ。
　　（他性情平和，是个爱安静的人。）
○あの人に<u>その</u>仕事を続けさせることはできません。
　　（不能让他继续干那个工作了。）

三是连体词作定语。如：

○<u>この</u>話はほかの人に言わないでください。
　　（这个事就请不要跟别人说啦。）
○よいと思ってやったことなのに、こんな結果になるとはまことに残念でした。
　　（我认为可以干才干的，谁知出现这么个结果，真是遗憾。）
○あの人はいつも大きなことを言う人だ。

（那个人平时尽说大话。）
○あの人が学者だなんてとんでもないことだ。字もよく読めないのだよ。
（那个人居然还是个什么学者，真是岂有此理。他可是经常连字都读不出来的呀。）

当然，还有很多复杂的形式（如定语从句），但是基本的就上面这些。在一级读解中经常出现在问题中的疑问词主要是"だれのこと""どんな点""どのような""どういう"等，这些问题都要通过认真阅读前后句子、搞清楚文章所说的内容，才能正确地回答。

主要出题形式：

> 問い 「そんなことはしようと思ってもできっこない」とは、どのような意味か。
> 問い 「ではまた、お電話で」とあるが、この人が電話する第一の目的ほどのようなことか。
> 問い 「『バ』まで言ってから気がついて」とあるが、どんなことに気がついたのか。
> 問い 「自分のありようを意識させる」あるが、どういうことか。
> 問い 「協同作業」というのは、この場合、どの行動を示しているか。
> 問い 「君」とはだれのことを考えられるか。

言語文化コラム

日本の民話

日本民話は日本民間文化の総合表現で、日本民間の知恵、芸術、知識の混合体であると言われている。しかも、日本民衆の生活と理想の縮図であり、すべての上品な芸術の源でもある。たくさんの日本の民話は中国やインドの物語の影響を受け、中国やインドでその原形を発見できる。内容と形式により、「昔話」「伝説」「世間話」という3種類に大きく分けられる。「昔話」はよく口頭に伝わる物語を指し、その人物、時間、場所は一般的に確定しなく、よく「昔」で時間を示し、「あるとこころに」で場所を示し、はっきりしない言い方で物語を進む。最後は「てっぺんぐらりん」「どんどはれ」「とっぴんぱらりのぷう」などを使う。「伝説」は普通に説明の方法である特定のストーリーを進む。よくある場所と密接な関係を持つのは物語の真実性を強めるからである。多くの伝説は弘法大師と源義経などの歴史で

有名な人物を主人公とし、その内容が誇張、突飛なので神話と区別するのが通常難しい。「世間話」では、主人公が狐に変化するという物語もあれば、隣人と家族、親戚を主人公とするのもある。本人の実感と体験談を通じて口頭に伝わる。日本の民話の内容は以下の特徴がある。

　一、近隣との衝突である。日本のたくさんの民話の中で衝突の双方は隣人である。このタイプの物語の中に、主人公の多くはやさしいおじいさんである。彼の隣に住むのは嫉妬心が強く、善投機の悪いおじいさんである。双方は平日にもたれて、しかし、もしやさしいおじいさんは意外の喜びや運が向いてくる時、もう一方の卑猥な本性と卑劣な人格が現れる。もちろん最後に悪いおじいさんはしかるべき懲罰を受ける。代表作は『花咲か爺』『瘤取り』『富貴草子』『舌きり雀』などである。

　二、弱きをもって強きを制し、小をもって大に勝つ。『桃太郎』『金太郎』『一寸法師』『竹取物語』などの物語は日本で人気がある。前の３つの物語の主人公の共通の特徴は以下である。体は小さいこと、成長が早いこと、最後に自分の数十倍より大きな敵を倒したこと。『竹取物語』の主人公も小さいが女の子であり、計略で求婚者を破った。『桃太郎』など４つの物語は日本ではみんなに知れ渡っていて、しかもとても人気があって、どんなに時間的に流されても変わらない輝くを続けてゆく。彼らは小さいから大きくなって、強敵に打ち勝って、非常に速く成長して、これこそ日本民族の縮図ではないか？日本列島は昔から住人がいるが文明発展の歴史は短く、日本が強い相手に追いつけない時幻想的な物語の中で自分の願望を実現する。

　三、悪人が長寿である。日本民間の物語のもう一つの特徴は悪役があまり処刑されないということである。もちろん日本の物語に全部処刑されないわけではないが、処刑された悪役は動物や植物の妖怪であり、人間が少ない。『サルカニ合戦』の中の悪いサル、『カチカチ山』の中のウサギ、最後にやっと死亡された。しかし悪役は人間のときは、話は別だ。これは日本人が対立階級より共通の人間性の問題が好きからだ。たとえ階級対立の中でも、民間の物語に体現されているのもよくは武力で相手を倒すことではなく、相手を感化し、全体的な調和と統一に達する。人間関係では、日本人は昔から内と外の区別を重視する。人間から見れば、人類は内、動物は外である。

　また、日本民話はその人物の類型化、筋の簡素化、言語の口頭化、構造の整合性化などの特徴がある。これより直接にこの民族の思惟方式を反映できる。だからそれは全体の日本文化と同じように、中国文化の影響を受けながら、そのコアは間違いなく日本式である。

第七課

――――（一） 森はシンフォニー ――――

　　大阪府東北部、京都との府境に当たる枚方市。住宅街にある市立山之上小の児童らが六月末、①土のグラウンドに芝生を張った。

　　「ごわごわして気持ちいい」「早く育って欲しい。上で寝ころびたい」。六年生127人が、根が付く秋を楽しみに、縦30センチ、横40センチの苗を一枚一枚、約1,000平方メートルにわたって敷き詰めた。

　　美観やスポーツ環境整備もあるが、大きな目的はヒートアイランド対策だ。日中、ビルや道路が直射日光で熱せられ、夜になってもコンクリートやアスファルトに蓄えられた熱で、都市の温度が下がらない現象への対応策である。

　　府は、七つの幼稚園、小学校で計3,000平方メートルの芝生作りのモデル事業を始めた。宅地開発などで緑が失われてる速度に比べると、「焼け石に水」だが、「子供たち自身が芝を張る作業を通じて、植物のもつ大きな力を実感してもらえたら」とボランティアで手伝う市内の造園業Uさん。

　　校庭の芝生化は、東京、杉並区や横浜、神戸、兵庫、明石市などでも進む。市民の立場から取り組むNPO法人「芝生スピリット」（神戸市）代表理事の遠藤隆幸さんは「子供がのびのび遊べ、地域の人々の憩いの空間にと始めたが、都市の温度上昇抑制も活動の柱」と話す。

　　夏、日なたの土やアスファルトは50度を超えるが、芝生なら30度台にとどまる。冬は地表からの放熱を抑え、冷え込みを和らげる効果もある。千葉大教授の浅野義人さん（緑地植物学）は「都市に森を造るのが一番いいが、土地利用を考えると難しい。そこで、グラウンドや駐車場の芝生化が現実的ではないか」と話す。

　　環境省などによると、20世紀、世界の気温は平均0.6度上がった。東京、大阪などでは2～3度も上昇した。熱帯夜（一日の最低気温が25度以上）も増えている。

　　国は3月、ヒートアイランド大網を発表、対策に乗り出した。「古来、森が暑さから私たちを守ってくれていた証拠」と大阪府大農業学生命科学研究教授の増田昇さん。「工業化、都市化の末、今になって森のありがたみがわかる」と話す。

　　大阪は、熱帯夜が東京の1.3倍の47日間（2002年）もある「日本で一番暑い都市」。

水辺を陸地に変えてきた街の歴史から、緑が少ないことも一因だ。

②埋め立て地を森にする動きが出てきた。大阪湾に突き出た産業廃棄物処分場「堺第七一三区」（2008ヘクタール）。このうち100ヘクタールを「共生の森」と名づけ百年かけて緑化する計画だ。「産業は20世紀の負の遺産。これを都市環境にプラスの森にして22世紀に残そう」と増田さん。

環境省の試算では、緑で覆われる面積比を示す「緑被率」を10％高めれば、都市の気温は0.5〜1度低くなる。森は暑い都市を冷やす「自然のクーラー」でもある。

（『森はシンフォニー』2004年7月6日付読売新聞朝刊）

（二）相席

ひところ都心での「昼飯戦争」が話題になったが、行列を作らないとなかなか食べられないという大都会の厳しい昼飯事情はあまりかわらない。そんなわけだから、昼時の食堂での相席はごく当たり前になっている。「相席お願いしまーす」と、まるで何でもないことのように言われる。

けれども、いったいみも知らぬ人と向かい合って座っているだけでも気詰まりなのに、①そんな状態でものを食べるのは落ち着かないことはなはだしい。どうしても大急ぎでかき込んで席をたつということになる。飽食の時代などとよく言われるが、日本人の食事のこうした風景はまことに貧しく、寒々しい思いすらする。

知らない人を同席させる相席という習慣が日本でいつからはじまったのかつまびらかにしないが、テーブルが一般に広まる以前には考えられないから、そうふるいことではないだろう。

まったくの他人と一緒に食事をすることには、満員電車で知らない人と顔を突き合わせて立っている時などとはまたちがった、特別なうっとうしさがある。

にくたいにちょくせつかかわるほかの作用と同様に、食べることにはどこの社会にもさまざまなタブーがあり、概してつつしみが求められる。そのために、たいていの社会で、多かれ少なかれ、こみいった食事作法が決められている。食べるところを見られるのを裸を見られる以上に恥ずかしがる社会もあれば、男女別々に食事をする社会もある。

食べることは、饗宴などの例外的機会をのぞけば、本来、人間が自分の「なわばり」で、最も親しいものとのみおこなう、きわめてプライベートな行為なのだ。

②人間のなわばりには集団的なものもあるが、まず個々人が他人に立ち入られると不安になって逃げ出したくなるような非許容空間をもっている。個人の周りに泡のように広がるその空間は自我の延長なのだ。相席をさせられると、この空間を互いにおかすことになり、無意識にも不安がつのって、食べ物の滋味をどれほど薄くするかわからない。

もう少し厳密に言うと、それでも③カウンターの席なら、隣にだれが座ってもさほど抵抗を感じないのは、「個人空間」ともいわれる人間の個人のなわばりが、前方に長く、背後や左右には短い楕円形をしているあかしである。

ともあれ、今日の日本のように家族がそろって食事をする日が少なくなると、他人と同席して勝手に食べたい物を食べるのをなんとも思わなくなっているのだろう。しかし、④これは文化からの退行でなければ、逸脱ではないか。

単 語

(一)

シンフォニー	（名）	交响曲
児童（じどう）	（名）	儿童
ごわごわ	（副・形動・名）	硬邦邦
敷き詰める（しきつめる）	（他一）	铺满
整備（せいび）	（名・他サ）	配备，调整
ヒートアイランド	（名）	热岛
直射（ちょくしゃ）	（名・他自サ）	直射
コンクリート	（名）	混凝土
アスファルト	（名）	柏油
蓄える（たくわえる）	（他一）	储存，留
宅地（たくち）	（名）	住宅和建筑的用地
焼け石に水	（慣用）	杯水车薪
実感（じっかん）	（名・他サ）	实际的感觉，体验，真情
ボランティア	（名）	志愿者
憩い（いこい）	（名）	休息
上昇（じょうしょう）	（名・自サ）	升高、上升
抑制（よくせい）	（名・他サ）	抑制、控制
放熱（ほうねつ）	（名・自サ）	散热、放热

冷え込む（ひえこむ）	（自五）	冷得厉害、受凉、受冻
和らげる（やわらげる）	（他一）	使缓和，使明白易懂
乗り出す（のりだす）	（自五・他五）	乘（车船）等出去，开始进行，探出，挺出
水辺（すいへん）	（名）	水边
陸地（りくち）	（名）	陆地
埋め立て（うめたて）	（名・他サ）	填埋，填海造地
廃棄物（はいきぶつ）	（名）	废弃物，垃圾
試算	（名・他サ）	试算、验算
緑被率（りょくひりつ）	（名）	绿化率
冷やす（ひやす）	（他五）	变凉，使发抖，使冷静下来

（二）

相席（あいせき）	（名）	同桌
気詰まり（きづまり）	（名・形動）	拘束、发窘
落ち着く（おちつく）	（自五）	稳定，定居，有结果
はなはだしい	（副）	甚、非常、极其
飽食（ほうしょく）	（名・自サ）	饱食
つまびらか	（形動）	详尽、详细
突き合わせる（つきあわせる）	（他一）	面对面，核对
うっとうしい	（形）	郁闷的、阴郁的，麻烦的
タブー	（名）	禁忌、避讳的东西
概して（がいして）	（副）	一般、大体
慎み（つつしみ）	（名）	谦恭、礼貌
饗宴（きょうえん）	（名）	宴会、盛宴
集団（しゅうだん）	（名）	集团，集体，群
立ち入る（たちいる）	（自五）	进入（某场所），深入，干涉，有关联
非許容（ひきょよう）	（名・他サ）	允许，接受
滋味（じみ）	（名）	滋味，营养品，意味
無意識（むいしき）	（名・形動）	丧失意识，不知不觉地做某事
延長（えんちょう）	（名・他サ）	长度，延长
厳密（げんみつ）	（形動）	严密、周密
抵抗（ていこう）	（名・自サ）	不吻合，阻力，电阻，抵抗，反抗

楕円形（だえんけい）	（名）	椭圆形
退行（たいこう）	（名・自サ）	倒退的，逆行，退化
逸脱（いつだつ）	（名・他自サ）	偏离，漏掉，脱离，越出

文　法

（一）

1. 六年生127人が、根が付く秋を楽しみに、縦30センチ、横40センチの苗を一枚一枚、約1,000平方メートルにわたって敷き詰めた。

　　这句话的意思是：127名六年级的学生在浓浓的秋意中，用长30厘米、宽40厘米的草苗一片一片地铺了大约1000平方米。

　　其中，"～にわたって"前接名词。该句型表示某事物涉及范围之广或规模之大，通常接在表示期间、次数、场所的范围等词的后面。该句型若接在表示时间的词后，时间名词多为具体的，如"一週間にわたって""8時間にわたる"，可以翻译为"在……范围内""涉及……"例如：

○ 人類は長い年月にわたって努力を重ね、ついに月への飛行に成功した。

　　（人类经过长年累月的不断努力，终于成功登上了月球。）

○ 首相はヨーロッパからアメリカ大陸まで8国にわたり訪問し、経済問題についての理解を求めた。

　　（首相从欧洲到美洲大陆访问了8个国家，就经济问题寻求他们的理解。）

○ 1年間にわたる橋の工事がようやく終わった。

　　（持续了整整1年的造桥工程终于结束了。）

2. 宅地開発などで緑が失われてる速度に比べると、「焼け石に水」だが。

　　这句话的意思是：与住宅地开发等导致绿化面积减少的速度相比，可谓是"杯水车薪"。

　　其中，"～に比べると"前接名词。"比べる"有两种含义：一种是将两个相关事物加以比较，另一种则是将两个相反的事物加以对比。我们分别称之为比较与对比。该句型还可以写作"～に比べて"，有时也以"～と比べると／と比べて"的形式出现。と表示双向，に表示单向，这种差别也体现在"～に比べて"与"～と比べて"的区别中。一般比较时用"～と比べて"，对比时用"～に比べて"，可以翻译为"与……对比"。例如：

○ 女性は男性に比べて、平均寿命が長い。

　　（女性与男性相比，平均寿命要长。）

○ 東京に比べると、大阪のほうが物価が安い。

　　（与东京相比，大阪的物价更便宜。）

○ その翻訳を原文と比べると、やはり微妙な点で違いがある。

　　（与原文相比，那译文还是有些微妙的差异。）

3.「子供たち自身が芝を張る作業を通じて、植物のもつ大きな力を実感してもらえたら」とボランティアで手伝う市内の造園業Uさん。

　　这句话的意思是：但是作为自愿者的市内造园业的U先生说："通过孩子们亲自种植草坪，会带来拥有植物的巨大力量"。

　　其中，"～を通じて"有时候用"～を通して"表示，表示"在某个时期或阶段，一直……"，"～を通して"的后项多为比较积极的、表达说话人意志的句子，可以以"～通しての""～通じての"的形式修饰名词，可以翻译为"整个……""贯穿……"。例如：

○ その国は一年を通じて暖かい。

　　（那个国家一年到头都是暖和的。）

○ 留学時代を通して、私は保証人や先生からとてもいい影響を受けた。

　　（整个留学阶段，我一直受到担保人和老师的非常好的影响。）

○ この一週間を通して、外に出たのはたったの２度だけだ。

　　（整整这一周，我才出去了两趟。）

　　当翻译为"通过……"时，表示通过某种手段、方法或中介人才得以做成某事。"～を通じて"侧重于表示通过某种手段、媒介等，而"～を通して"则强调中介人从中进行了积极行动，两者在大多情况下可以互换使用。

○ 先輩を通して、入学試験の案内をもらった。

　　（通过学长，我拿到了入学考试的指南。）

○ テレビニュースを通じて、そのことを知りました。

　　（通过电视上的新闻，我知道了那件事。）

○ 社長の奥さんを通して、この会社に入った。

　　（通过社长太太的介绍，我进了这家公司。）

（二）

1. 飽食の時代などとよく言われるが、日本人の食事のこうした風景はまことに貧しく、寒々しい思いすらする。

　　这句话的意思是：虽说这是饱食时代，日本人吃饭时的这种景象还是让人感觉到贫苦、凄凉。

其中,"～すら"前接名词(で)或者格助词"に""で""と""から",或者动词て形,「すら」是文言[副]助词,比「さえ」更加正式。接在名词及部分助词后,表示"举此及彼"的类推关系和程度,举出特别极端的事,其他则不言而喻。以"～すら～ない"的形式,表示"举轻及重"的类推关系,与"～さえ～ない"的用法相似。与"さえ"的区别之一是"すら"没有"すら～ば"的用法。可以翻译为"连……也……""甚至……都……"。例如:

○ 好景気と言われる米国においてすら、企業がおかれた状況に応じたリストラは、もはや当たり前となっている。

　　(甚至在所谓非常景气的美国,企业根据其状况进行裁员,如今也是司空见惯的事情了。)

○ 兄は私たちの結婚式はもちろん、その後の披露パーティにすら出席できなかった。

　　(我哥哥别说是我们的结婚仪式,连之后的结婚喜宴都没能参加。)

○ 盗みが悪いことであるのは、小さい子供すら知っている。

　　(连孩子都知道偷盗是件坏事。)

2. 食べるところを見られるのを裸を見られる以上に恥ずかしがる社会もあれば、男女別々に食事をする社会もある。

　　这句话的意思是:有的社会把被人看着吃饭比被人看到赤裸的自己更以为耻,也有的社会是男女分开吃饭的。

　　其中,"～も～ば～も"的接续方法是"名词+も+形容词、形容动词的假定形+ば+も"。该句型表示并列,既可以是同一方向的事物的叠加,也可以是对立事物的列举,通常也用来列举理由。可以翻译为"既……又……""也……也……"。例如:

○ 昨日の試験は問題も難しければ量も多かったので、苦労しました。

　　(昨天的考试,题较难、量又多,做得很辛苦。)

○ 人間は長所もあれば短所もあるものだ。

　　(每人都既有缺点,也有优点。)

○ 楽もあれば苦もあるのが人生というものだ。

　　(有苦也有乐,那才叫人生。)

3. もう少し厳密に言うと、それでもカウンターの席なら、隣にだれが座ってもさほど抵抗を感じないのは、「個人空間」ともいわれる人間の個人のなわばりが、前方に長く、背後や左右には短い楕円形をしているあかしである。

　　这句话的意思是:更严谨地说,为什么在吧台上,即使旁边坐着不相识的人也

不会太反感呢，是因为也叫做"个人空间"的个人地盘，其实是前面长，左右或背后短的椭圆形。

其中，"～なら"前接名词、动词的辞书形、形容词的普通形、形容动词语干。"なら"是断定助动词"だ"的假定形。注意它和"たら"的区别，"なら"表示的假定语气强，而"たら"强调条件的完了。用"なら"的句子，后项动作可以先于前项动作或与前项同时进行；而"たら"要在前项条件实现的基础上才会出现后面的情况。如"飲んだら乗るな，乗るなら飲むな"（要喝酒就别开车，要开车就别喝酒）。有3种意思：

第一种意思可以翻译为"就……方面来说""……的话"。例如：
○ 時間なら心配はいりません。
（时间方面，请不要担心。）
○ お寿司ならあの店が安くておいしいですよ。
（要是吃寿司的话，那家店可是又便宜又好吃。）

第二种意思表示"以假设的形式提出话题"，可以翻译为"如果……""……的话"，例如：
○ 私ならそんなんことを言いませんよ。
（如果是我，可不说那样的话。）
○ 海がしずかならいいですが。
（海上如果风平浪静就好了。）

第三种意思可以翻译为"若是……的话""要提起……"。例如：
○ その部屋、学校に近くて安いんなら、ぜひ借りたいですね。
（那房间要是离学校近并且便宜的话，那我可一定要把它租下来。）
○ 日本語を習うなら、平仮名から始めたほうがいいでしょう。
（要是想学日语，那还是从平假名开始学比较好。）

練 習

一、次の漢字にひらがなをつけなさい。
1. 逸脱（　　　　）　　2. 抵抗（　　　　）
3. 無意識（　　　　）　4. 立ち入る（　　　　）
5. 慎み（　　　　）　　6. 飽食（　　　　）
7. 相席（　　　　）　　8. 緑被率（　　　　）
9. 陸地（　　　　）　　10. 和らげる（　　　　）

11. 抑制（　　　　）　　12. 実感（　　　　）
13. 蓄える（　　　　）　14. 直射（　　　　）
15. 児童（　　　　）　　16. 宅地（　　　　）
17. 整備（　　　　）　　18. 敷き詰める（　　　　）
19. 試算（　　　　）　　20. 冷やす（　　　　）

二、次のひらがなによって、漢字を書きなさい。

1. たいこう（　　　　）　　2. だえんけい（　　　　）
3. げんみつ（　　　　）　　4. えんちょう（　　　　）
5. じみ（　　　　）　　　　6. ひきょう（　　　　）
7. しゅうだん（　　　　）　8. きょうえん（　　　　）
9. がいして（　　　　）　　10. つきあわせる（　　　　）
11. おちつく（　　　　）　　12. きづまり（　　　　）
13. はいきぶつ（　　　　）　14. うめたて（　　　　）
15. すいへん（　　　　）　　16. のりだす（　　　　）
17. ひえこむ（　　　　）　　18. ほうねつ（　　　　）
19. じょうしょう（　　　　）20. いこい（　　　　）

三、次の表現を使って、文を作りなさい。

1. ～にわたって
2. ～を通じて
3. ～すら
4. ～に比べると

四、文章一を読んで、次の質問に答えなさい。

　問一　小学生たちが①「土のグランドに芝生を張った」最大の目的は何か。
　　　① 芝生の上で寝ころんだりするため。
　　　② 運動をしやすくしたり、美しく見せるため。
　　　③ 夜になっても熱い都市の温度を下げるため。
　　　④ 元気に育つ植物の力を理解するため。
　問二　②「埋め立て地を森林にする動きが出てきた」とあるが、なぜか。
　　　① 埋め立て地を利用していなかったから。
　　　② 歴史的に水辺を陸に変えてきたから。

③　産業廃棄物は悪いイメージがあるから。
④　ヒートアイランド対策に一番いいから。

五、文章二を読んで、次の質問に答えなさい。
　問一　①「そんな状態」とあるが、どんな状態か。
①　行列を作らなければならない状態。
②　知らない人と向かい合って座っている状態。
③　すぐに席を立たなければならない状態。
④　食事を短時間で済ませなければならない状態。
　問二　②「人間のなわばり」とあるが、この場合どんなものか。
①　他人が立ち入ると抵抗を感じる空間。
②　自我の立ち入ることができない空間。
③　家族が立ち入ると抵抗を感じる空間。
④　他人が立ち入っても抵抗を感じない空間。
　問三　③「カウンターの席なら、隣にだれが座ってもさほど抵抗を感じない」とあるが、なぜか。
①　個人の周りには泡のように広がる非許容空間があるから。
②　楕円形をした個人のなわばりは、あ有の非許容空間が広いから。
③　楕円形をした個人のなわばりは、左右の非許容空間が狭いから。
④　カウンターの席は長いので個人のなわばりが広くなるから。
　問四　④「これは」とあるが、何を指すか。
①　カウンターの席で隣に誰か座ると抵抗を感じること。
②　他人と同席して勝手に食べたい物を食べることに抵抗を感じないこと。
③　家族をそろって食事をする日が少なくなっていること。
④　相席をさせられると食べ物の味がかわること。
　問五　筆者の言う「個人のなわばり」の形からすると、他人が入ってきたときに抵抗を感じる空間が広いのは、どの位置だと考えられるか。
①　右側
②　左側
③　前方
④　後方
　問六　筆者は相席についてどのように思っているか。
①　行列しなければ昼食が食べられないという大都会の事情があり、当然の

こととして受け入れるべきだ。

② 食べることはプライベートな行為であるが、親しいものとのみ相席をしてはいけない。

③ どこの社会にもそれぞれの食事作法があるのだから、相席もその作法にあったものでなければならない。

④ 家族が食事を共にしなくなったり、相席をなんとも思わなくなっているのは文化からの退行である。

読解技法

状　语

世界上许多语言中都有状语的说法，如汉语、英语、德语等。现代日语中一般没有状语的说法，但我国著名日语语法学家陈信德先生在他的大著《现代日语实用语法》（上）中提到日语有状语成分。

现代日语中比较时髦的提法是连用修饰语，这个提法确实很方便，将一切宾语、补语、状语划归在一起。但从句子分析上却很不科学，和其他语种也不接轨。

根据日语的特点，体言加补格助词的叫补语，体言加宾格助词的为宾语，其他修饰谓语的是状语，状语是在第二个层次和第三个层次里的成分，有时甚至是更低层次的成分。担当状语成分的主要有（副）词、动词连用形、形容词连用形、第二类形容动词连用形等。如：

○お客さんが退場されるときには、みんな一斉に万雷の拍手を送りました。

（当客人退场的时候，大家一齐报以暴风雨般的掌声。）

○私たちは、みな喜び勇んで農村へ出かけていった。

（我们都欢欣鼓舞地到农村去了。）

○まけたら負けたと、いさぎよくかぶとをぬぎなさい。

（输了就干脆认输得了。）

○歩哨が静かに艦内を言ったり来たりしている足音が聞こえる。

（能听见哨兵在舰内轻轻地来回走动的脚步声。）

时间名词和数词有两个功能，既可作体言，又可作（副）词，如：

○私は毎年、必ず、一度うちへ帰ります。

（我每年一定要回家一次。）

在一级读解部分，出题形式涉及状语的主要疑问词有"どのように""どう""どうして""どんなに""どういうふうに""いくら"等。

主要出題形式：

問い 筆者の長男は、ボランティア活動によってどのように変わったか。
問い 「相手を傷つける恐れの少ないウソ」とは、何をどのように伝えることか。
問い 筆者によると、「急がば回れ」は急いでいる時にどのようにした方がよいということか。
問い 子どもが風邪をひいたとき、多くの母親は、夫にどうしてほしいと考えているか。
問い 肉屋は、女の子にバイオリンの代金としていくら渡したか。
問い 「クールの最近の研究」の結果から考えると、母親の「イ」という声を赤ん坊に聞かせた場合、赤ん坊はどうすると思われるか。
問い 母親は、今の子どもについてどう思っているか。

言語文化コラム

日本文化の特徴

普通は、ひとつの民族の発展はその文化全体の進歩をシンボルとしている。各民族の文化の進歩が外部民族の文化との衝突、衝撃、解け合った過程で達していたので、特に日本は昔から文明的な縁に位置している民族で、このような過程はもっと典型的に見える。文化を全体としての適応能力や応変能力は民族の生命力である。文化的な方面から見れば、日本文化はこのような生命力を現す特徴が備える。一つ：は文化の「中空性」が持ってくる文化の重層性である。二つ：は外来文化を日本化する能力である。三つ：は実践的な運用能力と総合的な創造力である。

文化の「中空性」が持ってくる文化の重層性である。日本の文化は系統の異なる文化が並存して混在する重層文化で、この方面の例証を枚挙にいとまがない。政治には新旧の制度が混在し、衣食住は和洋折衷であり、宗教は神仏をともに受け入れ、日常使う日本語の中には漢語が半分以上もふくまれているといったぐあいである。

重層文化が生まれた理由として、日本人が異質文化への好奇心が強いこと、外来文化を根こそぎ否定するような侵略を受けず、必要に応じて外来文化を取り入れる環境にあったことなどが挙げられる。これらは日本の伝統文化の「中空性」が密接に関連する。日本文化の「中空性」に、いかな

るものはすべて中心に侵入することができ、他の物事と共存する地位を得る。このような特徴は日本文化が外来文化に対する強烈なアイデンティティーと自身の外向的な駆動力に見える。

歴史から見れば、日本は発達している中華文化の縁に位置し、また近代西洋文明の最西端に位置する。日本文化自身の時代遅れで、歴史遺産の貧乏で、このような縁と中心の巨大な落差が形成した。日本人にとって、彼らは簡単に外来の先進文化の輻射を受けやすい。その上、外来文化の挑戦に出会う時、自己を中心する偏見あるいは我の立場を無視するという豊かな空白の状態で外来文明を理解して受けることができる。吸収された外来文化は多くの文化実体とバランスが取れていて、日本文化に共存できる。このような文化の外向性と寛容性は日本民族の発展に力強い原動力を提供する。

二つ：は外来文化を日本化する能力である。日本人は外来文化を自分の役に立てる能力がある。鎌倉時代、6世紀に入って来た仏教が外来宗教の色彩を離れ、日本の仏教になった。その肝心な原因は法然と親鸞の広く宣伝した学説が日本人の独特な教義に迎合し、広範に民衆からの支持と信奉を得たからである。

このような外来文化を日本化する能力は、文化転換の時に強い適応能力に表れる。新しい文化の衝撃を受ける時、日本文化は歴史的な重荷がなく、極めて強い応変能力が現れる。第二次世界大戦争に日本は敗戦し、米国は苛酷な計画を制定し、それから日本に進駐した。しかし、人を心配させる騒乱がなかった。占領軍のことがすべて正しいとは思わないが、普通、日本人は米国とイギリスが卓越した文化を持つことを認めた。このような文化の適応能力は均質性がある日本社会で、いっそう柔軟で整えると見える。

三つ：は実践的な運用能力と総合的な創造力である。日本人は現実のことを重んじ、普遍性より一部の物事を重視する。例えば、仏教は現世の利益を重視する宗教に転換したこと。近代科学でもそのとおり、原理を探求する能力より日本人が原理の応用と商品化の方面でもっと強い能力があるのはみんなに知れ渡っている事実である。

それでは、日本文化は創造力があるかどうか。日本文化には創造力がなく、ただ簡単な模倣に過ぎないと思う人がいる。これは一方的な見方である。心理学の立場から見ると、総合自身は一種の創造である。表から見ると、これは外来文化をまねにすることで、実際は伝統文化を創造の主体として、外来文化と絶えず解け合い、新しい文化実体を創造することである。このような外来文化の影響に誘発させられる創造以外、日本文化自身が主体として創造するものも明らかに分かる。古代の日本は神話時代に質素な原始

宗教を創造し、数限りない優雅な宮廷文学、貴族文学、茶道、能楽、狂言、花道などは、全部日本文化の独創風格に現れる。

　ひとつの民族は外来文化を吸収するのが多ければ多いほど、合理的であればあるほど、その文化が迅速に発展することができる。日本文化そのものが外来文化に対する収容性、強い適応能力、実践的な運用能力と総合的な創造力で、ちょうどよい時期に自身の発展によって、絶えず新鮮な文化の特質を吸収し、永遠に盛んな生命力を保つのである。

第八課

（一）ハルの魔法

　息子が五歳だった時のこと。当時インドネシアに暮らしていた私たち家族は、毎年二週間ほど北海道の実家に一時帰国していた。例年は夏休み中の帰省だったが、その年はどうしても都合がつかず、真冬の季節に帰ることになってしまった。熱帯で生まれ育った息子にとっては初めて経験する冬となる。

　風邪をひかないかと心配したが、息子は酷寒の中でも雪にまみれて遊びまわった。さすがは子ども、風の子だ。雪だるまを作ったり、氷柱でチャンバラごっこをやったり、思う存分北国の冬を楽しんでいた。

　「雪が溶けると何になると思う？」

　「水でしょう。」

　「違うよ。雪が溶けると、春になるんだよ。」

　楽しい時間は瞬く間に過ぎ、インドネシアに戻る日が迫って来た。すると息子は「雪を持って帰る」と言いだした。近所に住む親友のピートと約束したのだという。ピートはインドネシアの平均的な家庭の子なので、簡単には雪のある外国には行けない。ピートにぜひ雪を見せてやりたい。そう考えた息子は雪を日本から持って帰る約束をした。

　まだ五歳とはいえ、親友と交わした約束だ。何としてでも叶えさせてやりたい。国外に雪を持っていく方法はないかと、あたふたと調べた。航空会社に何度も問い合わせてみる。

　「おとうさん、雪は瓶に入れていくよ。」

　「それじゃあ駄目だ。ドライアイスを詰めて荷物にしておれそうなんだ。雪だるまの形にして固めて入れておこうか。」

　息子はすぐに反発した。

　「ピートと約束したのはぼくだから、ぼくが自分で持っていく。」

　親の手で事が運ぶのに不満のようだった。親友との約束なのだ。自分の力で約束を果たしたい。顔がそう訴えていた。

　「お金の力で親が問題を解決するのは、いいことではない。」と妻も息子を擁

護した。

　結局、ステンレスの茶筒を使うことにした。息子はそこに雪を詰められるだけ押し込んだ。目が輝いていて、嬉しそうだった。残念だけどすぐに溶けてしまうよ、とは言えなかった。

　息子は雪の詰まった茶筒をタオルでぐるぐる巻きにして大切に自分のバッグにしまうと、片時も身から放さず持ち帰った。

　ジャカルタの家に着くと、予想通り雪は完全に溶けていた。それでも、息子は翌日の朝早く、大事そうに両手で茶筒の缶を包み込んで、三軒先のピートの家へと走った。

　「わああ」と歓声があがったので、何事かと外に出ると、十人ほどの子どもたちが輪になっている。輪の中心には息子とピートがいた。周りには近所の子どもたちが集まって、頭を突き合わせるようにして缶の中を覗き込んでいる。「日本の雪が溶けた水だってさ。すごいな。」と感嘆の声があがっていた。

　息子は誇らしげだった。溶けてしまったとはいえ、自分が苦労して持ってきた雪だ。目を輝かせた子どもたちが自分を取り囲んで、憧れのため息をついている。

　子どもたちはその水を「ハル」と呼んでいた。息子が冗談で教えた日本語だ。雪が溶けると「ハル」になる、である。「ハルは透き通ってきれいだね。」なんて話している。

　「ハル」はピートに手渡された。親友同士の約束が果たされたのだ。宝物として大切にするとピートは誓っていた。

　ところが、ある晩、ピートが思いつめた顔をして家を訪ねてきた。妹が高熱を出して寝込んでいるという。ハルを使って妹の熱を下げたいというのだ。ハルはもともと雪だ。極寒の地に降る雪だった。きっと熱を冷やすのに効果がある。そう考えたピートは妹のために自分の宝物を使っていいか、息子に尋ねに来たのだった。もちろん息子は賛成した。

　ハルを浸したタオルのおかげで、ピートの妹の熱はすぐに下がったという。

　「ハルの魔法」が近所の子どもたちの間でしばらく話題になった。

——（二）　以前はこんなことはなかったな——

　以前はこんなことはなかったな——そう気づくことが幾つかある。中でも近頃

際立っているのが、①年齢意識とでもいったものの尖鋭化である。一日に一、二度、いや三、四度か、自分の年齢を頭に浮かべ、いろいろと考える。尖鋭化といったのは、その頻度が急に高くなったように感じるからだ。

　人は年齢とともに生きていくわけだから、一年、一年と増していく自分の歳を引きずっている。そのこと自体は以前も今も変らないが、ただその事態に対する感じ方は随分違って来たような気がする。

　前にも書いたことがあるけれど、十代、二十代、つまり三十歳くらいまでは、自分の歳について考えるとき、常に父親の年齢を引合いに出し、こちらはまだその半分も生きてはいないのだな、と感じたものだった。次第に老いていく父親を見ながら、まだオヤジの半分の歳月しか生きていないなら、この先かなりの時間が自分には残されている、と心強さを覚えたりした。そのうちこちらが父親の年齢の半分を越すようになってからは、六十代、七十代、八十代と老い進む父親は、年齢を測る時計となって②息子の目に映った。七十代にはいるとああなるのだな、と思い、八十代にかかるとあんなふうに変るのか、と感心したりもした。子供は親の背を見て育つというけれど、育ってしまった後は、今度は親の背を見て老いていくものであるらしい。

　長生きしてくれた父親が九十代にさしかかったところで亡くなると、年齢の暦も時計も止ったままとなった。あんなふうに日を送ると九十代に達するのか、と妙に感心したりすることはあるけれど、それがこちらの参考になるのかどうかは覚束ない。

　もはや、いずれにしても、自分の年齢は最早自分だけで扱うほかにない。その年齢の父親がどんなふうであったかを考えるより、目下の自分の年齢がいかなるものであるかを把握するのに忙しい。

　年齢意識が尖鋭化したといっても、一日に幾度も己の年齢を唱えたりするわけではない。

　ただふと気がつくと、意識のどこかに年齢のことが引っ掛っている。

　たとえば、少し無理をして体を動かさねばならぬようなケースにぶつかった時、今の自分の歳でこれをするのは無理ではないか、と考える。やれば出来るかもしれないが、後になって悪い影響が残ったりはしないか、と心配もする。

　たとえば、困難な課題をなんとかこなして急場を切り抜けた時、歳にしては案外よくやっているではないか、とひそかに自賛したり、満更捨てたものではないな、と呟いてみたい気分に誘われたりもする。

　逆に、こんなことが出来なくなるのは自分の歳ではおかしいのではないか、と

不安を抱いたり、急に情ない気分に陥ってしまう折もある。
　いずれにしても、常に年齢のことが頭にある。③年齢の土俵の上でものごとを考えようとする。以前はそんなことはなかった。七十代にさしかかってから変化は起り、その半ばを過ぎたあたりから年齢が顔に巣くうようになった。そして機会があれば、呼ばれてもいないのにどこにでも顔を出す。

　　　　（黒井千次『年齢が頭に巣くう』読売新聞 2009 年 12 月 28 日付夕刊）

単　語

（一）

実家（じっか）	（名）	父母家，娘家，婆家
帰省（きせい）	（名・自サ）	回老家、回家乡
真冬（まふゆ）	（名）	严冬、隆冬
酷寒（こっかん）	（名）	酷寒、严寒
雪だるま（ゆきだるま）	（名）	雪人，堆雪人
氷柱（つらら／ひょうちゅう）	（名）	冰柱、冰锥子、冰溜
チャンバラ	（名）	武斗场面
瞬く（まばたく）	（他五）	眨眼、闪烁
あたふた	（副・自サ）	慌忙、慌慌张张、惊慌失措
交わす（かわす）	（他五）	交替、交换、互相
ドライアイス	（名）	干冰、固体二氧化碳
反発（はんぱつ）	（名・自他サ）	弹，顶嘴，回升
ステンレス	（名）	不锈钢
茶筒（ちゃづつ）	（名）	茶叶筒
片時（かたとき／へんじ）	（名）	片刻
ジャカルタ	（名）	雅加达
突き合わせる（つきあわせる）	（他一）	挨紧，比对
誇らしげ（ほこらしげ）	（形動）	得意的样子
取り囲む（とりかこむ）	（他五）	围拢、包围
思いつめる（おもいつめる）	（他一）	钻牛角尖、想不开
寝込む（ねこむ）	（自五）	熟睡，因病长期卧床
浸す（ひたす）	（他五）	浸泡、浸湿

(二)

際立つ（きわだつ）	（自五）	显眼、显著
引きずる（ひきずる）	（他五）	拖拽，拖延
引き合い（ひきあい）	（名）	互相拉，举例
さしかかる	（他五）	逼近、临近，路过
暦（こよみ）	（名）	日历
覚束ない（おぼつかない）	（形）	模糊的，不安的
幾たび（いくたび）	（副）	多少次、许多次
己（おのれ）	（名）	自己、本人
熟す（こなす）	（他五）	弄碎，消化，运用自如
急場（きゅうば）	（名）	紧急场合
切り抜ける（きりぬける）	（他一）	杀出重围，冲出困难
満更（まんざら）	（副）	（下接否定）并非、并不
巣くう（すくう）	（自五）	筑巢、盘踞、缠身

文法

(一)

1. 例年は夏休み中の帰省だったが、その年はどうしても都合がつかず、真冬の季節に帰ることになってしまった。

　　这句话的意思是：往年都是暑假的时候回家乡，但是今年暑假不太方便，所以决定冬天时回家乡。

　　这里的"ことになってしまった"的原形是"ことになる"，接在动词原形后面表示就将来的某种行为做出某种决定，达成某种共识，得出某种结果，带有该结果、决定是自然而然、不知不觉中自发形成的含义。例如：

○　こんど大阪支社に行くことになりました。

　　（决定了我这次调到大阪分公司。）

○　二人でよく話し合った結果、やはり離婚するのが一番いいということになりました。

　　（两个人反复商量的结果，决定还是离婚最好。）

2. まだ五歳とはいえ、親友と交わした約束だ。

　　这句话的意思是：虽说只是个5岁的孩子，但是和好朋友之间也定下了约定。

　　其中，"とはいえ"接句节和句子，表示"那事虽然如此，可是……"，用于

表示先前的预想和期待同结果不一致。例如：
○ 男女平等の世の中とはいえ、職場での地位や仕事の内容などの点でまだ差別が残っている。

（虽说是男女平等的社会，但是在职场的地位和工作内容等方面仍然存在性别歧视。）
○ 国際が進んだとはいえ、やはり日本会社には外国人を特別視するという態度が残っている。

（虽然进入了国际化，但是在日本社会仍然残留着对外国人另眼相看的态度。）

3. ドライアイスを詰めて荷物にしておくれそうなんだ。

这句的意思是：放入干冰装成行李，好像可以运送。

这里的"おくれそうなんだ"原形为"おくれそうだ"。"そうだ"接在形容词词干或动词的第一连用形后面时，表示说话人根据事物的外表或某些情况、经验来进行的猜测、推断。相当于汉语的"看上去""看起来""好像"等。例如：
○ この目標なら、楽に実現しそうですね。

（这个目标，好像可以轻松实现。）

（二）

1. 年齢意識が尖鋭化したといっても、一日に幾度も己の年齢を唱えたりするわけではない。

这句话的意思是：虽说年龄意识越来越尖锐化，但也并不是一天中要提好几次自己的年龄。

这里的"といっても"前接动词原形，用于就前述的事补充说明实际上程度很轻。例如：
○ 料理ができるといっても、卵焼きぐらいです。

（虽说会做菜，也就是煎个鸡蛋罢了。）
○ シンガポールへいったといっても、実際は一日滞在しただけです。

（虽说是去了新加坡，实际上也就是待了一天而已。）

这里的"わけではない"前接动词、形容词、形容动词原形，表示"并不是这样""并非"，例如：
○ このレストランはいつも客がいっぱいだが、だからと言っても、特別においしいわけではない。

（这个餐厅经常是客人满员，但并非特别好吃。）

2. "ようだ"与"みたいだ"的区别

（1）表示比喻时，形式是"AはBのようだ""AはBみたいだ"。本来A不是B，

但把它比作B。这时两者通用，但"ようだ"可以用于书面语和口语，而"みたいだ"只能用于口语。例如：
○ まるで、石みたいに（/石のように）固いパンだ。
　　（就像石头那样硬的面包。）
○ 講演が終わると、嵐のような（×みたいな）拍手が沸き起こった。
　　（报告完了之后，响起了暴风雨般的掌声。[句子很文气，而"みたいな"是大白话，难以协调]）
（2）表示推断，根据看到的、感觉到的情况，作出推断。这时，两者都可以用，不过"ようだ"可以用于书面语和口语，而"みたいだ"只能用于口语。例如：
○ あの話はどこかで聞いたようだ（/みたいだ）。
　　（那件事以前好像在哪儿听到过。）
○ 試験地獄は当分解消しそうもないようだ（×みたい）。
　　（入学考试难，一个时期似乎解决不了。[句子是文章语，用"みたい"不协调。]）
（3）在推断旁人的感情和意志时，一般也只用"ようだ"，而不用"みたいだ"。例如：
○ 分からないようだったら（×みたい）、ご遠慮なくお聞きください。
　　（如果不懂的话，请尽管问。）
（4）表示推断的惯用形"ように思う""ように見える"已成习惯说法，这时的"ように"不能用"みたいに"代替。例如：
○ この本は、君たちには易し過ぎるように（×みたいに）思われる。
　　（这本书对你们来说，好像太容易了点。）
（5）表示示例。举一个例子，暗示其他类似的人或物。此时，两者都可以用。但"みたいだ"在用法上受到限制。例如：
○ タバコやお酒のような（/みたいな）体に害のある物はやめたほうがいいです。
　　（像烟酒之类对身体有害的东西，最好戒掉。）
（6）接在"この""その""あの""どの""次の""前の"等指示性连体词后面时，只能用"ようだ"，不能用"みたいだ"。例如：
○ このような（×みたいな）ときには、当直に電話を掛けて報告せねばならない。
　　（这种时候，必须向值班员打电话报告。）
○ 彼の学説は大体次のよう（×みたい）である。
　　（他的学说大致如下。）
　　另外，在庄重的场合下，用"ようだ"为宜，"みたいだ"一般用于较随便的场合。
（7）用"ようだ"的连用形"ように"形式时，表示行为目的，这时不能用"みたいに"

代替。例如：
○ よく聞こえるように（×みたいに）、前のほうに座りました。
　（为了听得清楚，坐到了前面。）
（8）用"ように"的形式，表示劝告、愿望、请求、要求、命令等内容时，不能用"みたいだ"代替。例如：
○ 風邪を引かないように（×みたいに）、気をつけなさい。
　（请注意不要感冒。）
（9）表示引言，也只能用"ように""ような"，不能用"みたいに""みたいな"。例如：
○ 電話で話したように（×みたいに）、この問題はもう解決した。
　（正如电话里所说的那样，这个问题已经解决了。）
（10）用"ようになる"的形式表示状态变化，也不能用"みたいになる"代替。例如：
○ 日本語で電話が掛けられるよう（×みたい）になりました。
　（已经能用日语打电话了。）

練 習

一、次の漢字にひらがなをつけなさい。
1. 実家（　　　）　　2. 帰省（　　　）
3. 瞬く（　　　）　　4. 氷柱（　　　）
5. 交わす（　　　）　6. 酷寒（　　　）
7. 真冬（　　　）　　8. 反発（　　　）
9. 茶筒（　　　）　　10. 突き合わせる（　　　）
11. 浸す（　　　）　　12. 際立つ（　　　）
13. 引き合い（　　　）　14. 幾度（　　　）
15. 暦（　　　）　　16. 己（　　　）
17. 満更（　　　）　　18. 急場（　　　）
19. 熟す（　　　）　　20. 覚束ない（　　　）

二、次のひらがなによって、漢字を書きなさい。
1. しばたく（　　　）　2. ゆきだるま（　　　）
3. こっかん（　　　）　4. ぞんぶん（　　　）
5. とける（　　　）　　6. ねったい（　　　）

7. だめ（　　　）　　　8. うったえる（　　　）
9. ちゃづつ（　　　）　　10. りょうて（　　　）
11. ようご（　　　）　　　12. まほう（　　　）
13. じたい（　　　）　　　14. ひんど（　　　）
15. もはや（　　　）　　　16. むり（　　　）
17. おいる（　　　）　　　18. えいきょう（　　　）
19. はあく（　　　）　　　20. せんえいか（　　　）

三、次の表現を使って、文を作りなさい。
1. ～といっても
2. ～わけではない
3. ～ことになる
4. ～そうだ

四、文章一を読んで、次の質問に答えなさい。
　問一　誰がどんな方法を使って雪を持って帰りましたか。
　　①　父が雪だるまの形にして固めて荷物にした。
　　②　息子がビンに入れた。
　　③　父がビンに入れた。
　　④　息子がちゃづつにいれた。
　問二　以下に文章と会わないものを選んでください。
　　①　息子が5歳前に冬を経験したことがない。
　　②　家族はいつも冬の時、日本へ帰る。
　　③　息子の親友であるピートは妹がいる
　　④　ピートはインドネシア人である。
　問三　次の問題を答えてください。
　　ハルの魔法ってなんですか。

五、文章二を読んで、次の質問に答えなさい。
　問一　筆者のいう①「年齢意識とでもいったものの先鋭化」と同じことを述べているものはどれか。
　　①　親の背を見て老いていくこと。
　　②　一年一年と増していく自分の歳を引きずっていること。

③　一日に幾度も己の年齢を唱えること。
④　常に年齢のことが頭にあること。
問二　ここでの②「息子」とはだれのことか。
① 筆者の子ども
② 筆者の父親
③ 筆者
④ 子ども一般
問三　③「年齢の土俵の上でものごとを考えようとする」とはどういうことか。
① ものごとを考えるときまず年齢を基準にしようとすること。
② 父親の年齢を基準にしてものごとを考える習慣があること。
③ 同じ年齢の人との勝ち負けを考えて行動する傾向があること。
④ 七十歳の人を基準にしてものごとを考えることが多いこと。
問四　筆者はこの文章で、最近、以前よりどうなったと育っているか。
① 父親のことを思い出すようになった。
② 年齢のことを気にするようになった。
③ 体が思うように動かなくなった。
④ 自分を頼もしく感じるようになった。

読解技法

指示词题解析技巧

一、什么是指示词题

指示词是个大概念，它包括"こそあど系列"的代名词、连体词和副词。代名词中有事物代名词、场所代名词、方向代名词。"こそあど系列"的词有近称、中称、远称和不定称。以说话者为中心，离说话者近的为"こ系列"，离听者近的为"そ系列"，距离双方都远的为"あ系列"，"ど"为不定称系列。如：

○こうしたらどうでしょうか。
　　（这样干如何？）
○そのとおりだ。
　　（正向您所说的那样。）
○ああいう若者どもは、みんなならずものだ。
　　（那样的年少之辈，全是些流氓无赖。）

○どんな些細なことでも慎重にやりなさいよ。

（即使细小的事情也要慎重对待。）

指示词的题，有前指代、后指代和综合指代三类，"そ系列"多为前指代，即从指示词的后面找答案。"こ系列"多为后指代，即从指示词的前面找答案。综合指代指前后文的指代，即从指示词的前后文中寻找答案。

二、做指示词题的技巧

指称与照应是由语篇的指向性所决定的。所谓指称，指句中的指示词去指示、替代另一个句中的人、物、事、时间、地点、话语、状态、行为和事实关系等；所谓照应，是通过上述指称与被指称之间的语义关系，将其作为互相诠释的手段和理解的参照项。如：

> ①<u>その工夫</u>は何も難しいことではありません。小さな鈴があればいいのです。②<u>それ</u>を紐で猫の首につけるのです。③<u>そう</u>すれば、猫が近づいてくるとき、鈴の音がします。鈴の音がしたら、僕らはさっさと逃げればいいのです。
> 若い鼠が④<u>そう</u>言うと、⑤<u>それ</u>はうまい考えだ。
> ⑥<u>それ</u>がいい。⑦<u>それ</u>がいい。と大勢の鼠は、すぐ賛成しました。
> 译文：
> <u>那件事</u>并不难。只要有一只小铃铛就行了。将<u>它</u>挂在猫的脖子上。<u>那样</u>，猫一来铃铛就会响。铃铛一响，我们拔腿就跑。
> <u>年轻老鼠说的</u>，<u>是个不错的主意</u>。
> 许多老鼠立刻赞成说，<u>那不错</u>，<u>那挺好</u>。

文章中的"その""そう""それ"是指示词，它替代了前文所谈到的内容，①"その工夫"指前文所提到的"防猫的办法"，②"それを"指上文提到的"铃铛"，③"そう"指上文说到的"给猫脖上挂铃铛"，④"そう"指上文所说的"年轻老鼠的话"，⑤"それ"指"年轻老鼠的主意"，⑥"それ"和⑦"それ"都是指"年轻老鼠的主意"。文章中的指示词将整篇文章连接得严丝合缝，思路清晰，逻辑性强。

指示词的运用范围很广，从第二章中我们可以看到，一级读解中涉及指示词的题占将近20%。这类题主要是抽象意义上的指代，它在语篇连接上起到极其重要的作用。指示词的题主要涉及"こ系列"和"そ系列"，"あ系列"近17年来只出现过1次，本篇将"こ系列"和"そ系列"作为重点来讲解。

指示词系列表（不含"ど系列"）

	こ	そ	あ
事物代词	これ	それ	あれ
场所代词	ここ	そこ	あそこ
方向代词	こちら	そちら	あちら
	こっち	そっち	あっち
连体词	こんな	そんな	あんな
副词	こんなに	そんなに	あんなに
副词	こう	そう	ああ
	こういう	そういう	ああいう
	こうした	そうした	ああした
	こういった	そういった	ああいった
连体词	この	その	あの
	このような	そのような	あのような
	このように	そのように	あのように

指示词在文章中有指称和照应的重要功能，因此在一级阅读考试中是必考的项目，2000～2006年的7年中出了17道关于指示词的题，占11%，可见其重要性。

三、"こ系列"

指示词在语篇中具有明确的指称对象。"こ系列"一般表示确定的信息和说话者非常熟悉的对象，也表示当前的信息和当前的话题。前指代指示词所指代的内容一般在该指示词之前出现，解这类题时，可以从指示词前面找答案，"こ系列"多为此类；后指代指示词所指代的内容一般在该指示词之后出现，解这类题时，可以从指示词后面找答案。综合指代要从指示词的前后文中寻找答案。这类题型还可以进一步分成代词后指代和连体词后指代。"こ系列"指示词主要有如下几个用法：

1. 确定的信息和发话者非常熟悉的情况，如：

①兄の友達に百合子という子がいるんですが、<u>この</u>子はなかなかの美人で…

②佐藤さん、<u>この</u>池田さんは学生時代なかなか熱心でしてね。よく難しい質問をして教師をこまらせたもんですよ。

①"<u>この</u>子"是上面交待过的确定信息，②句中的"<u>この</u>池田さん"是发话者非常熟悉的人。

2. 表示当前的信息或话题，如：

①では、<u>この</u>件は明日にでも部長に伝えて、意向を伺っておきます。

②待て、あの鹿はわれわれを少し怖がっていない。<u>これ</u>にはきっと何かわけがあるに違いない。

①"この件"是指目前手中所要处理的工作，②"これ"是指前面所提到的"鹿不害怕我们"这件事。

四、"そ系列"

"そ系列"一是表示说话者表述语篇中第二次出现的信息；二是表示说话者表述一个已知信息，而对于听者来说是一个未知信息。此时，即使听者对该信息已有所了解，回答问题时仍然使用"そ系列"；三是在一个语篇中，如果说话者或听者对所表达信息不甚了解，或心存疑问，则用"そ"系列对该信息予以指称或限定。"そ系列"多以前指代指示词形式出现，所指代的内容一般在该指示词之前出现。解这类题时，可以从指示词前面找答案。"そ系列"指示词主要意思如下：

1. 指发话者已知的信息，但对听者却是个新信息，如：

①「昨日山田さんという人に会いました。その人、道に迷っていたので、助けてあげました。」

「その人、髭を生やした中年の人でしょう。」

②「先週、神田で火事がありました。その火事で、学生が2人死んだそうだ。」

「その火事は新聞で読みました。」

①中的"その人"和②中的"その火事"都是指发话者已知的信息，而对于听者来说却是个新信息。

2. 指发话者和听者都不甚了解的信息，如：

①最近UFOに関する記事が新聞や雑誌に多く載っているが、いったいそれはどこから飛んでくるのだろう。

②「よく彼女を連れて多摩川へ遠足したもんだよ。」

「その時、彼女は一人だったでしょう。」

①中的「それ」和②中的「その時」都是指发话者和听者均不甚了解的信息。

3. 指第二次信息，如：

①先週の日曜日に、山へ行った。その日はたいへんいい天気だった。

②この桜田門から霞ヶ関にかけての一帯には、外務省、大蔵省、文部省、最高裁判所、そのほかにたくさんの官庁が建ち並んでいる。そして、それらを見下ろすように36階建ての霞ヶ関ビルが一段と高く聳え立っている。

①中的"その日"和②中的"そのほか""それら"都是第二次信息。

五、"あ系列"

"あ系列"在语篇中表示某一信息是说话人和听者所共知的。在一级读解

题中出现的频率极其有限。

"ア"表示发话者和听者共同的信息，如：

①あの時、君はシモムラをシモンと発音してたもんじゃない？

②あなたもあの人の字を見たことがあるでしょう。私もあのくらい上手に書けたらいいんですが。

①中的"あの時"和②中的"あの人""あのくらい"是发话者和听者双方共同知道的信息。

六、注意事项

在考试中，要注意对指示词所指代的具体内容的把握。一般分为以下两个类型：

1. 指示词后面出现名词的情况

（1）看问题句前面是否出现相关名词或相同意思的其他名词，若有，其修饰部分或者谓语部分就是指示词的指代内容。

例如：

○先月ついに車を買った。その車が…

○A博士は世界的に有名な科学者である。この人が来週…

○手遅れになる場合がある。そんなケースをなるべくなくすために…

○この歌を聞く度に胸が熱くなる。その都度、遠い祖国を思い出すからだ。

○昨日お話した、今話題のカメラマンというのはB氏です。このB氏が…

（2）问题句之前，是否出现有关名词或相同意思的其他名词的具体内容、样子（动作、状态）的陈述？若有，相关词句就是指示词的指代内容。

例如：

○彼女は急いで道を渡ろうとした。そのとき…

○朝から何となくいらいらする。こんな状態では…

（3）紧跟在问题句之后，是否出现有关名词或相同意思的名词相关的词汇或句子？如果有，那么它就是指示词的指代内容。主要出现在会话文、小说等中。

例如：

○こういう点を指摘させていただきたい。まず第一に…

○この色が好きと言って彼女は昨日買ったセーターを私に見せた。

○その事件は5年前に起こった。私のかわいがっていた犬が突然…

（4）如果在名词或相同意思的名词相关的句子中，又出现其他代词或指示词时，需要确认其上一句（答案在问题句前面时）或下一句（答案在问题句后面时）。

例如：

○昨日彼から指輪をもらった。その指輪が見当たらない。こんな大切なものを…⇒　こんな大切なもの→その指輪→昨日彼からもらった指輪

○あの人は元気だろうか。あの時初めて会った人。親友の結婚式に行く途中…⇒　あの人→あの時初めて会った人→親友の結婚式に行く途中…

2. 指示词后面没有名词的情况

（1）首先分析含有指示词的句子，把不带名词的指示词替换成带名词的指示词。通过指示词后面的词汇，尤其是指示词后面的助词或者主要的谓语部分思考相关名词。

例如：

○あれが先日お話したAさんです。→あの人が…

○そう思う→その気持ち／考えになる

○ではそこで会いましょう。→その場所で…

○それ以来、会っていません。→その時以来…

○それで結構です。→その状態／方法／条件で…

○それではまだ不十分ですね。→この程度では…

○それで大変なんですね。→その原因（理由）で…

○こうなるとは思わなかった。→こんな結果になるとは…

（2）寻找具体陈述（1）中推测出来的名词的句子，然后根据这个句子中的解题要领去寻找答案即可。

（3）接续词"こうして／このように（经过）""そう（承认／同感／赞成）""それなら（前提条件）""それでは（展开）""それに（追加）"等一般指前一段落的内容。此时，需要思考上一段的段落大意。

指示词选好后务必填进去，以确认其意思。

常见的设问形式：

★問い　「それ」は何をさしているか。

★問い　「この両者」は何を指しているか。

★問い　「そんな議論」とは、何についての議論か。

★問い　「それ」が指す内容として最も適当なものはどれか。

★問い　「このこと」とは何か。

★問い　「こんな話」とは、どんな内容の話か。

★問い　「あれ」とは、何を指しているか。

言語文化コラム

日本における社会保障

　第二次世界戦争が終わる前に、日本社会では「社会保障」という意識はすでに芽生えた。その間、救貧と慈善事業が現れ、次第に普及されるとともに、社会保険に関わる法律もいくつ現れてきた。戦後、日本の社会保障は急速に発展していた。1947年に実行された日本国憲法（第25条）において、「すべて国民は、健康で文化的な最低限度の生活を営む権利を有する」、「国は、すべての生活部面について、社会福祉、社会保障及び公衆衛生の向上及び増進に努めなければならない」と定められている。その後、「社会保障」という言葉は普及され、広く使われるようになった。1950年に社会保障制度審議会が『社会保障制度に関する勧告』を発表した。その中で、社会保障の概念が明らかにされ、社会福祉と公衆衛生も含まれている。1961年に「国民皆保険・皆年金」が実現された。1973年は福祉元年であり、社会保障の規模が拡大され、老人医療費の無料化や医療保険の給付率の改善などが行われた。20世紀80年代以降、歳出を減らすために、年金制度と医療保険制度が改革された。20世紀90年代以降、高齢者の生活、医療と介護及び出産と保育が重視されるようになった。

　建立、拡充、調整、改革などを経験した日本の社会保障は、種類が多く、形が多様で、比較的完全な体系になった。現行の社会保障制度は主として社会保険、社会福祉、公的扶助、公衆衛生医療の4つに分かれている。その中、社会保険が核心であり、社会福祉、社会救済、公衆衛生医療とともに、日本の社会保障を支える4つの柱になっている。

一、社会保険

　社会保険は日本社会保障の核心である。現在、日本の社会保険には、病気・けがに備える「医療保険」、年をとったときや障害を負ったときなどに年金を支給する「年金保険」、仕事上の病気、けがに備える労災保険、失業に備える雇用保険、加齢に伴い介護が必要になったときの「介護保険」がある。社会保険の財源は加入者や事業主が払う保険料中心であるが、国・地方自治体や利用者も一部負担している。

二、社会福祉

日本の社会福祉は税収を財源にして、児童、母子家庭、心身障害者、高齢者など、生活を送る上でハンディキャップを負った人々に対して支援を行う。支援とは金銭支給やサービス提供のことである。前者は子供手当、児童扶養手当、心身障害者回復のための手当などが挙げられる。後者は上述した特定者に福祉サービスを提供することであり、心身障害者回復のための施設及び施設の運営や高齢者のための施設及び施設の運営、保育園などが挙げられる。

三、公的扶助

公的扶助は生活に困窮する人々に対して、国民の最低生活や生存権を保障するために、生活、教育、住宅、医療、介護、出産、生業、葬祭などの面で扶助を行う。社会福祉と同じ、その財源が税収である。申請者が申請を提出して、政府の厳しい審査を通過した後、保護が得られる。

四、公衆衛生医療

公衆衛生医療は主として伝染病の予防、予防接種、下水道の整備、保健所サービス、医療機関の配置、医療スタッフの育成、水質管理、廃棄物の処理や公害対策などが含まれている。国民が健康に生活できる目標を目指して行われている。

第九課

（一）常識ということ

　常識という言葉を辞書を開いて調べると、「一般の人が持っている、また、持つべき知識・理解力・判断力」といった解釈をしている。

　ただ、私個人の解釈を言うなら「社会生活を営むうえで、当然知っている、と予想される知識」となるかもしれない。この「当然知っている、と予想される」というところがこの言葉の難しいところだ。つまり、個人個人の考え方や生きてきた環境が違えば、この「当然知っている、と予想される」内容も少なからず違ってきてしまうからだ。

　「世間」という言葉がある。これを英語に訳すとＷＯＲＬＤ（ワールド）になるが、「世界」と「世間」はちょっと違う。「社会」とも似ているが、受ける感じはやはり違う。土居健郎氏の『甘えの構造』によると、日本人の生活は一番内側に身内の世界があり、これは遠慮がいらない。その外側に世間があり、そこでは窮屈な心遣いをすべきである。そしてその外側にまったく遠慮のいらない他人の世界があると考えられてきたのだそうだ。

　日本人にとって「常識」が大切になるのは、この「世間」の世界である。ここでは身内の世界で学んだ「常識」がいろいろな形で試されることになる。「世間さまに笑われる」とか、「世間に出て恥をかく」というような言葉はいかにも日本的だ。

　しかしこの「世間」から抜け出して、まったく他人の世界に行ってしまえば、「常識」はそれほど大切ではないという考えになってしまうようだ。日本人は公徳心がないとよく言われる。公園や道路に空きカンを投げ捨てたりするのは、この辺に原因がありそうだ。「旅の恥はかきすて」などとも言う。誰も知っている人がいなければ、何をしてもいいというわけであろう。

　たとえば、或る人があるアメリカ人に大変世話になって、その次にその人の妹に会った。彼にはとても世話になったのでよろしく伝えてください、と頼んだ。日本人なら至極あたり前のことだ。ところがその妹はつっけんどんに、私と兄とは別々の人間で関係ない。そのようなことを頼まれるのは迷惑なことだ、と言う

のでびっくりした。アメリカ人にとってはそんなことを言われるのは、常識外れということらしい。私はつくづく難しいものだと思った。「郷に入れば郷に従え」という。つまり、「常識」というのは、そのくらい地域や家庭によって違う、ということだ。逆に言えば「常識」とは、必ずしも普遍的な知識ではなく、また合理的ですぐれたルールというわけでもないのである。

そのあるひとの父は東北の岩手県出身、母は生粋の江戸っ子だった。この二人はしょっちゅう意見が衝突していたが、それは正月の雑煮は何を入れるか、といった大変ささいなことから始まっていた。父は絶対鮭の子を入れなくては正月のめでたい気分は味わえない、と言い、母はお雑煮にそんな生ぐさいものを入れるなんて聞いたことがない、と反論する。つまり、父にとっては雑煮には鮭の子を入れる、ということが「常識」なのであり、母にとっては、入れないことが「常識」なのである。そしておたがいに自分の「常識」が正しいと思い込んでいる。相手も自分と同じ考え方をするはずだ、と予想し、それが外れると、「あの人は常識がない」という言い方をする。つまり「常識」とは大変個人的な考え方の尺度だ、と言えると思う。

このように、常識は大きなずれをもたらす事があり、そのずれが時として、誤解を招く。しかし、悪いことそのものがあるのではない。時と場合によって悪いことがあるのであるという名言があるように、その常識が間違っているのではないから、その違いを理解する事によってインテリジェンスを得、また、人間的な成長をする事ができる。

──（二） K氏の時計──

ある週末、K氏はS山へのバス旅行に出かけるため、用意を整えていた。服のポケットの中では、携帯ラジオが天気予報を告げていた。「明日は夕方から夜にかけてやや天気が崩れるかもしれません。」

口笛を吹きながら、K氏はハンカチを出し、いつものように腕時計を軽く拭った。それは単なる癖ではなく、彼の愛情の表現と言ってもよかった。

K氏がこれを買ってから、五年ほどになる。入社してはじめてのボーナスをもらった日だった。たまたま、デパートの時計売り場を通りかかったとき、ガラスのケースの中に並べられていた、たくさんの時計の一つがきらりと光った。ちょ

うど女の子にウインクされたような気がした。

「よし、買うことにしよう。」彼はこうつぶやいた。それ以来、時計はずっと、K氏と共にいる。K氏は体の一部でもあるかのようにその時計を扱った。彼はまだ若く、自分では健康診断など受ける気にはならなかったが、時計のほうは定期的に検査に出した。その数日は彼にとって、たまらなくさびしい日だった。

しかし、そのおかげで、時計が狂ったりすることはまったくなかった。進みもせず、遅れもせず正確な時刻を忠実に知らせ続けてきたのである。

①その時、K氏は時報の音を聞いた。彼は首をかしげた。

「おかしいぞ。時報が狂うとは」

かれにとって、時計のほうを疑うのは、考えられないことだったのだ。だが、ダイヤルを回し、ほかの局を調べ、ラジオの時報が正しいのを知って、慌てた。もはや、切符を買っておいたバスの、発車時刻をかなり過ぎている。彼は時計に文句を言った。

「おい、何ということをしてくれたのだ。これだけ大切に扱ってやっているのに」しかし、どうしようもなかった。K氏は旅行を中止し、急いでいつもの時計店へ行った。「修理を頼むよ。遅れ始めた。せっかくの週末が、ふいになってしまった。」

「しかし、この間手入れをしたばかりですが…」と時計店の主人は受け取り、機械を覗き込んでいたが、不思議なそうな声で答えた。

「変ですね。どこにも故障なんかないようです。」

「そんなはずはない。」

その時、突然、ポケットに入れたままになっていたラジオから、ニュースが流れ出した。「観光シーズンです。S山は行く○○観光のバスが…」

それを聞きながら、K氏は主張した。

「②おかげで、このバスに乗りそこなったのだ。確かに、この時計はどうかしている。」

だがニュースはその先をこう告げていた。

「…事故のため、谷へ転落して…」

単語

(一)

少なからず（すくなからず）　　　（副）　　　　　相当程度上，很

身内（みうち）	（名）	全身，亲属，自己人
試す（ためす）	（他五）	尝试
窮屈（きゅうくつ）	（名・形動）	狭窄，死板，受束缚
心遣い（こころづかい）	（名）	操心，用心，关怀
掻き捨て（かきすて）	（名）	不怕出丑
いかにも	（副）	的确、果然，实在
至極（しごく）	（副）	至极、极其
つっけんどん	（形動）	生硬，冷淡，粗暴
つくづく	（副）	痛切地
生粋（きっすい）	（名）	纯粹的
ささい	（形動）	些许，细微
生臭い（なまぐさい）	（形）	腥的
衝突（しょうとつ）	（名・自さ）	碰上，冲突
雑煮（ぞうに）	（名）	菜肉酱汤，年糕红豆汤
尺度（しゃくど）	（名）	长度，评价的标准
インテリジェンス	（名）	知性，理智，智慧

（二）

整える（ととのえる）	（他一）	弄齐、整理，准备，谈妥
告げる（つげる）	（他一）	告诉，报告，宣告，演说
崩れる（くずれる）	（自一）	崩溃，倒塌，溃败
口笛（くちぶえ）	（名）	口哨
拭う（ぬぐう）	（他五）	擦掉、拭去，消除，洗刷掉
きらり	（副）	一闪，一晃
ウインク	（名）	眼送秋波
つぶやく	（自一）	嘟囔，发牢骚，唠叨
かしげる	（他一）	倾斜
狂う（くるう）	（自五）	发狂，沉溺，失常、有毛病
ダイヤル	（名）	仪表盘，文字键，电话的文字回转盘
もはや	（副）	（事到如今）已经
転落（てんらく）	（名・自サ）	滚下，堕落，暴跌、突然下降

文法

（一）

1．常識という言葉を辞書を開いて調べると、「一般の人が持っている、また、持つべき知識・理解力・判断力」といった解釈をしている。

　　这句话的意思是：打开字典搜索常识这个单词时，给出的解释是"一般人拥有的，或者应该具有的知识、理解力和判断力"。

　　"べき"是古文的推量助动词"べし"的连体形。接在动词终止形后面，在现代主要用于表示应尽的义务和"令人……"等之意。サ变动词后面接"べき"时，经常用「すべき」。表示的意思有：

（1）应尽的义务。

○ 友達の言うことは信じるべきです。

　　（应该相信朋友讲的话。）

○ もっと早く知らせるべきだったのに、遅れてしまって申しわけございません。

　　（应该更早通知你，拖晚了，实在对不起。）

（2）令人……

○ この２０年、中国は驚くべき進歩を遂げた。

　　（近20年来，中国取得了惊人的进步。）

○ これは笑うべきことではない。

　　（这不是令人发笑的事情。）

（3）值得……

○ この工場は見学すべきところが沢山ある。

　　（这个工厂有很多值得参观的地方。）

○ このパソコンは本当に買うべきだなあ。

　　（这个电脑真值得买呀。）

2．相手も自分と同じ考え方をするはずだ、と予想し、それが外れると、「あの人は常識がない」という言い方をする。

　　这句话的意思是：都认为对方应该和自己一个想法，不一样的话就说"那个人没有常识"。

　　"はず"一般是形式体言，接在用言连体形之后，表达的意思有：

(1) 根据已经掌握的情况，推测应该出现的情况。

○ 今回は合格するはずだ。

　　（这次应该合格。）

○ 彼は中国に3年いたのだから、中国語はうまいはずです。

（他在中国待了3年，中国话应该很好。）

(2) 表示预计、理应。

○ 船は午後4時に入港するはずだ。

（轮船理应下午4点钟进港。）

○ 彼は来るはずだ。

（他理应会来。）

(3) 表示理由、道理。

○ 彼に分からぬはずはないと思う。

（我想他不可能不懂。）

○ そんなはずはない。

（按理不会那样的。）

3. いかにも

(1) 的的确确，完全。（確かに）

○ いかにもありそうなことだ。

（确有可能。）

○ いかにもあの人の言いそうなことだ。

（完全是那个人的口吻。）

(2) 实在，真（的）。（ほんとうに）

○ いかにも困った顔。

（实在为难的样子。）

○ いかにもあわれなありさまだ。

（实在是一幅可怜的情景。）

○ いかにもほんとうらしい嘘。

（谎话说得跟真的一样。）

(3) 果然，诚然，的确。（なるほど）

○ いかにもおっしゃるとおりです。

（您说的一点儿没错。）

○ おっしゃることはいかにもごもっともです。

（您说的完全正确。）

相关语法："いかにも～そうだ"。"いかにも"与样态助动词"そうだ"呼应使用，类似于"どうも～ようだ"，表示"很像……""酷似……""看似……"。

例如：

○ あのかばんはいかにも重そうだが、中身は空っぽで1キロしかない。

（那个包看上去很重，可里面没装什么东西，只有1公斤重。）
○ 彼女はペットに死なれていかにも悲しそうだ。

（她养的宠物死了，她极其悲痛。）

注意：
①"いかにも"作为陈述（副）词常与"そうだ""らしい""ようだ"等助动词相呼应，表示推测，表示无论从哪个角度来看都很像的意思。
②注意接续方式，后面若用"らしい"，则前面要接名词，而"そうだ"的前面要用动词ます形、形容词词干、形容动词词干。

（二）

1. 変ですね。どこにも故障なんかないようです。

　　这句话的意思是：好奇怪啊，好像没有故障。"ようだ"接在"体言＋の"、用言连体形或者连体词后面表示根据感觉而做出的直观判断，可以翻译成"似乎，好像"。前面可以用"どうも""どうやら"与之呼应。例如：
○ 学部では明日会議があるようです。

　　（学院明天似乎有会议。）
○ どうもこのお菓子はおいしいようです。

　　（这个点心好像很好吃。）

2、そこなう

　　"そこなう"作为结尾词，接在动词的第一连用形的后面，表示"没成功""失败""错误""……坏""……错""失掉时机""耽误""差一点""险些"等意思。
○ 書きそこなわないように気をつけてください。

　（请注意不要写错）。
○ 一度や二度やりそこなっても、あきらめてはいけない。

　（一两次没搞成也别灰心）。
○ 火が弱くて、ご飯ができそこなった。

　（火不旺，饭没煮熟。）
○ 朝ねぼうをして、汽車に乗りそこなってしまった。

　（由于睡过头，误了火车。）
○ 自動車にひかれて、死にそこなった。

　（被汽车轧了，差点死掉）。

練習

一、次の漢字にひらがなをつけなさい。

1. 身内（　　　）　　2. 試す（　　　）
3. 心遣い（　　　）　　4. 掻き捨て（　　　）
5. 生粋（　　　）　　6. 生臭い（　　　）
7. 尺度（　　　）　　8. 整える（　　　）
9. 告げる（　　　）　　10. 崩れる（　　　）
11. 拭う（　　　）　　12. 狂う（　　　）
13. 営む（　　　）　　14. 解釈（　　　）
15. 環境（　　　）　　16. 迷惑（　　　）
17. 言葉（　　　）　　18. 診断（　　　）
19. 愛情（　　　）　　20. 単なる（　　　）

二、次のひらがなによって、漢字を書きなさい。

1. きゅうくつ（　　　）　　2. しごく（　　　）
3. しょうとつ（　　　）　　4. ぞうに（　　　）
5. てんらく（　　　）　　6. えんりょ（　　　）
7. じほう（　　　）　　8. ちゅうじつ（　　　）
9. くせ（　　　）　　10. あつかう（　　　）
11. こしょう（　　　）　　12. のぞきこむ（　　　）
13. かんこう（　　　）　　14. あわてる（　　　）
15. ちゅうし（　　　）　　16. けんさ（　　　）
17. くちぶえ（　　　）　　18. ようい（　　　）
19. けいたい（　　　）　　20. じこく（　　　）

三、次の表現を使って、文を作りなさい。

1. ～べき
2. ～はず
3. ～よう
4. ～そこなう

四、文章一を読んで、次の質問に答えなさい。
　問一　なぜ日本人は公徳心がないとよく言われるのか。
　問二　作者が思う常識は何でしょうか。

五、文章二を読んで、次の質問に答えなさい。
　問一　K氏はなぜその時計を買ったのか。
　　①　旅行に必要だったから。
　　②　その時計が「私を買って」とささやいたように思ったから。
　　③　店の女の子にウインクされたから。
　　④　ボーナスで時計を買うつもりだったから。
　問二　①「その時」とはどんな時か。
　　①　ラジオが天気予報を告げていたとき。
　　②　時計を検査に出したとき。
　　③　時計をぬぐったとき。
　　④　時計が正確な時刻を知らせたとき。
　問三　②「おかげで」はK氏のどんな気持ちを表しているか。
　　①　時計に怒っている。
　　②　時計店の主人に怒っている。
　　③　時計に感謝している。
　　④　時計店の主人に感謝している。

読解技法

原因題解析技巧

一、什么是原因题

　　因果关系题就是要求在阅读文章后，分析和辨别文章中某一事物、事件的因果关系。一级读解中这类问题一般在问题句的前后，仔细搜索一下就能较容易地找出答案。

　　因果关系题一般分为3类：一是直接叙述前因后果，这类题难度较低，一般出现的频率较低；二是所出问题为事情的结果，后面的句子为原因和理由，出现的频率较高；三是所出问题的前后文中没有明显的表示原因、理由的接续词或句子，只能靠所出问题的前后文或文章的内容来判断，此类题型虽然出现不多，但解题难度较大。

二、原因题的答题技巧

1. 理由、依据在文章中出现的场合

（1）理由，一般会与表示理由、依据的表达方式一起出现

表示理由、依据的表达方式见下表：（"～"表示理由）

*在相关表达方式之前	～以上は、～おかげだ、～おかげで、～から、～からには、～くて/く、～こととて、したがって、～して/し、～せいだ、～せいで、そのため、それで、～だから、～だけあって、～だけに、～たところ（仮定）、～ためだ、～たら、～て、～で、～と（引用）、～と（仮定）、～とあって、～（の）あまり、～の結果、～のだ、～ので、～ば（仮定）、～ばかりに、～ゆえに、～ゆえに～ということだ
*在相关表达方式之后	というのは～、とは～、なぜなら～、のは～

（2）如果有两个以上理由，必须弄清楚哪个理由和哪个结果是有联系的。

2. 理由、依据没有直接出现在文章中的场合

（1）把握段落大意。

（2）根据（1）寻找问题的理由在哪一部分。

（3）读选项，与在（2）中判断得出的部分进行对照。这时应留意，有时选项使用的是置换说法。

原因题的常见设问形式如下：

★問い 「…」、どのように変わったのか。
★問い 筆者が「…」と思うのはなぜか。
★問い 「…」とあるが、誰がそうしたのか。
★問い 「…」とあるが、どんなことに気づいたか。
★問い 「…」とあるが、どうするつもりか。
★問い 「…」と思われるのはいつか。
★問い なぜ「…」と思ったのか。
★問い 「…」とあるが、それはなぜか。

言語文化コラム

日本テレビ放送

　日本のテレビ放送は大正14年に成立され、当時、東京、大阪、名古屋、その三つのテレビ放送局が生まれた。翌年、コントロールを深めるために、政府は三つの放送局を合併しろという指示を出し、日本テレビ放送協会、すなわち、世界に知られているNHKが誕生した。放送協会は日本郵政省に監察されている。協会は成立後、ゴール発展期を迎え、2年後、全国に覆う放送網が整った。第二回世界大戦後、日本に進駐した盟軍は早速ラジオ放送への管理を着手した。そして、昭和20年12月、日本ラジオ放送協会に「リーダー機構を変え、内容を改革、記者テイームを再建」などを改造したゆえに、ラジオ放送協会は天地を覆すほどのおおきな変化が起きてきた。

　昭和25年4月、日本国会は盟軍総部の意見により、無線電管理に対する三つ法案、すなわち「電報三法」を通過した。「電報三法」は戦後日本，ラジオ事業が「自ら経営し、自由にラジオ放送を行い」という原則を立てて、それに公営、私営共存の複線体制も確立した。それ以来、放送事業は新たな情勢でますます発展してきた。昭和26年4月、私営放送局が経営許可をもらい、「日本民間放送同盟」を組んだ。昭和28年2月、成立されたばかりの東京テレビ局はテレビ番組を放送し初め、同年8月私営していた「日本テレビ放送網（NTV）」も東京で開局された。20世紀60年代後、経済の高度成長に伴い、日本テレビ事業は飛躍的な発展を促していた。私営放送局、テレビ局が日々増やし、やっと公営、私営はともに存在、ともに繁栄しているとの局面になった。

　日本放送協会（NHK）

　日本で最も大きいテレビ放送機構であり、通称NHK。大正15年に創立し、第二回世界大戦後、改めて改造された。昭和28年テレビ放送を開局するまで、ずっとラジオ放送に専営していた。現在、主な力はすでにテレビ放送に集中された。NHKは国営であり、放送法に基づいて特別法人を設立され、「公共利益のニーズを答え、日本全国でテレビ放送の普及及び発展を推進する」との方針が定められた。協会の最高決策は経営委員会であり、郵電大臣は政府から監査権力をもらい、NHKの活動を詳しく指導していた。そのゆえ、NHKは実際政府に管理された国営企業である。しかし、NHKはまた法に基づき、経営を行い、その経営委員会メンバーは社会の各業界から組み合わせている。法に定められた責任と義務を取っている同時に、編集自

由や言論自由でき、誰も放送内容に違法制限されたり、横槍が入ったりしてはいけない権力も持っている。NHKの費用は普通、ユーザーが納めた視聴費や維持費であり（昭和43年以後ラジオユーザーは視聴費を納めることはない）経済はほとんど自立ができ、広告放送や利益を得るための活動をやってはいけない。

NHKの本部は東京であり、機構は膨大であり、手分けも細かく、設備が先進であり、専門人材が多くなっている。番組が有効的に輸出できるように、全国各都道府県で54個地方放送台が設けられ、ほかの国家へ何十かのジャーナリストステーションと撮影グループを派遣し、取材や記事についての仕事をやっている。

NHKはチャンネルが三つがあり、番組も三つ放送している。チャンネル1は主にニュース放送であり（ニュースは40％以上占めている）、その次文化・娯楽放送である。チャンネル2は主に知識・教育番組であり（70％占めている）、その次文化やニュースである。チャンネル3、すなわちFMラジオ放送は主に音楽と娯楽である。地上テレビは二つのチャンネルがある。一つは総合テレビチャンネルであり、主にニュース放送であり、文化や娯楽、体育番組も兼ねている。もう一つは教育チャンネルであり、主に国民の終生教育問題に注目し、終生教育を推進している。その故、内容は主に知識・文化であり、ニュースもやや触れている。また、NHKは衛星テレビチャンネル三つ、国際放送チャンネル一つ、国際テレビチャンネル一つを持っている。

二、ビジネステレビ放送

日本のビジネステレビ放送は普通「民間テレビ放送」と呼ばれ、私人投資され、株式会社体制が用いられ、ビジネス運営が実行されている。収入はほとんど広告を頼りにしている。昭和26年からビジネス放送、昭和28年からビジネステレビが開局されて以来、半世紀の発展を経ち、ビジネステレビ放送の実力はNHKを超え、観衆人数はNHKとほぼ星を分けているということであった。平成7年年末まで、このような民間ビジネス放送台は合わせて265軒になり、その中、地上テレビ放送局は248軒、（ラジオ放送局は125軒、テレビとラジオを兼ねる放送局は123軒である）衛星テレビ局は１７軒である。

民間ビジネステレビ放送が利益を求め、娯楽番組の割合が大きい、また、番組によって、品質もそれぞれである。広告はビジネステレビ放送局の基本収入である。外の国家と同じ、広告収入を増やすために、放送局は番組の面白さに工夫を凝らし、視聴率を高めることを頑張っている。広告収入は私営放送局と工商企業のつながりになり、お互いに利用したり、制限し

第九課

たりしている。日本で郵電省は法に基づき、ビジネステレビ放送局に行政管理をやっている。ビジネステレビ放送局はその業界のグループである。

現在、日本のビジネス放送は二つのシステムがある。一つは日本放送網（JRN）、もう一つは全国放送網（NRN）である。一般的な放送局はこの二つのシステムに入っている。また３４個のＦＭチャンネルは日本ＦＭ放送網を結んでいる。それに、日本のビジネステレビ放送はほとんど東京の五つテレビ放送局と結んでいる。それは「東京放送会社（TBS）、日本テレビ放送会社（NTV）、全国朝日放送会社（ANB）、富士テレビ会社（FUJI TV）と東京テレビ会社（TOKYO TV）」である。この五つ会社は四つがテレビ業務しかやっていない。

テレビ放送とハイテク

昭和33年、住民が持っているテレビ台数は総合198万台であり、昭和36年、1,022万台に上がり、昭和40年は1,822万台、45年は2,282万台に上り、家庭普及率は94％に達していた。私営テレビ会社は昭和35年39軒、40年は48軒、45は71軒に増やしてきた。それとともに、日本放送協会は地方台も増える一方であった。昭和35年、はじめのカラーテレビ放送がスタートされ、昭和50年カラーテレビは全国で普及された。昭和38年、日本は初めて通信衛星を使い、アメリカのテレビの番組が中継でき、その後すぐアメリカと二路中継も実現した。昭和39年10月、東京オリンピックが通信衛星で中継したおかげで、大盛りになった。間もなく、衛星中継は迅速に広がっている。現在、日本のテレビ放送業界は大変発達されている。平成10年前後、全国はラジオ12,050万台、千人当たり956台だあり、テレビは9,100万台、千人当たり719台であった。カラーテレビのはNTSC Cシステムであった。

日本のゲーブルテレビは最初設けられたのは辺縁地区の住民たちはがテレビ放送受けづらい及び中大都会のテレビ信号が邪魔になる問題があったためであった。昭和４７年国会は「ゲーブルテレビ放送法」を通じて、ゲーブルテレビは法律の軌道に乗り、郵電省が管理されていた。何年間の発展を経て、民営している放送網はおよそ６万あまりであり、その中、一部は番組中継以外、自ら番組を作っていた。平成１２年前後ゲーブルテレビユーザー1,000万あまりであり、テレビユーザーの四分の一を占めていたが、先進国よりやや少ない。平成18年年末、日本全国ゲーブルテレビ契約家庭は2,050万軒に達し、普及率は40％を超えている。情報技術の発展につれ、多くのゲーブルテレビネットはマルチメディアへ変わり、現在電話やネット業務を開発している。

日本は昭和59年から多くの放送衛星を発射し、これら衛星のおかげで、

10個あまりの衛星チャンネルを整えている。その主な衛星テレビチャンネルが4つの「NHK衛星チャンネル1（BS1）、NHK衛星テレビチャンネル2（BS2）、NHKハイビジョンチャンネル（HI-Vision）、日本衛星放送会社（JSB）のWOWOチャンネル」である。日本のテレビ放送デジタル化は全面的に進んでいる。もっとも著しいエリアは衛星エリアである。チャンネルにおいては、NHKある技術を使い、ゲーブルテレビネットで衛星番組が伝送できる。地上テレビのデジタルもだんだん軌道に乗った。郵電省の計画によると、平成15年、東京、大阪、名古屋この三つの都市でデジタル伝送をはじめ、ほかの地方はどんどん追いかけ、平成18年まで模擬テレビは全面的に停止したということであった。

第十課

──（一） 妻の言葉、そして約束 ──

　妻は左半身マヒの重度身体障害者である。足に補装具を付け、右手に杖を持てばなんとか数メートルは歩けるのだが、普段は車いすでの移動となる、もちろんその車いすを押すのは私と決まっている。

　数年前、わたし（五十四歳）妻（四十五歳）で、わたしたちが暮らす福井から名古屋にでかけた。名古屋での移動は地下鉄が便利である。もちろんわたしたちも車いすのまま地下鉄に乗った。車いすを「車いす専用スペース」に置き、ロックをかければ車いすはもう動かない。手を離しても大丈夫だ。

　車内は混んでいて、わたしの座る場所はなかった。そのとき、わたしは何を思ったのか、妻の杖を手にとって、通路に立った。深い考えはない。ちょっとした悪ふざけのつもりだった。すると近くに座っていた若い女性が「どうぞ、こちらへ」と、わたしに席を譲ってくれた。どうやら杖を持つわたしを障がい者と思ったようである。

　わたしは特になにも考えず、その席に座った。なにげなく妻を見やると、険しい顔をしている。障がい者のふりをして、その若い女性をだまし、席にすわったと、思っているようである。そのとき初めてわたしのしたことが悪いことだと気がついた。わたしはなんとも気まずい思いになった。ちょっとした悪ふざけのつもりが今さら、「あ、違うんです」と言うわけにもいかない。わたしは気まずい思いのまま、ずっと下を向いたままで、妻と視線を合わせようとしなかった。

　そのまま電車は進み、次の駅に着くと、一人の老婦人が乗ってきた。車内は混んでいたが、誰も席を譲ろうとしない。わたしも躊躇していた。今ここで席を譲ったら、わたしが「ニセ障がい者」だということがまわりの乗客たちにばれてしまう。

　そのときだった。妻が車内中に響きわたるほどの大声でわたしに向かって、「定男、その方に席を譲りなさい」と言った。言ったというより、叱りつけたというほどの迫力だった。妻は普段はわたしのことを、「ねえ」とか、「ちょっと」とか呼ぶ。だが、そのときは「定男！」と呼び捨てにした。それほど腹に据えかね

たのだろう。でもそれではわたしの名前までばれてしまう。

わたしはびっくりして飛び上がり、その老婦人に席を譲り、妻の車いすの後ろに立った。わたしが「ニセ障がい者」だということがまわりの乗客たちにすっかりとばれてしまった。

車内中の人が、「障がい者のふりをしてまで座りたいのか、サダオ」と囁きあっている（ように、わたしには思えた）。さきほどわたしに席を譲ってくれた若い女性も、「私の厚意を無にした、サダオ」と思っている（ようにわたしには思えた）。車内中の人が軽蔑のまなざしでわたしを見ている（ようにわたしには思えた）。

わたしはなんとも恥ずかしくなって、誰とも視線を合わせないように外の景色を見ていた。地下鉄だから景色など見えるはずもないのだが…

帰りのJRの車内で、妻はわたしに涙ながらに訴えた。

「もうあんなバカなことは止めて。あなたのしたことは私だけでなく、障がい者みんなを侮辱したのよ。分かっているの？。もうあんなことはしないって、今ここで約束して。」

いや、そんなおおげさなことではなく、と反論しようとしたが、妻の涙が拒んでいる。わたしは小さな声で、「はい…」と言うしかなかった。

あのときの妻の言葉が今も耳から離れない。もう七年もたったというのに。

（二）文化の多様性

世界には様々な文化があり、ひとつひとつは固有の世界観を持っている。またひとつの文化の中でも、ひとりひとりが異なものの感じ方、考え方を持っている。そうした「多様性」があるからこそ、私たちは、他人の世界を理解しながらコミュニケーション行う必要があるし、①それは私たちの「生きる意味」の世界を豊かにしていくものである。

ところが、その反面、そうした多様性は、効率性の悪いシステムであると言える。相手の文化的の背景を理解し、「生きる意味」のありかたを理解しようとしていては、コミュニケーションの効率は良くない。そこには、様々な誤解やそごが当然生じてくるし、そこを乗り越えていくには、時間がかかるのだ。私のような文化人類学者二とっては、そうした誤解やそごがまさに私たちのそれまでの思い込み

を破壊し、新たな認識を深めていくいいチャンスとなるが、（②）、そういったコミュニケーションのありかたに苛立つ人たちもいる。

　③世界が多様な文化によって、成り立っていることによる非効率性、それを解決するのが「数字信仰」にほかならない。その文化がどうであれ、一万ドルは一万ドルでしょう？年収三万ドルの方が一万ドルよりも望ましいでしょう？だからどんな文化に属する人でも、みんなが数字の大きい方を求めていきますよね？というわけだ。がローバリズムが依拠しているのは、まさにこの「多様性な文化を超える数字信仰」にほかならない。数字は効率的だ。数字はわかりやすい。相手の「生きる意味」だの何だの、面倒くさい話をする必要がない。数字があれば瞬間にコミュニケーションが取れる。ハウマッチ？とさえ聞いていればいいのだ。

　しかし、現在の世界で起きていることは、そうやって＜立てにも通用する「意味を求める」＞あまり、結局のところ＜誰の意味にもならなくなる＞、という（4）現象である。収入の数字が上がればそれだけで幸せになるという薄っぺらな「生きる意味」では、私たちは実のところ、本当に私の人生を生きている実感が得られない。学生は成績の点数さえ上がれば、それでいいのだと言われても、私たちは自分の大切なものが置き忘れられていると感じる。どんな国もGDPの数値を上げることが目標だと言われると、私たちの文化的伝統はそんな薄っぺらなものではないと言いたくなる。わかりやすい「数字」で私たちの「生きる意味」が規定されようとするとき、私たちはそのわかりやすさに魂を奪われそうになりながら、「そんなはずはないのだ」と自ら葛藤する。その加藤するが今この地球のいたるところで、あるときはテロリズムや戦争となって、あるときは若者の反乱となって、あるときはうつ病や自殺となって、様々な形で現れているのである。

　「数字信仰」からの解放が求められている。数字は私たちが使いこなすものだ。私たちが数字に使われようになっては、私たちの「命の輝き」は死んでしまう。そして、私たちの豊かなコミュニケーションが失われ、私たちの思考力と感性も死に絶えてしまう。そして、ここにかけがえのない「生きる意味」を持った私がいて、そこにかけがえのない「生きる意味」を持ったあなたがいるという、この世界の豊かさから私たちは追放されてしまう。

　　　　　　　　　　　　　　　（上田紀行『生きる意味』　岩波新書）

 単　語

(一)

車いす（くるまいす）	（名）	轮椅
譲る（ゆずる）	（他一）	让给、转让，谦让，让步
障害者（しょうがいしゃ）	（名）	残疾人
険しい（けわしい）	（形）	险峻、陡峭，严厉，可怕
騙す（だます）	（他五）	欺骗
気まずい（きまずい）	（形）	难为情、发窘
視線（しせん）	（名）	视线
躊躇（ちゅうちょ）	（自サ）	踌躇、犹豫
叱る（しかる）	（他五）	批评、责备
囁き（ささやき）	（名）	私语、耳语

(二)

固有（こゆう）	（名）	固有、特有，天生
豊か（ゆたか）	（形動）	丰富、富余
効率性（こうりつせい）	（名）	效率性
コミュニケーション	（名）	报道，交流
誤解（ごかい）	（名・自サ）	误解、误会
そご	（名・自サ）	龃龉、分歧
まさに	（副）	真的、的确
思い込み（おもいこみ）	（名）	深信
破壊（はかい）	（名・自他サ）	破坏
苛立つ（いらだつ）	（自五）	着急、烦躁
信仰（しんこう）	（名）	信仰
ドル	（名）	美元
年収（ねんしゅう）	（名）	一年的收入
望ましい（のぞましい）	（形）	理想的
属する（ぞくする）	（自サ）	属于、隶属
グローバリズム	（名）	地球主义
依拠（いきょ）	（名・自サ）	依靠，依据

第十課

面倒くさい（めんどうくさい）	（形）	麻烦的
瞬時（しゅんじ）	（名）	瞬间
ハウマッチ	（造語）	多少钱
薄っぺら（うすっぺら）	（形動）	很薄的、肤浅的
数値（すうら）	（名）	数值
魂（たましい）	（名）	灵魂、精神
奪う（うばう）	（他五）	抢夺
葛藤（かっとう）	（名）	纠葛、纠纷
テロリズム	（名）	恐怖主义
反乱（はんらん）	（名・自サ）	叛乱
うつ病（うつびょう）	（名）	忧郁症
かけがえ	（名）	替换的东西
追放（ついほう）	（名・他サ）	驱逐，开除

文法

1. ところが、その<u>反面</u>、そうした多様性は、効率性の悪いシステムであると言える。

　　接续为"用言连体形＋反面"，意思是"另一方面……""相反……"等，表示在同一事物中存在着不同性格的两个方面。

○ 最近の高校生は自分が不幸だ！という反面、世界では貧しくても幸福だという国もある。

　　（最近的高中生经常说自己不幸福。相反，世界上有些贫困国家的人还觉得自己很幸福。）

○ 山下さんは明るい反面、寂しがり屋でもある。

　　（山下先生很开朗，另一方面又是个容易寂寞的人。）

○ ネットでの出会いということで、便利性もある反面、リスクを伴う場合もある。

　　（网上交友约会很方便，但另一方面也伴随着风险。）

2. 相手の文化的の背景を理解し、「生きる意味」のありかたを理解しようとしてい<u>ては</u>、コミュニケーションの効率は良くない。

　　这里的"用言连用形＋ては"，意思是"要是……的话"等。后续一般为表示否定事态的内容，表示如果是这样的条件，太难办或不应该这样做的意思。常用"～ていては"的形式，表示"要是那么……"，用以指出对方的缺点，希望对方改变状态。

○ そんなに厳しくては、誰でもできないかもしれないだろ。

（要是那么严格的话，恐怕谁都不行吧。）

○ 見てはダメだよ。いま着替えているところだから。

（不许看啊，正换衣服呢。）

○ マスコミに迎合していては、いい政治はできない。

（一味迎合媒体是不会有好的政治的。）

3. そこには、様々な誤解やそごが当然生じてくるし、そこを乗り越えていくには、時間がかかるのだ。

　　这里的"动词基本型＋には"，意思是"要……"等，表示要想达到某个目的，就必须如何去做。

○ 出世するには上司と仲良くしないとダメだ。

（想要出人头地，不跟上司搞好关系可不行。）

○ 電車に乗るには予約を取る必要がある。

（想坐电车必须预约。）

○ あそこに行くには山を超えなければならない。

（要去那里就必须得翻过这座山。）

4. 世界が多様な文化によって、成り立っていることによる非効率性、それを解決するのが「数字信仰」にほかならない。

　　这里的"体言/用言连体形（＋から・ため）＋ほかならない"，意思是"正是……""无外乎……"等。用于断定，表示除此之外就没有其他，或者事情发生的理由不是其他，就是这个。

○ 彼の成功は毎日の努力の結果にほかならない。

（他的成功是他每天努力的结果。）

○ これこそ我々の探していた新しい薬にほかならない。

（这正是我们找的新药。）

○ 母親が子供を叱るのは、愛情があるからにはかならない。

（母亲训斥孩子，无非是因为爱。）

5. だからどんな文化に属する人でも、みんなが数字の大きい方を求めていきますよね？というわけだ。

　　这里的"体言だ/用言终止形＋というわけだ"，意思是"就是说……"等。"わけ"的用法和"という"结合起来用的形式，用于说明、解释某种情形、事情的原委，类似汉语的"是这么回事"。

○ 私は一分間に120歩歩く。一歩で65センチ進むのだから、一分間に78メートル、

従って1時間で約4.7キロメートル歩くというわけだ。

（我一分钟能走120步，一步能行进65厘米，一分钟就是78米，如此说来一小时就能走约4.7千米。）

○「昨日は財布をなくしたり、駅で転んだりして大変だった。」「つまり昨日はあまりいい日ではなかったというわけだね。」

（"昨天丢了钱包，还在车站摔倒，真倒霉。""这么说昨天不是个好日子啊。"）

6. 相手の「生きる意味」だの何だの、面倒くさい話をする必要がない。

这里的"体言／用言终止形＋だの"，表示"……啦……啦"等，用于列举事例，内容多为负面的。类似的表达方式有"～やら～やら"。

○ あいつはいつ会っても留学するだの何だのと実現不可能なことばかり言っている。

（那家伙不管什么时候见他，他都净说些留学啊这种不可能实现的事情。）

○ やれ早く帰宅しろだの、箸はきちんと持てだの、うちの母は毎日うるさい。

（我妈每天都唠嗦着早点回家啊，好好拿筷子啊之类的话。）

○ 市場に出かけると、野菜だの肉だの、いつもたくさん買ってきた。

（一进市场，就鱼啊肉啊的总是买很多。）

7. 学生は成績の点数さえ上がれば、それでいいのだと言われても、私たちは自分の大切なものが置き忘れられていると感じる。

这里的"体言＋さえ＋用言假定形＋ば或用言连用形＋さえすれば"，意思是"只要……就……"等，表示只要某事能实现就足够了，其余都是小问题，没必要、没关系的心情。

○ 暇さえあれば、本を読んでいる。

（只要有空就看书。）

○ 君さえそばにいてくだされば、ほかには何もいらない。

（只要有你在我身边，其他什么都不需要了。）

○ この薬をのみさえすれば治る。

（只要吃这种药就能治好。）

練 習

一、次の漢字にひらがなをつけなさい。

1. 車いす（　　　　）　　2. 障害者（　　　　）
3. 騙す（　　　　）　　4. 視線（　　　　）

5. 叱る（　　　　）　　6. 固有（　　　　）
7. 効率性（　　　　）　8. 誤解（　　　　）
9. 破壊（　　　　）　　10. 信仰（　　　　）
11. 年収（　　　　）　　12. 属する（　　　　）
13. 依拠（　　　　）　　14. 瞬時（　　　　）
15. 薄っぺら（　　　　）16. 魂（　　　　）
17. 葛藤（　　　　）　　18. 反乱（　　　　）

二、次のひらがなによって、漢字を書きなさい。
1. ゆずる（　　　　）　2. けわしい（　　　　）
3. きまずい（　　　　）4. ちゅうちょ（　　　　）
5. ささやき（　　　　）6. ゆたか（　　　　）
7. おもいこみ（　　　　）8. いらだつ（　　　　）
9. のぞましい（　　　　）10. めんどうくさい（　　　　）
11. すうち（　　　　）　12. うばう（　　　　）
13. うつびょう（　　　　）14. ついほう（　　　　）

三、次の表現を使って、文を作りなさい。
1. ～反面
2. ～ては
3. ～には
4. ～にほかならない
5. ーというわけだ
6. ーだのーだの
7. ーさえーれば

四、文章二を読んで、次の質問に答えなさい。
　問一　①「それ」何を指しているか。
　　① 文化や個人
　　② 多様性
　　③ 固有の世界観
　　④ 誤解やそご
　問二　（②）に入る最も適当な言葉はどれか。

① しかし　　　　　　　　②それで
③ つまり　　　　　　　　④しかも

問三　③「世界が多様な文化によって、成り立っていることによる非効率性」とは、どのようなことか。

① 様々な文化を持っている人と人の間のコミュニケーションには、共通の言語や相手の立場を尊重するといった姿勢が必要であること。

② 様々な文化があれば、そこには様々な誤解やそごが当然生じてくるし、それを乗り越えていくのに時間がかかること。

③ 様々な文化があるために、文化の摩擦から、戦争や反乱などが起こっていること。

④ 様々な文化があるために、それぞれ固有的なイメージを持っていることが、世界を一つにしていくための障害となっていること。

問四　（ ④ ）に入るものとして、最も適当な言葉はどれか。
① 無理な　　　　　　　　②面倒な
③ 大切な　　　　　　　　④皮肉な

問五　作者のいう「数字信仰」とは、どのようなことか。次から本文に合わないものを一つ選びなさい。

① 収入さえ増えれば人は幸せになるということ。
② 学生は成績の点数さえ上がればそれでいいということ。
③ どんな国でもGDPの数値が上がれな目標に達すると言われること。
④ 面倒臭い話をすればコミュニケーションが効率的に取れること。

問六　本文の内容と合っているものはどれか。

① 文化が異なる人と人のコミュニケーションで大切なのは、相手に合わせて柔軟に対応することである。

② 多様な文化からなる世界の非効率性をどう超えればいいかというのが最大の問題ということである。

③ 多様な文化があるからこそ、「生きる意味」の豊かさもあるのであり、「生きる意味」を数字だけで測ろうとするような世界にしてはいけない。

④ グローバリズムの浸透により、豊かなコミュニケーションを展開する可能性がますます広がっている。

読解技法

主题·主旨解析技巧

一、什么是主题·主旨

日语能力考试一级读解部分的论述文或说明文中，出题类型少不了"主题""主旨"的形式。"主题"是指文章叙述的话题，"主旨"是指文章的中心思想，主要考察读者是否理解作者对某个事件的态度、意见，是否理解作者在本文中的观点、主张，或者让读者归纳出文章的大意或找出文章的中心思想。

二、主题·主旨题解题技巧

在做此类题时，首先要看清问题句，看有没有提示考察范围的内容；其次仔细阅读文章，找出文章的中心思想，找出作者的观点和主张；再其次是注意核对选项，找出正确答案。

这种类型的题，有的问题带下划线，有的不带下划线。读者要根据被提示的语句来理解作者的主张和意见。无论文字长短，每篇文章每个段落都有中心思想存在，它往往是文章中最关键的一两句话。作者的主张和意见往往出现在文章末尾，也有的出现在文章开始。

由于读解题是考察读者的读解能力，出题人往往出一些绕弯儿的题。有的选项乍一看蛮有道理，但是关键要看文章是否涉及，是不是作者想讲的东西，这一点是非常重要的，千万不要将自己的观点替代作者的观点。

主题主旨题型一般分3种：第一是带提示语句的试题，这类题型问句中往往带有"時にどのようにした方がよいということか""筆者はこれについてどう思っているか""この文章は、何を説明しようとしたものか"等主要考察读者是否理解作者对某个事件的态度、意见。

第二是考查读者是否理解作者的主张与观点，这类题型问句中一般为"筆者の言いたいことはどれか""～について、筆者がどのように考えているか""筆者の考えに最も近いものはどれか""筆者の主張と最も合うものはどれか"等。

第三是归纳文章大意和中心思想，这类题型问句中一般为"本文の要約として最も適当なものはどれか""～について、この文章から分かることは何か"等。

对文章篇章或段落整体的主题、主旨的把握，包括对作者的主张、意见、想法等的领会。

（1）确认是否出现表示作者的评价或判断的形容词。

（2）确认在文章开头阐述的意见是否在文章结尾再次出现。

（3）注意作者向读者提问的部分，一般作者会提出自己的看法、意见等，而这一部分也恰是作者自己意见所在。

（4）寻找最基本的句子"ＡはＢである"以及有表示作者的主张等的表达方式的句子，然后串联起来，就能掌握文章的基本内容。

（5）首先需要弄清楚所阐述的是事实还是主张（想法）。在文章中寻找有没有为了强调作者的主张而反复阐述的部分（参照下表"表示主张和意见的表达方式与词汇"）。

（6）文章中反复出现的词汇就是关键词。如果有若干个关键词，那么就应该把握每个关键词的意思以及相互之间的关系。如果问题中使用了关键词，那么，需寻找与该关键词说明部分内容相一致的选项。另外，文章的出处有时也可能成为线索。

表示主张和意见的表达方式与词汇	
第二个句子前面的接续词	言い換えれば、結局、しかし、そこで、だから、つまり、ゆえに、要するに
第一个句子前面的接续词	というのは、なぜかといえば、なぜなら
句型形式	～たいものである、～たものを、～たら～のに、～てたまらない、～でならない、～といわざるを得ない、～と思う、～と思われる（思われてならない）、～と考えられる、～とはかぎらない、～なければならない、～にすぎない、～にほかならない、～はいうまでもない、～べきだ　など
疑問形で意見を言う表現	○～だろうか（～であろうか）＝いや、～ではない 例： ①こんなことが許されるのか。 　⇒いや、許されない。 ②どうしてそんなことがわかるのであろうか。 　⇒そんなことはわからない。 ○～ではなかろうか（～ではないか）＝私は～と思う ③私たちはまちがっているのだろうか。 　⇒いや、まちがってはいない。 例： 　彼はこの仕事を嫌いなのではないか。 　⇒（私は）彼はこの仕事を嫌いだと思う。
感情の形容詞	～たい、望ましい、ほしい
その他	あんな、こんな、さすが、せめて、せっかく、そんな、どうせ、とうてい、むしろ、やっと、やはり、ようやく　など

常见的设问形式

★問い 作者はどのように考えているか。
★問い 筆者の考えに最も近いものはどれか。
★問い この文章の内容に最も近いものはどれか。
★問い この文章に題をつけるとすればどれが適当か。
★問い この文章の内容に合っていないものはどれか。
★問い 第4段落で作者が一番言いたいことは次のどれか。
★問い この文章のまとめとして最も適当なものはどれか。
★問い 「…」ために、筆者はどのような方法をすすめているか。
★問い この文章で筆者が最も言いたいことと考えられることは何か。

言語文化コラム

日本の労使関係

労使関係とは労働者と労働力使用者（以下は使用者と略称する）との間に形成された諸関係の総称である。第二次世界大戦前と戦後初期、日本では「労使関係」という用語が普及していたが、企業の所有権と経営権、所有者と経営者が分離したとともに、「労資関係」（労働者と資本家との関係）が「労使関係」に置き換えられるようになった。「労使関係」という用語が広く用いられ始めたのは、昭和30年代に入ってからのことである。

労使関係は、「個別的労使関係」と「集団的労使関係」に分けられる。個別的労使関係とは、個々の労働者と使用者との間の、労働契約の締結、展開、終了をめぐる関係をいい、集団的労使関係とは、労働組合の結成、組織、運営及び労働組合と使用者との団体交渉を中心とした関係をいう。第二次世界大戦後、「終身雇用」「年功序列」「企業別組合」を3つの柱として、長期で安定していて、調和のとれた「日本的労使関係」が作られた。その特色としては以下の3つの面が挙げられる。

1、終身雇用と年功序列と企業別組合とが補い合っていること。終身雇用は労使関係の安定の基礎的な条件である。企業が従業員（本人は重大な過失がない限り）を定年まで雇用すること、また雇用された従業員が転勤しないことによって、長期で安定した労使関係の形成に寄与する。年功序列は昇給昇進の見込みを与えることによって、従業員の精神的安定、労使関係の強固に資する。企業別組合は団体交渉と労使協議によって和やかな労使関係を作り、終身雇用と年功序列の順調な実行にも寄与する。このように、

終身雇用と年功序列と企業別組合とが補い合い、協力し合い、それぞれの側面から労使関係を調整している。

　二、労使関係に関わる法律の制定を整え、強化すること。戦後初期、『労働組合法』、『労働関係調整法』と『労働基準法』が公布された。その3つの法律により、労働者の権利と義務が保障され、労働基準と労働争議の解決手続きが定められた。現在の日本においては、労使関係に関する法律として『賃金支払確保法』、『最低賃金法』、『労働者派遣法』、『労働安全衛生法』、『作業環境測定法』、『職業安定法』、『職業能力開発促進法』、『高年齢者雇用安定法』、『障害者雇用促進法』、『男女雇用機会均等法』、『育児介護休業法』や『雇用保険法』などの20本あまりが挙げらる。それらの法律は労使関係のさまざまな問題に及び、労使関係の和諧に良好な法治環境を作り出した。

　三、比較的完備した労使協調メカニズムが構築されていること。主として団体交渉、労使協議と三者協議が含まれる。団体交渉とは労働協約の締結を目的にして、労働者側の代表者と使用者の交渉担当者が双方の権利、義務及び労働条件などについて交渉を行うことである。団体交渉は労働組合の主要な機能であり、憲法と労働組合法に保障されている。労使協議とは労使双方が企業経営に関する事項などについて協議することである。主に団体交渉に適しない経営・生産上の事項を協議し、若しくは団体交渉の前に、事前の協議によって双方の矛盾を緩和することである。労使協議は団体交渉の補充であり、労使双方の利益の一致を強調し、双方の自由な意思に基づくものである。三者協議とは「公労使」（公益委員、労働者と使用者）或いは「政労使」（政府の公式の代表者、労働者と使用者）が労使関係に関わる社会経済政策、立法及び争議処理などの問題について交流、協議、交渉と協力を行うことである。この制度によって三者がともに労使関係問題を解決する場が建てられ、三者の対話と交流が深まり、労使矛盾を緩和させることができる。

　バブルの崩壊と経済グローバル化の深刻化につれて、数多くの日本企業は不振に陥り、終身雇用と年功序列が解体しつつあり、労使関係においても新たな変化が出てきた。ここ数年、個別労使争議が増え、その内容が多様となり、例えば女性差別とセクハラ、雇用の多様化、業績、給与、賞与または昇進に関する考課等に及ぶ。なお、労働組合組織率の低下のため、団体交渉の範囲が縮小し、労使双方の協力し合う姿勢が明らかにあり、労使協議がさらに強化された。

第十一課

（一）父の歌

　今思い出してみれば、父は音痴だったのかもしれない。
　亡くなって十五年、今でも父との思い出を探る度、胸の底の方がじんわり温くなって来る。娘の私から見ても、父は男前だった。大正生まれにしては長身で、ひざから下などほれぼれする程、長かった。幼なかった頃、近所に住む父の幼馴染から、父がどれ程頭が良かったか、飽きる程聞かされたものだ。父は何せ私の自慢だった。
　その父は、自分は生きても七十才位までだろう、というのが口癖で、残りの十年は自分の好きな様に暮したい、と六十才の時サッサと仕事をやめてしまった。初めは気嫌の悪かった母も、その内父が居る事を当てにする様になっていた。朝から晩まで父が居る生活が始まった。父は家事をそつなくこなし、旅行や趣味を楽しむ事など皆無。ただひたすら慎ましく、家族と居る事を楽しんだ。
　ある時、庭で草を抜いていた父が、何やらブツブツ言っているのが聞こえた。何げなく近付いた私の足はピタリと父の背後で止まりそのまま後ずさりした。「父が歌ってる。」私はそのまま母の許へとんで行った。「お父さんが歌を、歌っとるん」母はくり返すと、父を忍び足で見に行った。そして私同様、後ずさりしながら戻って来た。「歌っとったね。」「うん歌っとった。」「何の歌かね。」「分からん。」母によると知り合って三十年、父が歌を口ずさんでいる所など、見た事がないと言う。もちろん私もない。母の顔が険しくなった。「私の言うた事、本気にしたんかもしれん。」
　父は若い頃から、母に贈り物などした事がなかった。誕生日と言っても、例外ではなかった。母もそれに慣れてしまい、特に不満も感じなかったが、先日、細いな事で口ゲンカをした折、母は腹立ちまぎれに
　「誕生日じゃゆうても、歌のひとつ、ハンカチの一枚もくれた事ないじゃないね。」
　と父をなじってしまったと言うのだ。根が真面目な父である。母の誕生日に特別贈り物をしなくても、折に触れて母の好物の魚を買って来ては自分でさばき、

ふるまった。父が母に贈り物をしないのは、ただ父のちょっとした臆病さからだと言う事は、母も私も充分に承知していた。父は母を喜こばせたいあまり、自分の選んだ物を母が気に入らなかったらどうしようと、考えたのである。

それからというもの、父は庭の手入れや一人で畑仕事をする時、しきりに歌を口ずさむ様になった。母と私は、わざと知らない振りを通した。母や私が近付く気配がすると、父はピタリと口をつぐんでしまうからだ。

母の誕生日には、少しぜいたくな食卓になる。刺身に煮付け、母はめずらしくワインも口にする。私は小使いを工面して買った細やかなプレゼントを、渡す。いつもの母の誕生日の風景だった。ケーキのろうそくに火を灯す頃、父が小さく口ずさみ始めた。母の真正面で、時折目を浮かせながら、父は母の為に歌を歌った。

「忘れられないの。あの人が好きよ。」

いつか流行った歌謡曲だった。やっと歌い終えた父は、母に言った。

「誕生日、おめでとう。こんなんで良かったら、毎年、歌うちゃるけェ。」

少しずれた音程で、気真面目に歌う父の姿を今でも思い出すと、母は嬉しそうに言う。

父はその後七回、約束通り、母の誕生日の度に歌った。そして六十七才の冬突然倒れ、数えの七十才の時、生まれ育った家で、何より愛した家族の声を聞きながら、眠る様に逝った。

ほんの細いなケンカから、母は生涯の思い出を得た。父は母の気持を受け止め、自分から口にした約束を、愚直なまでに、守った。やっぱり父は最高だった。今でも母と、父が歌っている時の話をする。そして出した結論は、父はやはり、音痴だったと言う事だ。

（二）日常性の社会学

フランスの経済学者フーラスティエは、近い将来における人間性の一生を計算して、驚くべき結論に達した。彼らによると、十年後のフランス人の場合、「仕事」と言う必要やむを得ない「時間」の支出は、合計四万時間にすぎない、というのである。これを、人生の「総時間」と対比してみると面白い。私の計算では、人生は六十六万時間である。(A) 睡眠時間にその三分の一を取ると、残りは四十四万時間に近い。そのうち、「仕事」は僅か四万時間。人生の一割にすぎないではないか。

その残りの九割、すなわち四十万時間の自由時間、それを私たちは、通常レジャーあるいはよかという言葉で呼ぶ。(B) 世間では、このことはについて誤解することが多く、レジャーといえば遊びのことだ、と考えている人が少なくないが、正しく言えば、レジャーとは自由に使うことの出来る時間のことだ。別に遊ばなくなってよろしいのである。なんでも好きなことをしたら、それで良い。それは私的な時間である、と言っても良い。誰にも制約されず、干渉されず、勝手に使える時間なのである。それは私たちは、十万時間と言う単位で持っているのだ。

いわゆるレジャーを考えるにあたって、大事なのは①この点だと私は思う。レジャーは個人の自由時間である。自由と言うのは、まさしく自由と言うことなのであって、誰からも指図されるものであってはならない。レジャーはこんなふうに使いなさい、などという、②一見、親切じみた助言には、あんまりおつきあいしない方がよい。要は、自分お人生が、自分にとって最も満足の行くようなものであるように、自分自身で時間の使い方を設計することである。(C) 自分の時間は自分のものであり、その使い方も自分で作ればよいのである。

そう考えると、私たちは、一つ反省しなければならないように思われる。と言うのは、現在のいわゆる「レジャー」なるものが、おおむね③皮相的であり、移ろいやすいものであるからだ。スキーが流行すれば、誰でもスキー熱に浮かされる。 (D) ゴルフと言えば、みんながゴルフに熱中する．そういう流行に巻き込まれることが即ち、「レジャー」だ、と思い込んでいる人が、あまりにも多いのではないか、と私は思う。テニスが好きならそれもよろしい。文学が好きなら、されもよかろう。しかし、わずか二年、三年と言う短い期間の流行におつきあいすることと、かけがえのない人生との間には、あんまり関係がない。文学が好きなら、一生がかりで書物を読み、文学の喜びを味わい尽くすには人生はあまりに短い、と言うことを知るのが、レジャーとは、それぞれの人が、自分の人生の意味をし続ける行為のことなのである。これ以外の物ではない、世間で言われる「レジャー」なるものは、真正なるレジャーとは何の関係もないのだ。友人に聞いた話だが、ノミの収集に人生をかけている人が、イギリスにいるそうだ。あらゆる動物につく、あらゆる種類ののみを熱心に集めるのである。人から見たらおかしいかもしれないが、本人にとってはその行為に生の情熱のすべてが投入されているわけだし、そのことで人生が充実しているのだから、それでよいのである。このことは、特に人生の第三期、つまり従来の用語を使えば「老後」にたいする準備として考える時、④決定的な重要性を持つ。人生の第一期（生まれてから学校終了まで）、第二期（就職から退職まで）は、からだも元気だし、何か時のまぎれることもあ

るから、時間つぶしに事欠かない。わいわいとさわいているうちに、どうにか時間は立ってゆく。しかし、第三期は違う。そこでは、人間は完全に自由で、しかも孤独な時間を「使う技術」を持っていなければ、退屈で仕方がないのだ。その第三期に備えて、お金の準備をすると言うことは、多くの人が考えている。しかし、それと同じくらい、あるいはそれ以上に大事なのは、「時間」の使い方の準備なのではないだろうか、と私は考える。現在、人生の第一期を生きている若者たちが、数十年先の第三期のことを考えるというのは、いささか滑稽名ことに聞こえる。
（⑤）、それは、自分が一生つきあってゆける何者かを探求する、と言うことなのだ。人生の設計を早いうちにはじめておくことは、決して無意味なことではない。

単　語

(一)

音痴（おんち）	（名）	音痴、不懂音乐的人
幼馴染（おさななじみ）	（名）	青梅竹马
自慢（じまん）	（他サ）	自夸、自大、骄傲
口癖（くちぐせ）	（名）	口头语，说话的特征
慎ましい（つつましい）	（形）	恭谨、稳重、小心谨慎
険しい（けわしい）	（形）	险峻，险恶，严厉
腹立ち（はらだち）	（名）	生气、愤怒
臆病（おくびょう）	（名・形動）	胆怯、胆小、怯懦
畑（はたけ）	（名）	旱田、田地
工面（くめん）	（名・他サ）	设法，筹措，筹划
歌謡曲（かようきょく）	（名）	小调，流行曲

(二)

合計（ごうけい）	（名・他サ）	合计、总计
レジャー	（名）	空闲、闲暇、业余时间
制約（せいやく）	（名・他サ）	限制、制约
干渉（かんしょう）	（名・他サ）	干涉、干预
指図（さしず）	（名・他サ）	指示，指定
助言（じょげん）	（名・自サ）	出主意、提建议
皮相（ひそう）	（名・形動）	表面，肤浅的

移ろう（うつろう）	（自五）	反映，映照
かけがえのない	（慣用）	无可替代
ノミ	（名）	蚤、跳蚤
充実（じゅうじつ）	（名・自サ）	充实
老後（ろうご）	（名）	晚年

文 法

（一）

1. 父は母を喜こばせたい<u>あまり</u>、自分の選んだ物を母が気に入らなかったらどうしようと、考えたのである。

「あまり」这里表示"太……""过度……"。

○ 赤ちゃんがあまりにうるさいから、表へ出た。

（因孩子太吵，到外面去了。）

○ 彼女を可愛がるあまり、周りの妬みを買うことになった。

（由于她被过于宠爱而遭周围人所嫉恨。）

（二）

2. レジャーはこんなふうに使いなさい、などという、一見、親切<u>じみた</u>助言には、あんまりおつきあいしない方がよい。

这里的"～じみる"，表示"原来不是……的状态，现在却变成……的状态"之意，多用于表达不太令人满意。

○ そんな言い訳は子どもじみている。

（那样的辩解就像个孩子。）

○ 50代の人間がこういった子供じみたことをやるのが悲しくなった。

（50岁的人了，还做这种装嫩的事，真可悲。）

3. これ以外の物ではない、世間で言われる「レジャー」<u>なる</u>ものは、真正なるレジャーとは何の関係もないのだ。

"なる"是なり的连体形，接在名词后，表示"断定是……"。

○ 学生なる人物＝学生である人物＝学生という人物

○ 請求書なるもの＝請求書というもの

第十一課

練 習

一、次の漢字にひらがなをつけなさい。
1. 音痴（　　　　）　　2. 自慢（　　　　）
3. 慎ましい（　　　　）　　4. 腹立ち（　　　　）
5. 畑（　　　　）　　6. 歌謡曲（　　　　）
7. 充実（　　　　）　　8. 皮相（　　　　）
9. 移ろう（　　　　）　　10. 助言（　　　　）

二、次のひらがなによって、漢字を書きなさい。
1. おさななじみ（　　　　）　　2. くちぐせ（　　　　）
3. けわしい（　　　　）　　4. おくびょう（　　　　）
5. くめん（　　　　）　　6. さしず（　　　　）
7. せいやく（　　　　）　　8. ろうご（　　　　）
9. ごうけい（　　　　）　　10. かんしょう（　　　　）

三、次の表現を使って、文を作りなさい。
1. あまり
2. 〜じみる
3. なる

四、文章一を読んで、次の質問に答えなさい。
　問一　次の文は、文章中の (A)〜(D) のどこかに入る。最も適切な物を一つ選び、記号で答えよ。
　　それは、厳密な意味でのプライバシーに属することである、ということもできよう。
　問二　（⑤）に入る語として最も適切な物を次から一つ選び、記号で答えよ。
　　① ところで
　　② それには
　　③ たとえば
　　④ けれども
　問三　①「この点」とは、どのような点か。最も適切なものを次から一つ選び、記号で答えよ。

① 仕事に費やす時間はわずかで、人生の総時間一割にすぎないと言う点。
② 余暇が誰にも制約されないで自分で勝手に使える時間であると言う点。
③ 世間では、レジャーと言う言葉について誤解することが多いと言う点。
④ 他人に干渉されずに使える時間を、合計十万時間も持っていると言う点。

問四 ②「一見、親切じみた助言には、あんまりおつきあいしない方がよい」とあるが、それはなぜか。最も適切な物を次から一つ選び、記号で答えよ。
① 親切丁寧に説明をしてはくれるが、全く理解できないから。
② 口ではいろいろと言ってはくれるが、少しも親身ではないから。
③ 熱心に教えてくれるが、自分の考えを押し付けているだけだから。
④ 和やかな雰囲気で接してはくれるが、善意が感じられないから。

問五 ③「皮相的」とあるが、これはどういう様子のことか。最も適するものを次から一つ選び、記号で答えよ。
① 表面的で、本質には関わっていない様子。
② 部分的で、全体には関わっていない様子。
③ 神秘的で、大変変化に富んでいる様子。
④ 一般的で、いかにも親しみの持てる様子。

問六 ④「決定的な重要性を持つ」とあるが、それはなぜか。最も適切な物を次から一つ選び、記号で答えよ。
① 充実した老後を送るために、時間の上手な使い方ができるようになっておく必要があるから。
② 老後になってもお金に困らないために、しっかりとした成果ウの準備をしておく必要があるから。
③ 体が弱ってくる老後のためにこそ、スポーツ以外に有効な物を見いだしておく必要があるから。
④ 孤独な老後を過ごさないためには、心の通い合う大勢の友人を作っておく必要があるから。

問七 この文章における筆者の主張として適切でないものを次から一つ選び、記号で答えよ。
① 流行を常に追い求めている姿勢は、本当の意味でのレジャーを楽しんでいるとは言えない。
② スポーツはレジャーとして重要な意味を持つが、読書レジャ＝としてふさわしくない。
③ のみの収集に人生をかけているイギリス人は、時間を使う技術を持って

いる人である。

④　まだ若いうちから数十年先の人生の第三期のことを考えるのは、滑稽なことではない。

読解技法

填空题解析技巧

一、什么是填空题

填空题是日语能力考试 N1 级读解必考的题型，每年都有 2～3 题。括号中需要填写的内容一般为接续词、排列组合、词组或句子。

接续词是日语段落、句子或单词连接的桥梁，起承前启后的作用。一级读解考试中一般不考连接单词的接续词。连接段落、句子的接续词如下表：

对等关系的连接	并列或累加	また、おまけに、しかも、そのうえ、さらに、それから、それに、次いで
	选择	あるいは、それとも、または、もしくは
	说明	つまり、すなわち、要するに、なぜなら
	转换话题	さて、ところで、では、それでは
条件连接	顺接	すると、したがって、そうすると、そして、そうしたら、そこで、それで、それでは、それなら、そうだから、それなら、だから、ですから
	逆接	が、けれども、しかし、それでも、ただし、だって、それなのに、でも、ところが、とはいえ、もっとも

二、怎么做填空题

根据前后内容，选择合适的接续词、副词、后续文等。解题要领如下：

（1）做这类题时，首先要看懂文章意思，判断前后文的关系，它们是"对等关系的连接"还是"条件连接"，正确的判断是找出正确答案的关键。一级读解中"对等关系的连接"部分常见的是"选择"和"说明"，更多见的是条件连接题。

（2）捕捉作者心情的变化。

（3）寻找表示想法或心情的词汇，以此来捕捉到现在的心情变化。

（4）如果在文章的中间部分，那么表示同样内容的部分多半会紧跟其后。

（5）如果在文章结尾部分，多半是全文的总结，所以需要掌握全文的推移。

（6）注意文章中的提问部分，下划线或（　）处在文章的哪一部分，如中间或文章结尾部分。

（7）抓住变化的特征：刚开始的心情 ⇒ 通过体验或经历感受到的或想到

的东西 ⇒ 现在的意见或行动。

（8）做排列组合题时，填空的内容的说明在（ ）后面，一般属于对比或说明的前后文关系的较多。对这部分一定要读懂，弄清楚它们的意思和关系，抓住关键词。另外，有时填空题需要从文章的推移当中进行推理才能找到答案。此时，答案一般可以从问题句前后找出解题的线索。

（9）做填写句子题时，所选择的句子往往是结论和对比。如果是选择结论的句子，要注意括号前面的内容，看前面有没有表示说明的接续词"つまり""すなわち""要するに"和表示顺接条件的"したがって""だから"等表达形式。在碰到具有转折意义的部分时，看括号前面有没有表示逆接条件的接续词"しかし""けれども""が""ところが""それでも"等表达形式。做对比的句子，要注意（ ）前后的句子，注意前后文中有没有表示对比的接续词"あるいは""それとも"，或者"より""むしろ""それに対して""一方"等。这些都是说明段落关系的关键词。

三、常见设问形式：

> 問い（　　）にはどんな文を入れるのが適当か。
> 問い「……」は文章のABCDのどこに入るか。
> 問い（　　）に入れる言葉を次の中から選びなさい。
> 問い 次に続く文章の内容として適当なものはどれか。
> 問い（ ① ）〜（ ③ ）には、「○○」か「△△」が入る。その組み合わせとして最も適当なものを選びなさい。

言語文化コラム

日本の宗教

日本は多宗教の国である。神道、仏教、キリスト教は三つの大きな宗教であり、ほかにいくつの小さな宗教もある。日本文化庁の統計によると、2013年12月31日まで、日本神道の信者数は91,260,343になり、仏教の信者数は86,902,013人、キリスト教のは2,947,765人、その他の宗教の信者数は9,066,141人であった。各類の宗教の信者数は合計190,176,262人であり、同年の日本の総人口数（約1億2,727.7万人）をはるかに上回った。それは大多数の日本人が同時に二種、さらに多種の宗教を信奉するわけで

ある。

　神道は日本の伝統の民族宗教であり、最初に自然に対する崇拝を主にして、多神信仰に属し、『古事記』と『日本書紀』には「八百万の神」とされる。神道には主に神社神道、教派神道と民俗神道の三つの流派がある。神社神道は日本神道の主体であり、神社を中心として、神祇および祖先神への祭祀を重んじ、教祖と教義をしない。日本では、ほとんど全ての人口密集地には神社がある。その中に、重要なのは天照大神を祀る伊勢神宮（三重県）などである。第二次世界大戦の前、日本軍国主義当局は神社神道を主体として「国家神道」を創立し、国民に対する思想統治を行った。戦後、新しい宗教法令に基づき、日本は国家神道を廃止し、政教分離を実行した。1946年に神社神道の団体は共に神社本庁を設立した。これは伊勢神宮を本宗にして、全国性の神社の志願組織であり、祭祀するのを目指し、氏子と崇敬者の教化と育成を行い、全国の各都道府県には神社庁を設置する。教派神道とは徳川幕府末期から起こった神道教団組織を指し、「神道十三派」およびこれらの教派に分離された新しい神道団体を含む。これらの教派はそれぞれ教祖、独立な教義と厳密な宗教組織を持ち、某所の神社を中心としない。民俗神道は日本の民間でおこなわれてきた普通の神道信仰である。例え土地神、屋敷神に対しての信仰、および神や祖先を祭る儀式、占い、巫術、巫医などの習俗である。実際には、民俗神道は神社神道と厳格な区別がなく、厳密な組織もしない。

　仏教は6世紀の初めに中国から朝鮮半島を経由して日本に入った。伝統仏教の盛んさ（奈良時代と平安時代）、新仏教の栄え（鎌倉時代）、低迷期（江戸時代と明治維新以降）、及び第二次世界大戦後の発展拡大期を経て、鮮明な民族特色を形成した。例えば、日本の仏教は宗派が明らかで、各宗派の間に厳格な制限があり、それぞれの修行法を実行する。現在、主要な仏教宗派は天台宗、真言宗、浄土宗、禅宗、日蓮宗と奈良仏教などの宗派がある。日本の仏教は世俗化の傾いが現れ、僧侶は結婚、出産、肉食のことができる、ある宗派は善人悪人とも念仏のことを通じて滅罪往生ができると称える。

　キリスト教は16世紀中葉に日本に伝来した。日本に入ってきた後、残酷な鎮圧と強力な扶持とも受けたことがある。しかし、その教義理念が神の唯一性と排他性をあまりにも強調するため、日本の伝統文化と多神を信奉

する宗教意識と大きく相違する。それゆえ、日本におけるキリスト教の信者がより少なく、主に知識人と若者である。

　日本の宗教は一種の概念というより、むしろすでに習俗になったという方がいい。日本民間の習俗によって、生後満1か月になった赤ん坊が家族に神社の参拝に連れて行かれる。毎年の11月15日に、3歳、5歳の男の子、と3歳、7歳の女の子が伝統の和服を着いて、神社へ参拝に行く。新年になると、多数の人は神社に参拝する。毎年の12月25日にキリスト教の習慣に基づきクリスマスを過ごす。結婚する場合、教会式あるいは神前式、仏前式の結婚式を行い、死後に仏教の習慣によって葬式を行う。伝統の日本人の住宅には、普通神棚でもあり、仏壇でもある。神道、仏教、及びキリスト教は、すでに信仰あるいは風習として日本人の生活に深く溶け込んだ。

第十二課

――――（一） 適切だと感じる距離 ――――

　見知らぬ者同士が出会うと、相手との関係の中で座る位置や立つ位置を決めなければならないことがよくある。これは話し合う必要のあることではないし、意識して考えなければならないことでもない ―― たとえば、親近感を示そうと相手の近くに立つべきか、それとも馴れ馴れしくならないように離れているべきかどうか自問する必要はない。そうした状況で「正しいと感じられる」距離を取るにすぎない。

　①[人々が適切だと感じる]距離は、その人が属する文化によって著しく左右される。二人の人間が同じ文化の構成員であるときは、どのくらい相手の近くに立つべきかという問題で困ることはめったにない。しかし彼らが他者との間に必要とする空間について異なる考えを持つ文化の出身だと、様々な問題を生じることがある。

　ヨーロッパの社会は、人々がどのくらい他人の近くに自分の位置を取るかによって、おおよそではあるが、三つの地域に分けることができる。

　ひとつは、デズモンド・モリスが②「エルボー・ゾーン」と呼ぶ地域で、この地域では人々は肘でお互いの体に触れることができるほど接近する。この地域にはスペイン、フランス、イタリア、ギリシャ、トルコのような国々が含まれる。

　二つ目の地域は東欧の大半に及んでいて、ポーランド、ハンガリー、ルーマニアなどの国が含まれる。③「リスト・ゾーン」と呼ばれるこの地域では、人々はそうしたいと思えば、自分の手首で相手の体に触れることができるように自分の位置を取る。

　最後に、モリスが「フィンガーチップ・ゾーン」と呼ぶ地域がある。この地域には、イギリス、ベルギー、ドイツ、スカンジナビア諸国が含まれる。この地域では、人々は他人を腕の長さより近づけたがらず、お互いの体に触れる機会を持てなくてもまったく不満を感じない。

　こうした他者との近接空間が異なるに地域に関して最も目立つのは、その地理的な配置である。「エルボー・ゾーン」はヨーロッパで最も温暖な地域に位置し、「フ

ィンガーチップ・ゾーン」は最も冷涼な地域に位置している。そして「リスト・ゾーン」は、ほぼその中間に位置している。これにはいくつかの理由が考えられる。第一の、そして最も明白な理由は気候である。周囲の気温が人々の快適度や幸福感に影響を与えることはよく知られている。温暖な気候についてはもうひとつ言えることは、気候が温暖だと人々が野外で触れ合う機会が生まれるために、人々の社交的な習慣に影響を及ぼすことがあるのだ。地中海沿岸はどこも夏は雨が少なく暖かいし、冬の日でさえかなり過ごしやすい。そのため人々は、屋外でおしゃべりをして過ごす時間が他の地域の人たちよりもはるかに長い。(b)こうした頻繁な接触が(他の地域よりも)人々をより密接に結びつけ、そしてこのことが、今度は人々をずっと相手の近くに立ったり座ったりする気にさせる「するように促す」ことは大いにありえる。

(二) 男性か？女性か？

「統計数理研究所」が「日本人の国民性調査」の結果を先月末に発表した。調査は昭和28年から5年ごとに実施されているので、その結果を見ると、日本人の考え方の推移を認められて興味深い。

今回はそのなかで、男性・女性に関することについて結果を示しながら考えを述べて見たい。かつては多くの女性が、生まれ変わるとすると男性に生まれ変わりたいと言う願望を持つ、といわれてきたが、その傾向が逆転したのである。

「生まれ変わるとすれば男性か女性か」との設問に、69％の女性が「女性に生まれ変わりたい」と答えている。これを昭和33年の調査結果で見ると、女性の64％が「男性に生まれ変りたい」と答えているのだから、完全な逆転である。

これに関連して、「楽しみが多いのは男性か女性か」との質問でも、かつては男女とも「（ ① ）」が圧倒的だったのが、ここでも逆転現象が起こり、男女全体で見ても、楽しみが多いのを「女性」（42％）とした回答が「男性」（38％）を初め抑え、女性優位を示している。

このことは、わが国において、男性・女性の生き方や考え方に相当な変化が生じつつあることを示しており、きわめて興味深い。ただ、この結果をどう読み解くのは簡単なことではなく、速断はできないと思う。

もちろん、最近ともに強調されてきた男女共同参画社会（注1）がだいぶ実現されてきて、これまでのような一方的な男性優位の社会の在り方が改善されてき

た、と言う事実が大きい要因と思われる。しかし、それだけが要因とは思われない。というのは、男女共同参画社会はだんだん実現されてきてはいるが、この数字に示されているほど、②それは満足すべき状況とは思われないからである。まだまだ、いろいろなところで男性優位の状況が認められる。

　女性の7割の人が「女性に生まれ変りたい」と願い、男女全体で見て、楽しみが多いのは男性より女性だと判断することが、現在の状況の中で行われているところに、③注目すべき点がある。つまり、現状においてさえ、「④女性の時代」が到来しつつあるとの予感がこれらの数字に反映されているように思われるのである。

　これはつまり、女性も男性も同じことができるので、男をうらやましがる必要がない、と言うのではなく、女性は女性として楽しく、それは男性より楽しさが大きい、ということを示しているようだ。といって、ここで結論を急いで、男は「男らしく」、女は「女らしく」生きるのがよいなどということになっては、間違ってしまう。

　そもそも、その時に言う「男らしい」「女らしい」とはどういうことを指すのか考えて見る必要がある。この調査で、男も女も共に、女の方が楽しみが大きいとしている理由のひとつとして、男は社会的因習にまだまだとらわれているのに、女の方が自由で好きなこと——それは従来「男らしい」と言われていたことも含む——ができるからいい、という面があると思われる。これによって、女は「女らしく」している方が楽しい、などという結論は決して出てこないだろう。

　では次のような考えはどうだろう。従来、男のすることとして考えられていた、政治、経済、軍事、などに対して、女のすることのように考えられていた、文化、芸能、家事の差について比較してみると、前者は後者より価値が高く、したがって、⑤男は女より優位であると思われていたのが、最近になって変わってきたのではなかろうか。

　女性も以前に比べるとはるかに、政治、経済、軍事などの分野に進出してきた。と同時に、男性も以前よりは、文化、芸能、家事などにかかわり、それを「女の仕事」と思う人も減ってきた。そのようななかで、従来の分類にしたがって、女の方が男よりも楽しいと一般の男女が共に気付きはじめた、と言うわけである。このような分類にしたがって、女の時代が到来しつつあると考える。

　男性と女性の問題は、非常に複雑で、一筋縄（注2）で決してとらえられないし、男性的、女性的という意味も、決して明確にはならない。従って、今日の調査結果に対して、早急な答えは出せないにしろ、ともかく従来の⑥ステレオタイプ（注

3) を破る面白いことがおこりつつあるとはいえそうである。

　　（注1）男女共同参画社会：伝統的な女性軽蔑の風潮、固定的な性別役割分担の意識をなくし、男女が平等に社会に参加すること。またその社会。

　　（注2）一筋縄：一本の縄（一筋縄ではいかない：普通の手段では自分の思うとおりにならない）。

　　（注3）ステレオタイプ：紋切り型。決まり文句。常套手段。

単　語

（一）

見知らぬ（みしらぬ）	（接続）	未见过的、不认识的
話し合う（はなしあう）	（自五）	谈话、对话、商量、协商
馴れ馴れしい（なれなれしい）	（形）	熟不拘礼、嬉皮笑脸
左右（さゆう）	（名・他サ）	左右、旁边、流言、指示
おおよそ	（名・副）	大体、大概、大致、大约、约莫
トルコ	（名）	土耳其
ポーランド	（名）	波兰
ハンガリー	（名）	匈牙利
ルーマニア	（名）	罗马尼亚
手首（てくび）	（名）	手腕
ベルギー	（名）	比利时
スカンジナビア	（名）	斯堪的纳维亚
近接（きんせつ）	（名・自サ）	接近、挨近、靠近、贴近
冷涼（れいりょう）	（形動）	寒冷、凉飕飕
屋外（おくがい）	（名）	室外、屋外、露天
結びつける（むすびつける）	（名）	系上、套结、结合、联系

（二）

数理（すうり）	（名）	数学的理论、数理、计算、算计
生まれ変わる（うまれかわる）	（自五）	再生、转生、新生、脱胎换骨
願望（がんぼう）	（名）	愿望、心愿
逆転（ぎゃくてん）	（名・自他サ）	反转、逆转、倒退、恶化
設問（せつもん）	（名・自サ）	题目、提问

優位（ゆうい）	（名・形動）	优越地位，优势
速断（そくだん）	（名・他サ）	从速决定、从速判断，轻率判断
参画（さんかく）	（名・自サ）	参与计划、参与策划
因習（いんしゅう）	（名）	旧习，惯例
家事（かじ）	（名）	家务事，家政
芸能（げいのう）	（名）	技艺，表演艺术，文艺
ステレオタイプ	（名）	铅板，陈规旧套，陈词滥调
一筋縄（ひとすじなわ）	（名）	普通的办法，一般的手段
進出（しんしゅつ）	（名・自サ）	打入，挤进，参加，进展

文 法

（一）

1. そうした状況で「正しいと感じられる」距離を取るにすぎない。

这句话的意思是：在这种情况下，只要遵循"感觉正确"的距离感就可以了。句中的"～にすぎない"接在动词的简体、形容动词词干、名词的后面，表示"仅此而已"，相当于汉语的"不过是……"。例如：

○ 私は国民としてしなければならないことをしたにすぎない。

（我不过是做了作为公民应该做的事。）

○ 男女平等といっても、法律上であるにすぎない。

（即便说男女平等，也不过是法律上而已。）

○ 来年、給料が上がるというのは噂にすぎない。

（明年加工资的说法，不过是传说。）

○ 世の中の不幸をすべてなくそうなんて、単なる夢にすぎないのかもしれない。

（说什么彻底消灭人间不幸事，那或许只不过是梦想而已。）

2. によって/により/による

接在"名詞/形容詞（こと）"后面，表示由于前项的客观原因，后项的实现才成为可能，或造成了后项重大甚至是灾难性的结果。要注意的是，谓语不能用推测、命令、劝诱、意志等表达形式。一般指"之所以做了某事情，那是事出有因"，多用于对个人的行为——要用于书面语。例如：

○ この計算は、コンピューターの発達によって初めて可能となった。

（这类计算，是靠计算机技术的进步才成为可能的。）

○ 国立大学を法人化することにより、一部の大学は赤字になる恐れがあるという。

（有人说，国立大学实行法人化经营管理机制，可能会导致一部分大学出现经营亏损。）

○ 災害といえば、たいてい2種類があげられる。それは自然災害による被害と人による被害、つまり戦争のような被害である。

（所谓灾难，大致可以分为两类，一类是由自然带来的灾难，另一类是人为的，如战争等带来的灾难。）

注意：

（1）在口语中，"名詞＋によって／により"的句子多数可以同表示原因的"で"替换使用。"名詞＋による＋名詞"的句子可用"で＋動詞＋名詞"的形式替换使用。

例如：

○ 交通事故による死亡者（＝交通事故で起こされた死亡者）の数は年々増えている。

（由交通事故引发的死亡人数每年在上升。）

○ それは火の不始末による火災（＝火の不始末で引き起こされた火災）だった。

（那是用火不慎而引发的火灾。）

（2）如果造成的结果跟心情、情绪有关，则不能用"～によって／により"。这时可以用"で""に"等表达形式。

○ 彼は弟の就職問題によって悩んでいる。（×）

○ 僕はお金のことによって困っている。（×）

3. 二人の人間が同じ文化の構成員であるときは、どのくらい相手の近くに立つべきかという問題で困ることはめったにない。

"めったに"与否定表达搭配，表示所述内容的出现概率很低，只是偶尔发生。

例如：

○ ここでは、冬に入ると太陽が顔を見せることはめったにない。

（在这儿，冬天是很少见到太阳的。）

另外，以"めったな"的定语形式后续否定，表示概率低、不可随意发出之意。

例如：

○ このことは、めったな人に話してはいけない。

（这件事不要随便对人说。）

（二）

4. 調査は昭和28年から5年ごとに実施されているので、その結果を見ると、日本人の考え方の推移を認められて興味深い。

这句话的意思是：调查自昭和28年（1953年）开始每5年实施一次，从结果来看，认识到日本人想法的变化，颇有意思。

　　本句中的"～ごとに"接在名词或动词基本形后面，表示某现象很有规则地反复出现。多数可以和"～たびに"互换使用。例如：

○ 彼女はひと試合ごとに（ひと試合のたびに）強くなる。

　　（她每参加一次比赛，实力都有提高。）

○ その歌手が1曲歌い終わるごとに／たびに会場から大きな拍手が起こった。

　　（那位歌手每唱完一曲，场内都会响起热烈的掌声。）

　　另外，它可以加在表示距离、时间等名词的后面，表示等间隔距离或时间，意为"每隔……距离／时间"就会重复发生某事情。"～たびに"没有这个用法。例如：

○ 100メートルごとに電柱が立っている。

　　（每100米立了一根电线杆。）

○ この目覚まし時計は30分ごとに鳴る。

　　（这个闹钟每30分钟响一次。）

5. このような分類にしたがって、女の時代が到来しつつあると考える。

　　"～つつある"接在动词的连用形后面，表示某个状态正在朝着某个方向持续发展，译为"正在……之中"。例如：

○ 環境問題への関心が高まり、車ではなく電車の利用する人が増えつつある。

　　（人们对环境问题的关心日益高涨，放弃开车，而选择坐电车上班的人持续增加。）

○ 新しい日本の文化が現在作られつつあるし、これからも作られていくだろう。

　　（新的日本文化正在不断地形成，今后也会不断地发展下去。）

　　注意：

　　"～つつある"表示某一动作或作用正在向着某一个方向持续发展着。"ている"表示其变化完成的状态。

(1) "～つつある"与表示瞬间变化的动词一起使用时，就不可以和"～ている"互换。

　　例如：

○ その時代は静かに終わりつつあった。

　　（那个时代正在悄悄地结束。）

(2) "～つつある"不可以接在没有完成意义的持续性动词后面。例如：

○「彼女は泣きつつある。」（×）

○「彼女は泣いている。」　（√）

練習

一、次の漢字にひらがなをつけなさい。
1. 馴れ馴れしい（　　　）　2. 左右（　　　）
3. 滅多に（　　　）　4. 肘（　　　）
5. 諸国（　　　）　6. 冷涼（　　　）
7. 推移（　　　）　8. 設問（　　　）
9. 速断（　　　）　10. 一筋縄（　　　）
11. 抑える（　　　）　12. 圧倒的（　　　）
13. 手首（　　　）　14. 近接（　　　）
15. 接触（　　　）　16. 密接（　　　）

二、次のひらがなによって、漢字を書きなさい。
1. みしらぬ（　　　）　2. はなしあう（　　　）
3. しんきんかん（　　　）　4. じもん（　　　）
5. えんがん（　　　）　6. おくがい（　　　）
7. かいてきど（　　　）　8. がんぼう（　　　）
9. ぎゃくてん（　　　）　10. さんかく（　　　）
11. ぶんるい（　　　）　12. とうらい（　　　）
13. しんしゅつ（　　　）　14. きづく（　　　）
15. いんしゅう（　　　）　16. まちがえる（　　　）
17. ことなる（　　　）　18. ひんぱん（　　　）

三、次の表現を使って、文を作りなさい。
1. ～に過ぎない
2. ～てならない
3. ～ごとに
4. ～つつある
5. ～めったに

四、文章一を読んで、次の質問に答えなさい。
　問一　①「人々が適切だと感じる」距離はについて述べた内容として正しいものはどれか。

① 他者との適切な距離を気候と結び付けて三つの地域に分けて説明している。

② 異文化の人々の間ではどのくらい接近空間を持つかで困ることはめったにない。

③ 接触が他の地域より頻繁な地域の人々は、他者と遠く立ったり座ったりする。

④ 他者との近接空間は自分が属する文化によって意識して考えなければならない。

問二　②「エルボー・ゾーン」の説明として、本文の内容と合わないものを一つ選びなさい。

① この地域では、人々は肘でお互いの体に触れることが出できるほど接近する。

② この地域にはスペイン、フランス、イタリア、ギリシャ・トルコのような国々が含まれる。

③ ヨーロッパで最も温暖な地域に位置している。

④ この地域では、人々は他人を腕の長さより近づけたがらない。

問三　③「リスト・ゾーン」の説明として、本文の説明と合わないものを一つ選びなさい。

① この地域の人々は、自分の手首で相手の体に触れることができるほど接近する。

② この地域には、イギリス・ベルギー・ドイツ・スカンジナビア諸国が含まれる。

③ この地域には、ボーランド・ハンガリー・ルーマニアなどの国が含まれる。

④ 最も冷涼な地域と最も温暖な地域の、ほぼ中間に位置する。

問四　本文の内容と合うものを一つ選びなさい。

① 「エルボー・ゾーン」はヨーロッパで最も冷涼な地域に位置している。

② 「フィンガーチップ・ゾーン」はヨーロッパで最も温暖な地域に位置している。

③ 「リスト・ゾーン」には、ボーランド・ハンガリー・ルーマニアなどの国が含まれる。

④ イギリス・ベルギー・ドイツ・スカンジナビアなどが含まれる地域は「エルボー・ゾーン」と呼ばれる。

五、文章二を読んで、次の質問に答えなさい。

問一　文中の（①）には入る最も適当なものは次のどれか。
① 女性のほうが楽しみは多い
② 男性のほうが楽しみは多い
③ 男女とも楽しみは少ない
④ 男女とも楽しみは多い

問二　②「それ」とは、何を指しているのか。
① 一方的な男性優位の社会の在り方が改善されてきたこと。
② 男女共同参画社会が実現されてきている現在の状況。
③ 男女共同参画社会が実現されてきたことを示す数字。
④ いろいろなところで認められる男性優位の状況。

問三　③「注目すべき点」とは、どうのようなことか。
① 女性の7割が「女性に生まれ変りたい」と願っている点。
② 以前の調査と比べ、完全な逆転現象が起こった点。
③ 男性優位の状況で、男女共同参画社会が実現されている点。
④ 男性優位の状況で、男性より女性のほうが楽しみが多いと判断する点。

問四　④「女性の時代」とは、どのような意味か。
① 女性に生まれ変りたいと言う人が増え、以前と比べ完全な逆転現象が起こる時代。
② 女性が男性と同じことができ、男性をうらやましがる必要がない時代。
③ 女性が男性よりも優位に立ち、権力を持つ時代。
④ 男性に比べ女性のほうが自由で好きなことができるのでいいという時代。

問五　なぜ⑤「男は女より優位であると思われていた」のか。
① 女より男の方が、楽しみが多かったから。
② 男の仕事は女のより価値が高いとおもわれていたから。
③ 男は文化、芸能、家事などをしなかったから。
④ 政治、経済、軍事などの分野に女が進出しなかったから。

問六　筆者の述べている⑥「ステレオタイプを破る面白いこと」とは、何か。
① 男性、女性の生き方や考え方に変化が生じていること。
② 男は男らしく、女は女らしく生きることが逆転すること。
③ 男性優位の社会から女性優位の社会になって、男女の仕事が変わること。
④ 今までと違って、男性が女性の生き方をうらやましがること。

問七　今回の調査で、逆転現象が起きたのはなぜだと筆者は考えているのか。
①　男性優位の社会が改善され、女性が優位に立ちはじめたから。
②　女性は女性として、それは男性より楽しさが大きいから。
③　男性は社会的因習にとらわれているが、女性は自由で好きなことができるから。
④　男性の仕事を女性が、女性の仕事を男性ができることに一般の男女が気付いたから。

問八　筆者がこの文章で最も言いたいことはどれか。
①　男女共同参画社会が実現され、男性優位の社会が改善されてきてはいるが、まだまだ男性優位の状況があり、満足すべきではない。
②　まだまだ男性優位の状況の中で、自由で好きなことができる女性の時代が到来しつつあることは極めて興味深いことである。
③　男性は社会的因習にとらわれている一方で、「女の仕事」もするようになり、男らしくするより、女らしくする方が楽しいと気付いた。
④　男性と女性の問題は複雑で速断はできないが、調査の結果を見ても何かが変わっていくかもしれないという予感がして興味深い。

読解技法

排序題解析技巧

一、什么是排序题

所谓排序题，就是将卷面文章错乱的次序排列正确。这类题主要考查的是段落次序的排列和句子次序的排列。

二、排序题解题技巧

做题时一定要吃透文章意思，按照作者的思维逻辑来安排它们的次序。做题时还要注意接续词所体现的连接关系、上下文之间的逻辑关系以及时间进展的先后次序。

三、排序题设问形式

問い　正しい組み合わせのものを選びなさい
問い　文章の正しい組み合わせを選びなさい
問い　上のa～dのタイトルと、①～④の文章の正しい組み合わせを選びなさい。

言語文化コラム

日本における農民職業教育

明治維新以降、日本では農業教育が重視され、数多くの農業技術者、農業技術普及指導員、現代農業の発展に適応できる高素質の農民が育成されてきた。その農民職業教育は主として以下のようなものである。

一、農業高校・大学農学系学部教育

日本の農業高校は文部科学省が管理する職業高校の一つであり、農業自営者・農業関連技術者の養成を教育目標としている。多くの農業高等学校では農業、園芸、畜産、食品加工、農業土木、造園、農業機械等の学科が設置されている。学生たちは高校での学習を通して、測量士、測量士補、園芸装飾技能士、造園技能士などの職業資格が取得できる。

現在の日本では、60程度の学部が農学に関連する研究・教育を行っている。伝統的な「農学部」の名称を使用している大学は国立25校、私立6校の計31校（13年度）であるが、農学系の研究分野の広がりに伴い、「生物」「生命」「資源」「環境」「食」等の用語を組み合わせた名称の学部が多数あり、学部名の多様化が進んでいる。

二、農林水産省系農業者教育

都道府県農業大学校は、農林水産省所管の農業教育研修施設であり、秋田、東京、富山、石川、福井を除く42道府県に設置されている。その教育内容としては当地の農業生産と強く結び付けているものが多い。一般的に養成部門、研修部門、研究部門が設置されている。養成部門は高校卒業者を対象として、2年制で、そのほとんどが全寮制である。研修部門は当地の中堅農業者や青年農業者を対象とした短期研修教育を行うものである。研究部門は養成部門修了者を対象として、現代農業の発展に適応できる農業経営者を1－2年制で育成ある。

なお、民間の農業教育研修施設として、主に日本農業実践学園（茨城県）、八ヶ岳中央農業実践大学校（長野県）、鯉淵学園（茨城県）や2012年に設立された日本農業経営大学校などがある。日本農業実践学園と八ヶ岳中央農業実践大学校が戦前に設立され、実践教育に重きを置き、全寮制研修教育を特色としている。鯉淵学園は実験と研究が一体化した教授法を採用している。日本農業経営大学校は、高度な経営力を備え、かつ地域農業のリーダーとなる人材の育成を目指しており、入学資格は、19～40歳の農業に従事することが確実と見込まれる者で、入学前に一定の農業従事や農業実習経験を必要としている。

三、農業技術普及機関による教育

　農業改良普及センターは農業改良助長法に従い、農林水産省の資金支援のもとで、中央都道府県の関係部門と連携して、農家の経営・技術・生活のサポーターとして活躍している。普及指導員は、農業者に直接接して、農業技術・農村発展の指導を行い、農村青少年の教育等の活動を実施し、国家資格をもった都道府県の職員である。農協とは農業者によって組織された協同組合であり、農村で圧倒的なパワーを持っていて、日本の農業者のほとんどは、農協に加入している組合員である。農業経営目標の診断、農業類型の選択、土壌の科学的利用、有機農業者の育成などの農業経営事業から組合員の保健指導、資産管理、社会理念教育などの生活関連事業まで農業者の育成を全方位で行っている。

　四、国内外研修制度

　国内研修制度は20世紀60年代初設けられ、社団法人全国農村青少年教育振興会によって実施されている。30歳以下の就農青年、就農予定青年は指導農業士資格をもつ先進農家、農業生産、流通、農産物加工などの企業へ派遣され、3－6カ月の共食・同宿・同一労働を通じて、先進の技術と経験を獲得する。海外研修制度は20世紀50年代発足し、国際農業者交流協会と全国農村青少年教育振興会によって実施されている。就農青年は研修生として欧米などの先進国に派遣され、技術や知識の習得に加え、日本国内だけでは達成し難い、国際コミュニケーション能力を獲得する。

第十三課

――（一） 若年性健忘症の原因は何か？――

　①二十代三十代の若い人でも、仕事が続けられなくなるくらい深刻な物忘れに悩む人が増加しているというニュースを良く耳にするようになりました。原因は会話不足ではないかとされているようですが、これはどう理解すればよいのでしょうか？

　年齢を重ねれば物忘れがひどくなることは良く知られています。話したいことが思い出せなくなると、自分もトシかな、と考えたりします。記憶場所となる脳細胞の成長が２０歳くらいで終わり、後は少しずつ死滅しています。しかし世の中には、９０歳を越えてもしゃんとしている人もいます。そんな人たちの特徴は、好奇心が旺盛で異性への興味を失わない、ということのようです。

　つまり、忘れる以上に新しいことを覚えることができればボケない、と言えると思います。しかし、②若年性健忘症の場合、同じもの忘れでも脳には何の異常もない、とされています。コンピューター風に言えば、ハードには問題ないが、記憶したことを思い出すための検索用ソフトに問題がある、という言い方ができると思います。

　若年者は当然の事ながら肉体が若いため使える脳細胞が少なくなっている、とは考えられません。一度覚えたことを思い出すためのメカニズムに何らかの異常が起きている、と考えるのが自然です。人はどうやって覚えたことを検索し思いだしているのでしょうか？

　怒ったときに、かつて怒ったときの記憶が蘇るように、感情が記憶に強く関与していることは良く知られています。また音や匂いや皮膚感覚も記憶を鮮明に蘇らせてくれます。覚えたことを思い出すための、検索のためのキーワードには、感情や感覚が複雑に絡み合っている、と言えると思います。

　適切なキーワードを組み合わせないと目的の情報がなかなか見つからないように、生活に感情や感覚の変化が少なくなると、物を思い出しにくくなる、と言えそうです。

　たとえば苦手な人に自分の方から話しかけてみることが苦くて良い刺激になり

そうです。しかしなぜ③意識してまで自分に刺激を与える必要があるのでしょうか？それはこういうことではないか、と考えています。

　乗り物は我々の脚力を拡張してくれる便利な機械であると同時に、頼りすぎると我々の足腰を弱らせてしまう危険な機械でもあります。一方、炊飯器からＰＣまで我々を取り巻く便利な機械の多くにはコンピューターが組み込まれていますが、これらは我々の脳力を拡張してくれる便利な機械であると同時に、頼りすぎるとその分脳の働きを弱めてしまう危険な機械でもあります。

　②若年性健忘症という脳力の低下の原因はそれではないかと思います。
　　　　　　（2005年3月10日『心理若年性健忘症の原因は何か？』）

（二）ハチドリの話

　ハチドリという鳥を知っているだろうか。鳥のうちでいちばん小さく、体長わずか3センチという昆虫のような種類さえある。小さな巣を作って、豆粒ぐらいの卵を産み、花の蜜を食物にしている。小さな翼をブーンを振わせ、飛びながら花の蜜を吸うハチドリを初めて見た人は、何か童話の世界にいるような気がするに違いない。

　でも、この島はこの現実の世界に生きている。①こんな小さな鳥が生きているということはそれ自体が不思議である。なぜなら、こんな小さな鳥は生きていられるはずがないからである。

　鳥は我々同じく、温血動物つまり恒温動物である。体温は外気と関係なく一定に保たれている。それが保てなくなったら、人間が凍死するのと同じように死んでしまう。ところが、体がこんなに小さいと、体積にくらべて体の表面積が著しく大きくなる。つまり、体温を保つのに必要な熱を発生する体の大きさの割りに、熱が逃げて行く表面積が大き過ぎるのである。そこで、ハチドリが生きていくのに必要な体温を保つには、体の表面から逃げていく熱を絶えず補っていなくてはならない。そうでないと体温はたちまち下がってしまう。

　ハチドリは熱帯にいるから、そんなことはないだろうと思う人もいるかもしれない。しかし、実際②ハチドリの「経済状態」、つまり食べもの（収入）と体温維持のための熱発生（支出）の関係を調べてみると、入るそばから支出されて行き、何とか収支が合うようにできていることがわかる。収入が断たれたら、数時間のうちに倒産してしまう。つまり、食べるのをやめたら、たちまち熱発生

も止まり、体温が降下して、凍死してしまうのである。

　ハチドリも夜は木の枝にとまって眠らなければならない。毎日12時間近く食べずに過ごすわけである。本来なら、この間にエネルギーの蓄えが尽き、体温降下と凍死を招くはずである。にもかかわらずハチドリは、何万年もの間ちゃんと生きている。なぜか。

　それは、彼らが毎晩冬眠するからである。熱帯の夜はけっして暑くない。気温は20度を割ることさえある。ハチドリは夜が来ると、温血動物であることをやめる。体温調節をやめて、爬虫類のような冷血動物になってしまうのだ。体温は一気に気温のレベルにまで下がる。呼吸もごくわずかになり、筋肉も動かなくなる。だから、夜、眠っているハチドリはかんたんに手で構えられるそうである。そして、朝が来て気温が上がると、ハチドリの体温も上がる。体温が一定の温度を越すと、ハチドリは目覚め、恒温動物となって、花の蜜を求め、飛び立つんである。

　③そんなわけで、この宝石のように美しいハチドリは、一年中長雨の降らない、昼は一年中気温が高くしかも夜はかなり冷える土地、主に中南米の一部にしか住めないことになる。もし、中南米の気候が変わって、雨が多くなるが、冬ができるか、夜も暑くなるかしたら、そのどの一つの変化によってもハチドリは滅びるだろう。その誕生とともに持って生まれた遺伝的仕組みと環境とが矛盾するからである。

（日高敏隆『人間についての寓話』平凡社）

単　語

（一）

深刻（しんこく）	（形動）	严重，深刻
物忘れ（ものわすれ）	（名）	健忘症
増加（ぞうか）	（名・自他サ）	増加、増多
耳にする	（慣用）	听到
不足（ぶそく）	（形動・名）	不够、不足、短缺、不满、不平
脳細胞（のうさいぼう）	（名）	脑细胞
死滅（しめつ）	（名・自サ）	死绝、绝种
好奇心（こうきしん）	（名）	兴趣或关心
旺盛（おうせい）	（名・形動）	旺盛、充沛

呆ける（ぼける）	（自一）	昏聩，发呆，糊涂
若年（じゃくねんせい）	（名）	年幼、年少
健忘症（けんぼうしょう）	（名）	健忘症
蘇る（よみがえる）	（自一）	苏生，复活，复兴、复苏
鮮明（せんめい）	（名・形動）	鲜明，清晰、清楚
絡み合う（からみあう）	（自五）	互相缠绕，彼此牵扯
組み合わせる（くみあわせる）	（他一）	编在、交叉在一起，配合，编组
脚力（きゃくりょく）	（名）	足力、脚力
拡張（かくちょう）	（名・他サ）	扩充、扩大
炊飯器（すいはんき）	（名）	烧饭机、自动饭锅
取り巻く（とりまく）	（他五）	包围，拍马屁

（二）

ハチドリ	（名）	蜂鸟
昆虫（こんちゅう）	（名）	昆虫
翼（つばさ）	（名）	翅膀
豆粒（まめつぶ）	（名）	豆粒，豆粒大的
温血動物（おんけつどうぶつ）	（名）	恒温动物
恒温（こうおん）	（名）	恒温
外気（がいき）	（名）	户外的空气
凍死（とうし）	（自サ）	冻死
補う（おぎなう）	（他五）	补偿，填补，补充，贴补
熱帯（ねったい）	（名）	热带
支出（ししゅつ）	（名・他サ）	开支、支出
蓄える（たくわえる）	（名）	积蓄、存款
冬眠（とうみん）	（名・自サ）	冬眠，停顿
爬虫類（はちゅうるい）	（名）	爬虫，爬行动物
冷血（れいけつ）	（名・形動）	冷血，冷酷无情
一気（いっき）	（副）	一口气
長雨（ながあめ）	（名）	持续雨、连阴雨
中南米（ちゅうなんべい）	（名）	中南美洲
仕組み（しくみ）	（名）	结构，情节，计划，方法

文 法

（一）

1. ～たり～たり

　　接在用言的连用形后面，表示动作或状态的反复交替出现，可译为"……啦……啦"。例如：

○ 日曜日、映画を見たり、テニスをしたりしました。

　　（周日，看看电影啦，打打乒乓球啦。）

○ そこでは温泉に入ったり、綺麗な山を見たりすることができます。

　　（在那里可以泡温泉啦，观赏美丽的山啦。）

2. ～なかなか

（1）颇，很，非常，相当。

○ 彼はなかなかの勉強家だ。

　　（他非常用功。）

○ 彼女はなかなかやり手だ。

　　（她可真厉害〔能干〕。）

○ 彼はなかなか手ごわい相手だ。

　　（他可真是个难对付的人。）

（2）后面接表示否定的表达，表示"轻易（不）""（不）容易""（不）简单，怎么也……"。

○ これはなかなかできないことだ。

　　（这实在是难能可贵〔很难办到〕的。）

○ そうするのはなかなか容易なことではない。

　　（那样做可不是件容易的事。）

○ この問題はむずかしくてなかなかできない。

　　（这个问题很难，怎么也答不上来。）

3. ～ばいい / たらいい / といい

　　"～といい"表示"一般情况下，那么做是妥当的"之意的劝诱。例如：

○ 無理をすると病気の回復が長引くよ。しばらく休暇でもとり、ゆっくり静養するといい。

　　（如果勉强，病的康复过程会拖长。最好请假休息一段时间，慢慢静养。）

　　在以疑问句的形式询问"该怎么做"时，不使用"～といい"，而是用"ばいい""らいい"，例如：

○ こういった問題は、どこで相談したらいいでしょうか。
（这样的问题在哪儿商量好呢？）
○ どうすればいいか、ここは腰を落ちつけて、みんなで考えようじゃないか。
（怎么办好呢？在这里坐下来，大家好好思考一下吧。）

作为上述询问的回答，三者均可使用。此时，"ばいい""たらいい"表示"为得到特定的结果，那么做是十分必要的"，与此相对，"～といい"表示"一般情况下，那么做是妥当的"之意。

（×）うまく行かないときはどうするといいですか
（○）うまく行かないときはどう（したら / すれば）いいですか
（○）山本さんに（聞いたら / 聞けば / 聞くと）いいですよ。

"ばいい""たらいい"大多数情况下是可以互换的，"たらいい"是一种比较随便的说法。另外，在建议对方"不那么做"时，使用"しなかったらいい"有些不自然，最好使用"しなければいい"。

（×）太りたくなければ食べなかったらいい。
（○）太りたくなければ食べなければいい。
（如果不想发胖，最好不吃）

（二）
4. ～とはかぎらない
表示不限于前项的状况，相当于"未必""不一定""不见得"。例如：
○ 金持ちが幸せとはかぎらない。
（有钱人未必幸福。）
○ 痩せている人が力が弱いとはかぎらない。
（瘦的人未必体弱。）
○ 酒が好きな人が必ずしも酒に強いとはかぎらない。
（喜欢喝酒的人不一定有酒量。）
○ 簡単に見えるが、すぐにできるとはかぎらない。
（看上去简单，但未必马上就能做出来。）

5. ～に違いない
接在用言的终止形或名词后面，和"～に決まっている""に相違ない"的意思基本相同，表示一种根据自己的直觉做出的确信度很高的推断，意思为"肯定……""无疑……"。例如：
○ 服装はいつもとだいぶ違うが、やっぱりあれは田中さんに違いない。

（虽然她今天穿的衣服和平时大有不同，但肯定是田中小姐。）

○ 笑顔だったところを見ると、すべてうまくいったに違いない。

（从他满脸的微笑可以看出，肯定是一切顺利。）

6．～にほかならない

接在名词或表示原因的"から""ため"后面，表示"正是……""不外乎……"，用于断定，指"除此之外就没有……"。例如：

○ この会を成功のうちに終わらせることが出来ましたのは、皆様方のご協力のたまものにほかなりません。

（这次大会能够开得成功，完全是靠大家的共同努力。）

○ この仕事にこんなに打ち込むことができたのは、家族が支えていてくれたからに他ならない。

（能够如此全身心地投入这项工作，正是由于家人支持的结果。）

7．～わけにはいかない

接在动词的基本形后面，表示尽管内心想那样去做，但是由于受到社会上的一般想法、道德观念等外部情况的约束，认为那样做又是不妥当的，可以译为"不好……""不可以……"。例如：

○ 我々は、彼のした無責任な行動を見逃すわけにはいかないのである。

（我们不能放任他那不负责任的行为。）

○ かつては自分の職業は国によって決められるものだから、自分で自由に職業を帰るわけにはいかなかった。

（曾几何时，工作都是由政府分配的，所以自己绝对不可能自由地调换工作。）

当它接在表示否定的未然形后面时，表示尽管内心不想那样去做，但是由于受到社会的一般想法、道德观念等外部情况的约束，认为不那样做又是不妥当的、不那样做过意不去或道理上说不过去等。可以译为"不能不……""不得不……"。例如：

○ 約束したんですから、行かないわけにはいきません。

（因为约好了，所以不去不行。）

○ 事業に失敗して困っている友人を助けないわけにはいかない。

（在事业上受到挫折的朋友，我不得不帮一把。）

○ お酒は飲めないが、大事なお客さんとの付き合いだったら、無理にも飲まないわけにもいきません。

（虽然不会喝酒，但是如果是重要的客户来，也不得不硬撑着陪酒。）

練習

一、次の漢字にひらがなをつけなさい。

1. 物忘れ（　　　　）　　2. 増加（　　　　）
3. 不足（　　　　）　　　4. 好奇心（　　　　）
5. 呆ける（　　　　）　　6. 蘇る（　　　　）
7. 絡み合う（　　　　）　8. 脚力（　　　　）
9. 炊飯器（　　　　）　　10. 取り巻く（　　　　）
11. 昆虫（　　　　）　　 12. 豆粒（　　　　）
13. 恒温（　　　　）　　 14. 補う（　　　　）
15. 蓄える（　　　　）　 16. 長雨（　　　　）
17. 中南米（　　　　）　 18. 仕組み（　　　　）
19. 温血動物（　　　　） 20. 健忘症（　　　　）

二、次のひらがなによって、漢字を書きなさい。

1. しんこく（　　　　）　　2. しめつ（　　　　）
3. おうせい（　　　　）　　4. じゃくねん（　　　　）
5. くみあわせる（　　　　）6. かくちょう（　　　　）
7. つばさ（　　　　）　　　8. こうおん（　　　　）
9. がいき（　　　　）　　　10. とうし（　　　　）
11. ねったい（　　　　）　 12. ししゅつ（　　　　）
13. とうみん（　　　　）　 14. はちゅうるい（　　　　）
15. いっき（　　　　）　　 16. あしこし（　　　　）
17. ふくざつ（　　　　）　 18. ふしぎ（　　　　）
19. ひょうめんせき（　　　）20. とうみん（　　　　）

三、次の表現を使って、文を作りなさい。

1. 〜なかなか
2. 〜とはかぎらない
3. 〜にほかならない
4. 〜にわけにはいかない

四、文章一を読んで、次の質問に答えなさい。

問一　①「二十代三十代の若い人でも、仕事が続けられなくなるくらい深刻な物忘れに悩む人が増加している」とあるが、その原因として筆者があげているものは何か。

① 記憶場所となる脳細胞が20歳くらいで終わって、後は死滅してしまうから。

② 年を取るほど好奇心が薄れ、異性への興味を失ってしまうから。

③ 我々を取り巻く便利な機能に頼りすぎて、脳の働きを弱めてしまったから。

④ 忘れる以上に新しい事を覚えることができなくなってしまったから。

問二　②「若年性健忘症」の原因として本文の内容と合っているものを一つ選びなさい。

① 記憶場所となる脳細胞が２０歳くらいで終わること。

② 忘れる以上に新しい事を覚えるができること。

③ 肉体が若いため、使える脳細胞が少なくなっていないこと。

④ 脳内のメカニズムに起きている何らかの異常。

問三　③「意識してまで自分に刺激を与える必要があるのでしょうか？」とあるが、実際はどうなのか。

① 生活に感情や感覚の変化が少なくなると物を思い出しにくくなるので、その必要があると言える。

② 我々を取り巻く便利な機械が能力を拡張してくれるため、その必要がない。

③ 便利な機械に頼りすぎさえしなければ、その必要がない。

④ 無理に刺激を与えようとするとストレスを受けるので、その必要がない。

問四　次のうち、本文の内容と一致するものを一つ選びなさい。

① 若年性健忘症の原因は脳細胞の異常で使える脳細胞が少なくなっているからだ。

② 記憶は感情とは強く結びついているが、匂いや音や皮膚感覚は関与していない。

③ 若者の物忘れは、使える脳細胞が減っているのが原因だと考えられない。

④ 若者の深刻な物忘れは会話不足に起因しており、他の原因は考えられない。

五、文章二を読んで、次の質問に答えなさい。

問一　①「こんな小さな鳥が生きているということはそれ自体が不思議である」のは、なぜか。
　①　ハチドリを初めて見た人は、童話の世界にいるような気がするから。
　②　ハチドリは鳥のうちでいちばん小さく、まるで昆虫のように見えるから。
　③　ハチドリの体は体積に比べ表面積が大きく、体温を保てないはずだから。
　④　ハチドリは熱帯にすんでいるにもかかわらず、体温の低い動物だから。

問二　②「ハチドリの『経済状態』」とは、どういう状態か。
　①　ぎりぎり維持している状態
　②　収入より支出の多い赤字状態
　③　収入が絶たれた状態
　④　非常に余裕のある状態

問三　③「そんなわけ」とは、どういうことか。
　①　ハチドリは、熱帯に咲く花の蜜を植物にして生きているということ。
　②　眠っている間のハチドリは、かんたんに手で構えられるということ。
　③　ハチドリも夜間は木の枝にとまって眠らなければならないということ。
　④　ハチドリは日中は温血動物だが、睡眠中は連結動物になるということ。

問四　この文章から、ハチドリについてわかることはどんなことか。
　①　ハチドリは、宝石のような美しさを持っているが、その小さな生命を維持するため多くの犠牲をはらい続けなければならない。
　②　ハチドリは、体の遺伝的仕組みと生息している土地の環境が適合しているため、何万年もの長い間生き残ることができた。
　③　ハチドリは、夜、眠っている間ならかんたんに構えられるから、本来から現在まで生きていられるはずがない鳥である。
　④　ハチドリは、生きていくのに必要な熱を発生する体より、熱が逃げる表面積の方が大きいため、長い間生きることができない。

読解技法

正误判断題解析技巧

一、什么是正误判断題

　　正误判断題，有人称为是非題，问题中主要提问选项对文章的事实的转述是否真实，提法是否正确，解释是否到位，归纳是否符合文章内容等。主要考

查对文章的主题、中心思想、主张、意见、观点理解是否到位。

二、正误判断题解题技巧

正误判断题分三种类型：一是语句正误判断，二是段落判断，三是篇章正误判断。

语句正误判断，文章中必会对其进行描述，答案一般多在关键词的前面或后面一两句话中。有的选项可以在文章中找到几乎完全相同的表达，也有的选项是将文章中的某段话改成类似的表述。题型主要是"この文章から言えることは次のどれか""次の文の中で正しいのはどれか""～を正しく説明するのはどれか。"做此类题时，先看选项、标记关键词，在文章中寻找相关语句，仔细进行比较，判断正确答案。

段落正误判断题，四个选项中的信息分别散布在一个段落或者几个段落，找到相关段落，寻找相关内容，结合选项进行对比鉴别，挑选出正确答案。这类题型主要是"～について賛成していると思われるのはだれか""～人は何％ぐらいか。"

篇章正误判断题，四个选项的信息分散在整篇文章。首先要把四个选项仔细看一看，结合整篇文章的阅读，参照文章主题、主旨进行排查。这类题型主要是"この文章の内容と合うものはどれか""この文章の内容と合わないものはどれか。"

做这类题时，值得注意的是，一定要看清问题是从选择题中选正确的还是选错误的。如果选正确的，选项题中三个错误一个正确；如果选错误的，选项题中三个正确一个错误。这很迷惑人。

判断正误题的提问内容有针对文章的主题思想的，也有针对文章细节的。

常见的设问形式

> 問い 次の文の中で正しいのはどれか。
> 問い この文章の内容と合うものはどれか。
> 問い の文章から言えることは次のどれか。
> 問い 「…」を説明する正しいものはどれか。
> 問い この文章の内容と合わないものはどれか。

第十三課

言語文化コラム

日本人の消費行動

　消費とは人間は自分自身のニーズのために各々の物質生活資料、労務及び精神的な産品への消耗である。これは人間が自身の生存と発展を維持するための必要な条件であると同時に、人間社会の最大量、最普遍の経済現象と経済行動でもある。日本人の消費行動をよく考察すると、この数十年以来に、日本人の消費行動は欧米の消費者との消費行動が全然違います。まずは、日本人がいつも品質と便利さのためにお金を払うのはよく知られているが、普通はあまりに安い物に興味がない。その他に、日本人の消費行動は以下のような特徴を持っている。

　第一、新奇とモダンに熱中

　全体的に言えば、日本人は安い商品に一顧だにしないし、立派な百貨商店と高い地区スーパーマーケットだけに偏愛している。彼らはハイテク技術と高品質製品のために大きのかねを払いたがるが、ブランド品に対する愛情は大衆の贅沢品市場の育成に役たち、高くて高級な商品の所有は生活の必要な部分である。例えば、彼らは主動的に各方面の市場消費情報を集め、品質が一番よい商品だけを購買し、デジタルカメラ、電子ペット、ハイテク科学技術材料で生産された観光用品と新型なスポーツカーなどの各々の流行を先導している。2008年、これらの特徴は日本の年間総売上高を135兆億円（1.48兆億ドル）、アメリカの年間総売上高に次ぐが、中国の市場は80後「バーリンホウ（80后）」の消費能力の向上と消費意識の変化につれて、以上のような変化が発生しつつある。

　第二、健康と環境保護意識を持ち

　生活様式、飲食と遺伝因数のおかけで、日本はこれまで世界で一番健康な社会と考えられるが、日本人は自分自身の健康への関心も日に日に高まっていて、日本人の寿命の平均率も他の先進国を大いに上回って、世界の先頭を走るのは、日本人の健康的な消費方式と緊密な関係にある。また、2009年9月の「マイ・ヴォイス」インタネット調査によると、他の消費品類別に比べ、日本人は健康、運動と娯楽などの方面への支出が増加している傾向にある。

更に、日本人の環境保護意識も日々増加しており、この前にマイケンシーゴンスーは日本人の消費行動に研究と分析を行う結果、84%の取材対象者は環境保護の日常消費産品の購買を第一選択とし、例えば、コカコラーの「ロハス」（健康と持続可能性の、またこれを重視する生活様式）のセールスポイントが低いカーボンフットプリントを含み、その瓶は12グラムの回収可能的なポリエステルフォームで生産られ（標準の26グラムではない）、瓶は回収中で曲がれと圧縮される。それに、「ロハス」が現地で注入し、運送コストを削減できる。このドリンクは市場に登場してから、日本の使い捨てボトルの水の銘柄のベストセラーになりる。また、調査によると、多くの日本人の取材対象者はエコ産品のためにより高い費用を喜んで支払う。

第三、日常消費品の購買場所の方便性への重視

食品、服装と化粧品などの日常消費品の購買場所への選択から見れば、人間は普通の商店街へ行く回数が段々下，ているが、食品スーパー、便利店、薬店（百貨商店などを兼ねる）へ行く回数が増加しつつある。これらの変化から見れば、便利さの有無が日常用品の購買場所のキーポイントとなる。便利店は日本人に便利さを提供するので、お客様の愛護をいただく機会も自然に増加するが、食品スーパーは2000年から2003年まで、夜間営業時間を拡大し、更に人間に方便を提供し、お客様を強く引きつけ、これらのことは日本人の消費心理と消費特徴を十分に説明することができる。

第十四課

（一） 米飯給食

　給食を実施している小中学などで①米飯給食が広がっている。国公私立の99.9％が行い、回数も2007年度に全国平均で週三回となった。文部科学省の先月の発表では、08年度はさらに週3.1回に増えている。

　第二次大戦後、コッペパンと脱脂粉乳を中心に始まった学校給食は、すっかり様相を変えた。改正された学校給食の目的自体も、「栄養改善」から「食育」へ、やっと転換した。

　米飯給食が正式に登場したのは1976年だ。余ったコメを食べて欲しいという狙いがあった。いまや日本の伝統的な食生活を学び、食材について考える絶好の教材ではないか。

　米飯給食の週五回完全実施をしている学校は全国で5％だ。その中で新潟県三条市は03年、米飯を原則にすることとし、08年からは月に1、2回あったパンや麺もやめた。

　「子供もがご飯に飽きて食べ残しが増える」と心配する声もあった。だが食べ残しの量を調べると、今年度は2003年より小学校で8.8ポイント、中学校で9.2ポイント少なくなった。②子供達も受け入れているのだろう。

　「身土不二」という言葉がある。人間の体と土とは一体だという意味だ。明治時代に軍医の石塚左玄らが起こした「食着道運動」のスローガンに使われ、「自分の住む土地の四里（16キロ）四方以内で取れた旬のものを食べる」ことを理想とした。

　地元の魚や野菜を食べる③「地産地消」に通じる考え方だ。給食でコメを主食にすれば、おかずも和食が増え、地元で取れる野菜や魚介類をより多く利用することにつながる。

　輸入食材ではなく身近なものを選べば、輸送ときに排出される二酸化炭素の量をおさえようという「フードマイレージ」の考え方にも叶う。給食を地場農産物の利用などを学ぶ機会とするためにも、これまで以上に地場食材を使っていきたい。

文科省は 1985 年に米飯給食の実施の目標を「週三回程度」と決めた。それが達成されたことから、昨年からは「週三回以上」にしている。「週四回」とならなかったのは、「設備負担」という自治体や「打撃を受ける」というパン業界からの反対が強かったためだ。

地産地消を考えるなら、米粉を使ったパンを導入するなど、工夫の余地もまだあるだろう。一人当たりのコメ消費量は、昨年度 59 キロである。消費が元も多かった半世紀近く前の半分だ。食料自給率も 65 年度の 73% から昨年度は 41% になった。100% を超える米仏などとは対照的に、先進国の中では最低水準だ。

コメ離れに苦しむ農家や食料自給率のことを考えるのも、食育である。

（二） 顔の表情

顔の表情は、コミュニケーションの主要要素である。顔は普通、人とのかわり（社会的相互作用）において最初に観察される身体の部分である。しかし、顔の表情を正しく解釈することは、表情の意味に共通の体系を有する人々の間でさえ、極めて困難で複雑なことである。

①この問題は、異なる文化圏の人々と遭遇した際に一層顕著になる。学者たちは、10 の基本的な感情（喜び、悲しみ、怒り、恐怖、軽蔑、嫌悪、当惑、興味、決意、そして驚き）の通常の表情が、異なる文化減においても同じように解釈されるということで意見が一致する。

人々が自弁の本当の感情と②仮面で隠そうとするときに、困難は増大する。仮面で隠そうとするときに、興味深い一連の技巧を用いる。人は顔の表情を表さなかったり、あるいは違う表しかた、例えば、怒りを感じているのに嬉しそうな顔をすることで、自分の本当の感情を偽る。

人はまた、別の表情を加えることによって顔の表情を変えもする。人とのかわりにおいて、日本人は一般に、感情の強い表情や直接的な表情を、抑圧しないまでも、③抑圧することを求められている。自分の感情を制御できない人は人間として未熟であると考えられている。怒り、嫌悪、あるいは軽蔑といった否定的な感情の強い表情は（言葉による寄らないに関わらず）、他人と当惑させる恐れがあるのだ。喜びの表現でさえも、それが他人を不愉快にしないように抑制されるべきなのである。

行動のこうした社会的規範に従う最善の方法は、仮面で隠す技法を利用することである。従って日本人は、自分は意識していなくても、一見したところ意味不明な表情を頻繁に見せるが、それはよく西欧人によって理解不可解といわれるものである。これは他人を不快西たり当惑させたりするのを避けるため胃に、強に感情を緩和する試みの一つなのである。

　（中略）

　無論、表情の種類・順序・タイミング・持続時間・表出頻度などから感情の変化を推定するといったこともなくはないが、ここではそういう科学的な分析は論外にし、日本人の非常に節制された感情の表ら割れかたに注目したいものである。

単　語

（一）

実施（じっし）	（他サ）	实施
米飯（べいはん）	（名）	米饭
脱脂粉乳（だっしふんにゅう）	（名）	脱脂奶粉
昨春（さくしゅん）	（名）	去年春天
施行（しこう）	（他サ）	实行
転換（てんかん）	（自他サ）	转换
余る（あまる）	（自五）	剩余
狙い（ねらい）	（名）	目的
絶好（ぜっこう）	（形動）	最好、最佳
食べ残し（たべのこし）	（名）	剩饭
地元（じもと）	（名）	当地
地産地消（ちさんちしょう）	（名）	自产自销
魚介類（ぎょかいるい）	（名）	鱼贝类
排出（はいしゅつ）	（他サ）	排出
マイレージ	（名）	里程
地場（じば）	（名）	当地
米粉（べいふん）	（名）	米粉
消費量（しょうひりょう）	（名）	消费量
自給率（じきゅうりつ）	（名）	自给率
対照的（たいしょうてき）	（形動）	鲜明对比的

農家（のうか）	（名）	农户、农家
調達（ちょうたつ）	（他サ）	筹措，供应
寄与（きよ）	（自サ）	贡献
格差（かくさ）	（名）	差别、差距
活性化（かっせいか）	（名）	活性化

（二）

要素（ようそ）	（名）	要素
解釈（かいしゃく）	（他サ）	解释
遭遇（そうぐう）	（名）	遭遇，偶遇
顕著（けんちょ）	（形動）	显著
軽蔑（けいべつ）	（他サ）	轻蔑
嫌悪（けんお）	（名）	憎恶、厌恶
当惑（とうわく）	（自サ）	困惑
持続（じぞく）	（自他サ）	持续
制御（せいぎょ）	（他サ）	压抑，抑制
抑制（よくせい）	（他サ）	抑制
未熟（みじゅく）	（形動）	不成熟
技法（ぎほう）	（名）	技巧、技法
悟る（さとる）	（他五）	醒悟
大げさ（おおげさ）	（形動）	夸张的

文　法

（一）

1. それが達成された<u>ことから</u>、昨年からは「週三回以上」にしている。

　　文中的"～ことから"表示前句的事实是后句判断的根据、线索、理由，相当于"因为……""由于……"。

○ あの人は何でも知っていることから、百科事典と呼ばれている。

　　（因为他什么都知道，所以被大家称为"百科全书"。）

○ 電気が消えていることから、外出だろうと思った。

　　（从没有开灯来看想必是出门了。）

(二)

2. 顔は普通、人とのかかわり（社会的相互作用）において最初に観察される身体の部分である。

"～において"表示动作进行的场所、场面、状况，相当于格助词「で」。但是，并不都是与"で"相对应的。

○ 彼は家庭において、実にいい父親です。

（他在家里是一位好父亲。）

○ 全国高校野球大会は甲子園球場において行われます。

（全国高中棒球比赛在甲子园球场举行。）

3. 日本人は一般に、感情の強い表情や直接的な表情を、抑圧しないまでも、抑圧することを求められている。

"～ないまでも"表示"就算是不……，至少也应该……吧"。

○ 予習はしないまでも、せめて授業には出てきなさい。

（即使不预习，至少也要来上课。）

○ 授業を休むのなら、直接教師に連絡しないまでも、友達に伝言を頼むか何かすべきだと思う。

（要是不来上课，即便不能直接和老师取得联系，也该托同学捎个话来。）

4. 言葉による寄らないに関わらず。

"～に関わらず"表示不受某种情况的约束。此时，它一般接在一对反义词或"体言のいかん"的后面。

○ 昼夜にかかわらず仕事を続けている。

（无论白天还是黑夜，都继续工作。）

○ 好む好まないにかかわらず、やらなければならない。

（无论喜欢或不喜欢，都必须干。）

5. 怒り、嫌悪、あるいは軽蔑といった否定的な感情の強い表情は、他人と当惑させる恐れがあるのだ。

"～恐れがある"表示"有……的危险""恐怕……""有可能……"。

○ この本は人に悪い影響を与える恐れがある。

（这本书恐怕会给人带来不好的影响。）

○ 熱中症になる恐れがある。

（有可能中暑。）

○ 注意しないと失敗する恐れがある。

（不注意的话，恐怕会失败。）

6. 喜びの表現でさえも、それが他人を不愉快にしないように抑制されるべきなのである。

"～でさえ"可作为一个固定的提示性副词使用，相当于"でも"，但语气更重。举出最起码的例子，来说明"比它更难做到的事情就可想而知了"。

○ 中国語でさえ本を読まない子に、どうやって英語の本を読む習慣をつけさせるのか？

（对于连中文书都不（好好）读的孩子，如何让他们养成读英语书的习惯呢？[显然让他们养成读英语书的习惯就更难了]）

○ 学校側でさえ、そんな生徒達には教えるだけ無駄とばかりに、図書の貸し出しさえ拒否する。

（就连学校方面，好像也认为教这样的学生是一种浪费，拒绝将书借给他们。[显然公共图书馆就更加不愿意把书借给那些学生了]）

文法

一、次の漢字にひらがなをつけなさい。

1. 悟る（　　　　）　　　2. 技法（　　　　）
3. 未熟（　　　　）　　　4. 抑制（　　　　）
5. 制御（　　　　）　　　6. 持続（　　　　）
7. 当惑（　　　　）　　　8. 嫌悪（　　　　）
9. 軽蔑（　　　　）　　　10. 顕著（　　　　）
11. 遭遇（　　　　）　　　12. 解釈（　　　　）

二、次のひらがなによって、漢字を書きなさい。

1. じっし（　　　　）　　　2. べいはん（　　　　）
3. だっしふんにゅう（　　　　）　　　4. さくしゅん（　　　　）
5. しこう（　　　　）　　　6. てんかん（　　　　）
7. あまる（　　　　）　　　8. ねらい（　　　　）
9. ぜっこう（　　　　）　　　10. たべのこし（　　　　）
11. じもと（　　　　）　　　12. ちさんちしょう（　　　　）

三、次の表現を使って、文を作りなさい。

1. ～ことから

2. ―において
3. ―ないまでも
4. ―に関わらず
5. ―恐れがある
6. ―でさえ

四、文章一を読んで、次の質問に答えなさい。
　問一　今の、①「米飯給食」について筆者はどう考えているか。
　　①　米飯給食を増やすと、自治体への負担につながる恐れがある。
　　②　コメを主食にすると、パン業界には悪影響が出るようになる。
　　③　日本の伝統食や食材について学んだり、考えたりするよいきっかけになる。
　　④　おかずも和食が増え、栄養改善にかなり役に立つ。
　問二　②「子供達も受け入れているのだろう」とあるが、何と表しているか。最も適当なものを一つ選びなさい。
　　①　ご飯の食べ残しは礼儀に反するということ。
　　②　ご飯に飽きても、義務として市の方針に従わなければならないということ。
　　③　ご飯の給食の良さがわかるようになったのではないかということ。
　　④　面やパンよりご飯の方が飽きないということ。
　問三　③「地産地消」であられる結果として、最も適当なものを一つ選びなさい。
　　①　全ての食材と地元で調達できるようになり、輸入に頼らなくなる。
　　②　食材の輸送時に排出される二酸化炭素の量を減らすことができる。
　　③　農家の家系に寄与し、経済格差問題の解決にも役に立つ。
　　④　コメを原料としてパンが作れるから、国民の健康にもかなり役立つ。
問四　この文章で筆者が言いたいことは何か。
　　①　コメの消費量を増やし、食料自給率ももっと高めるべきである。
　　②　コメの消費量はこのままでいいが、食料自給率はもっと高めるできである。
　　③　食の教育をアメリクやフランス並みに活性化させなければならない。
　　④　食の教育は学校給食に焦点を合わせておこなければならない。

五、文章二を読んで、次の質問に答えなさい。

問一 ①「この問題」とはどのようなことか。
① 本当の感情を隠している人の表情を正しく解釈すること。
② 自分の感情とは異なる表情を作りだすこと。
③ 人とのかわりにおいて顔の表情を正しく解釈すること。
④ 異なる文化圏の人々の顔の表情を正しく解釈すること。

問二 ②「仮面で隠そうとする」とはどのようにすることか。
① 本心を悟られないために、顔に仮面をかぶって隠すこと。
② 表情をより悟りやすくするため、仮面で表情を強調すること。
③ ある顔の表情を、より大げさに表現すること。
④ 怒りを感じている人が、表面的には嬉しそうな顔をしたるすること。

問三 ③「抑圧することを求められている」理由として、本文と違っているものを一つ選びなさい。
① 自分の感情を抑制できない人は人間として未熟だと考えられているから。
② 否定的な感情の強い表情は他人を当惑させる可能性があるから。
③ 一見意味不明な表情は、西洋人にとって理解不可能だから。
④ 喜びの表現も他人に不快感を与える恐れがあるから。

問四 日本人が他人と接する際の考え方として、筆者の考えに一番近いものをどれが。
① 喜びの表現は、隠すことなく相手に伝えるべきだ。
② 自分の感情を抑えるのに、社会的規範に従う必要はない。
③ 自分の感情を制御できない人は、人言として成熟していないという認識がある。
④ 他人を不愉快にすることは、軽蔑される行為である。

読解技法

釈義題解析技巧

一、什么是释义题

释义题是要求对文章中使用的词语、谚语、成语和句子等的具体含义及用法进行说明的题。历年日语能力考试N2级中都少不了这种题型，这是因为读

解部分除了语言方面的问题外,还有许多有关文化的问题,以传播文化和新信息。

二、释义题解题技巧

只有准确地理解文章中的关键词汇和整篇文章的意思,才能找出正确答案。该题型是检验阅读理解能力的重要标准之一,也最受出题专家的青睐。

释义题一般分为三种类型:

第一种是对关键词语的测试,这些词语通常为作者观点的核心所在,都具有特殊或较深奥的含义,有些是我们平时较少见到的词语。

它的问题形式是:

問い 「…」の最も適当な説明はどれか。

問い 「…」とは何か。

問い 「…」とあるが、どういう意味か。

問い 「…」あるが、どういうことか。

第二种形式是对短语(包括谚语、成语等)的测试,通常这些短语与我们一般所知道或理解的含义有所不同,只有正确理解这些短语,才能正确理解整篇文章。它的问题形式是:

問い 「…」とはこの場合、どんな意味か。

問い 「…」とはどういう意味か。

問い 「…状況」とは、どんな状況か。

問い 「…」とは、どのような意味か。

第三种形式是对句子(包括短句)的测试,这种句子一般是作者的观点或文章的中心思想,是对文章整体意思理解程度的测试,难度较大。它的问题形式是:

問い 「…」の意味に最も近いものはどれか。

問い 「…」とは、どういうことか。

問い 「…」とは、どういう意味か。

言語文化コラム

村八分

「村八分」とは、日本の歴史上に村落(村社会)の中で、掟や秩序を破った者に対して課される制裁行為についての俗称である。日本の伝統農村

における共同生活は、普通十の方面に及び、つまり成人式、結婚式、出産、病気の世話、新改築の手伝い、水害時の世話、年忌法要、旅行、葬式の世話と火事の消火活動である。村の掟、取締まりに違反する者に対して、葬式の世話と火事の消火活動を除き、残りの八分の内容は全然付き合わなく、手も差し伸べない。葬式の世話が除外されるのは、死体を放置すると腐臭が漂い、また伝染病の原因となるためとされ、火事の消火活動が除外されるのは延焼を防ぐためである。放置すると他の人間に迷惑をかける二分以外の一切の交流を絶つことをいう。つまり、村中の十分の八の大事は、その人に参与させなく、手伝ってあげないという。なお、十分のうちに葬式と消火活動との二分を除いたものは、後世の附会であるので、つまりそれはすべての往来を断ち切た処罰であり、実はそのような具体的な内容を定めないとの説もある。しかし、この言い方はまだ定説がなく、更に考証しなければいけない。

　形成の原因：村落は日本社会の組織の原形であるため、村の掟は社会規則の原点とされる。根強い集団主義の思想の原因で、個体としての日本人は村や他の集団活動の中で自分の言行が出過ぎたくない。こうすれば集団の「調和」を損うことになるわけで、いったん規則に背けば、処置を受けることとなる。江戸時期に、それが次第に制度化されたことにつれて、最後に典型的な掟—「村八分」を形成してきた。勿論、17世紀初期の日本はまだ厳密な幕藩体制であり、住民は厳格に居住地以内に制限され、藩主に許可されないと勝手に離れるのは厳禁されるという。客観的にいえば、そのような環境は「村八分」に発生の条件を創造した。

　処罰の制度：最初に、「村八分」はただ日本の農村における集団利益の損害者、及び規則違反者に対しての絶交、孤立の懲罰手段である。村の掟を破る人を処罰するとき、普通みんなは集会を開いて採決を行う。そのひとに赤帽をかぶらせること、あるいは村を離れさせることを決定する。勿論、地域によって規則に相違がある。ただし、もし村の中に権勢をもつ人が調停すると、当事者も料理を用意しておき、村民たちに謝れば、理解を取られる場合があるが、そのひとは今後の村の事務にほとんど発言権がなく、村民には頭が上がらない。

　積極的な意義：村落は一つの整体で、村民達の共通利益と公共秩序が守られなければいけないので、集団における人間が互いに心をよせ、助け合うべきである。さらに、集団利益は個人の権益より重要なので、両方が衝突する時、個人として譲歩しなければいけない。ですから、個人の行為が集団利益を損なったら、集団の調和と安定を守るため、破壊者を懲罰することによって悪事をまねる人を戒める。

第十四課

　消極的な影響：「村八分」は個人と家族の肉体や精神上にひどい傷害が及ぶ。例えば、1952年、静岡県富士郡上野村（現在の富士宮市）に某高校の女子学生は、参議院候補者の選挙で全村がインチキして投票するとの不正行為を告発したため、その家族に「村八分」の処罰をかぶらせる。自分が学校でいじめられただけではなくて、家族全員に締め出されこと、報復されることを招いた。極めて悪い影響をもたらした。

　さらに、法律上からみれば、「村八分」という懲罰制度は「集団絶交」と称するべき、人権を侵害する違法行為であり、現代社会における脅迫罪に相当する。日本裁判所はその弊害によって1909年に既に「村八分」を恐喝、名誉損害の行為であると判決した。したがって、時代歴史の変遷と社会の進歩に伴って、「村八分」という制度はほとんど有名無実になってきた。

第十五課

（一）情けは人の為ならず

　数年前、某大学の入試問題に、「『①情けは人の為ならず』という言葉に対して、あなたの考えを述べよ」という問題が出題されていた。

　最近の若い人はこのことわざの意味を大邸逆に解釈しているらしい。「他人に情けをかけるとその人を甘やかすことになるのでよくない」という意味にとっている。確かにあの日本語自体はどちらの解釈も可能であるため、知らなければそう思ってもしょうがないのだろう。

　　（中略）

　『聖書』の中でも、「一切の見返りを期待しないで何かを与えると、その何倍にもなって帰ってくる」とある。これは私自身、感度も経験している。しかし、人が何かクォスル時、どんな理屈をつけても、どれほど装っても、実際は全て、自分のために行っている、何かを人にしてあげることで、自分自身に詭弁がよくなるからやっているだけである。相手が喜んでくれたら、そのことで自分も嬉しいから、つい何かをやってあげる。これは両者の喜びが一致しているから、まあ良いとしよう。しかし、いつもそうとは限らない。

　問題は相手が喜ばなかった時である。「何かをしてあげたのに」、相手が喜ばないと、②大邸の人は気分を悪くする。これは、相手に何かをしてあげたのは端から見返りを求めてやっている方である。これでは何かをしてあげても、決して期待したようにはならないだよう。世の中にはこのタイプの人がごまんといる。ひどい時は勝手になにかを押し付けておいて、見返りを求めてきたりする。悪徳商法のダイレクトメールのような人間が実際にはいくらでもいる

　　（中略）

　人は自分が現在していること、その合していることが③「業」となり、将来が決まる。現在の自分も、過去の自分の業の上に存在している。現在の自分は突然今の自分になったのではない。とにかく厄介といえば厄介なものかもしれないが、人の今も、将来も業の連続の上に存在している。

　人はいつだって自分のしたいことしかしないようになっている。そういう生き

物なのだ。自分の望むように生きれきた結果、意味の自分を作っている。嫌ならいつだって変えることはできたのだ。人から見て、「不幸」に見えようが、当人はそれが好きでやっている場合がいくらでもある。（中略）

　人に何かを「してあげられるありがたさ」を本心から感じる時、人は異彩に見返りを期待しなくなる。

──（二）　新聞・通信社について──

　新聞・通信社は日々の情報発信に当たって、収集、蓄積した情報をより豊富に掲載するだけでなく、公正を旨として、より適切、より正確なき時とする創意・工夫を重ねていますが、メディア環境は、新聞製作なの出版業のコンピューター化が進み、ネットワークを通じての情報発信への傾斜強まるとともに、放送のデジタル化と合わせて通信と放送の融合も進むなど急激な変容をつつけています。その中で、新聞・通信社のホームページが日本における代表的なサイトに成長するなど、各社とも技術進歩の先頭に立って一層の努力を重ねています。

　一方、新聞は公共的な使命を負った報道機関としての立場から、各種記事を印刷物や放送素材として利用したいとのご要望に炊いてしては、できるだけ答えるようにしてきました。しかしながら、①デジタル化された情報は、簡単に複製でき、何回複製しても品質は劣化しません。ネットワークに載せることで、情報は瞬時に世界中からアクセルできるようになり、また、受け取った情報を加工して送り出すことも可能となるなど、情報のインタラクティブなやり取りができるようになります。著作物の転載を認めた場合、二次、三次、四次と情報がどのように波及していくのか具体的な像は描きにくく、著作現車としてどう考えたらよいかの明確な基準もまだ出来ていません。

　②このため、新聞やインターネット上などに掲載したニュース記事や報道写真などをインターネットや企業内ネットワーク（LAN）などに転載したい、という要望が出た場合、どう対応するかについての考え方は、新聞社によってまちまちです。

　新聞・通信社が発信する記事、ニュース速報、写真、図版類には著作権があり、無断で使用すれば、③著作権侵害になります。使用を希望する場合には著作権者の承諾が欠かせません。引用や、記事の要旨紹介などで、法的には著作権者の承

諾なく使えるというケースも、本当にその条件を満たしているかどうか、微妙な場合も少なくありません。また、インターネットの特徴の一つであるリンクについても、表紙の仕方によっては、問題が発生可能性がある場合も少なくありません。

利用者の側が、情報をどのような形で利用しようとしているのか、動機も、利用形態もまちまちなため、新聞・通信社としても、個個の事情を伺わないと利用を承諾でいいものかどうか、一般論としてだけでは結論をお伝えすること恥ずかしい側面もあります。リンクや引用の場合も含め、インターネットやLANの上での利用を希望していただくよう、お願いします。

単　語

（一）

諺（ことわざ）	（名）	俗语、谚语
甘やかす（あまやかす）	（他五）	娇惯、溺爱
見返り（みかえり）	（名）	代价，回报
無私（むし）	（名）	无私
ごまんと	（副）	非常多、堆积如山
押し付ける（おしつける）	（他一）	强加、强迫
悪徳（あくとく）	（名）	道德败坏
報い（むくい）	（名）	补偿、赔偿
産物（さんぶつ）	（名）	产物

（二）

収集（しゅうしゅう）	（他サ）	收集
蓄積（ちくせき）	（名）	积蓄，积累
豊富（ほうふ）	（形動）	丰富
掲載（けいさい）	（他サ）	刊载、刊登
公正（こうせい）	（形動）	公正
融合（ゆうごう）	（自サ）	融合
劣化（れっか）	（自サ）	品质变坏、质量降低
瞬時（しゅんじ）	（名）	瞬间

第十五課

波及（はきゅう）	（自サ）	波及
転載（てんさい）	（他サ）	转载
まちまち	（副）	各式各样、形形色色
図版（ずはん）	（名）	书中刊登的图
著作権（ちょさくけん）	（名）	著作权
承諾（しょうだく）	（他サ）	承诺
発信元（はっしんもと）	（名）	发新地址
拒否（きょひ）	（他サ）	拒绝

文 法

（一）

1. しかし、いつもそう<u>とは限らない</u>。

"～とは限らない"表示"不局限于""不一定是……""未必……"，前接简体、终止形。

○ きれいに見える果物は、美味しいとは限らない。
　（看起来好看的水果，未必好吃。）
○ 理解できることは、納得できるとは限らない。
　（可以理解的事情，不一定都能认同。）

（二）

2. 新聞・通信社は日々の情報発信<u>に当たって</u>、収集、蓄積した情報をより豊富に掲載するだけでなく…

"～に当たって"表示在面临一个崭新的、前所未有、称得上历史性的时期去做某事，多用于致词、演讲、慰问、采访、致谢等较严谨、较隆重的场合，表示"……时候""……之际"。

○ 原子力発電所の建設にあたって、住民との話し合いが持たれた。
　（在建设核电站的时候，我们同当地的居民进行了对话沟通。）
○ 税率改革案を実施するにあたって、政府はマスコミを通じて国民に説明するとともに、国民の理解を求めました。
　（在实施税率改革方案之际，政府通过媒体向全体人民做了说明，同时力求得到人民的理解。）

3. その中で、新聞・通信社のホームページが日本における代表的なサイトに成長するなど、各社とも技術進歩の先頭に立って一層の努力を重ねています。

"～における"词性为动词词组，为连体形，可作定语，也可以结束句子，表示空间、地点上的"在"，还可以指以某事为原点的相关范围。

○ 海外における日本企業の数は年々増えています。
　（海外的日本企业数量年年增加。）
○ 芸術祭の油絵部門における最優秀賞は山田氏に決定しました。
　（决定把艺术节油画的最高奖项授予山田先生。）

4. 利用者側が、インターネットの上での利用を希望するとき、新聞社としては承諾せざるを得ない。

"～ざるを得ない"是文言表达形式，多用于书面语，表示某种必然的结论，含有说话人出于无奈的语气得出如此结论。它还可以表示说话人根据某种情况做出一种与自己的想法或打算相反的消极判断，或者表示一种不由说话人意志为转移的状态，含有一种迫不得已的语气，此时句子具有较明显的客观性。

○ こんなことをするなんて、彼の人間性を疑わざるを得ない。
　（竟然做出这样的事，简直怀疑他有没有人性。）
○ 科学的分析の結果を見ると、ケンタッキーフライドチキンのようなものは健康にはよくないと言わざる得ない。
　（从科学分析的结果来看，我们不能不说肯德基里炸鸡之类的食品是不利于健康的。）

練 習

一、次の漢字にひらがなをつけなさい。

1. 諺（　　　　）　　2. 見返り（　　　　）
3. 悪徳（　　　　）　4. 産物（　　　　）
5. 蓄積（　　　　）　6. 掲載（　　　　）
7. 融合（　　　　）　8. 瞬時（　　　　）
9. 転載（　　　　）　10. 図版（　　　　）

二、次のひらがなによって、漢字を書きなさい。

1. あまやかす（　　　　）　2. むし（　　　　）
3. おしつける（　　　　）　4. むくい（　　　　）
5. しゅうしゅう（　　　　）6. ほうふ（　　　　）

7. こうせい（　　　）　　8. れっか（　　　　）
9. はきゅう（　　　）　　10. ちょさくけん（　　　）

三、次の表現を使って、文を作りなさい。
1. ～とは限らない
2. ～に当たって
3. ～における
4. ～ざるを得ない

四、文章一を読んで、次の質問に答えなさい。
　問一　筆者は、結局①「情けは人の為ならず」の意味をどう解釈しているか。
　　①　他人に情けをかけると、相手はありがたく受け取るものだ。
　　②　他人位情けをかけると、人に頼ろうとするだけで、相手はますますダメになる。
　　③　一切の見返りを求めると、人に何かを与えれば、その報いは必ず自分の方に戻ってくるものだ。
　　④　一切め見返りを求めずに、人に何かを与えても、その報いは戻ってこないものだ。
　問二　②「大邸の人は気分を悪くする」とあるが、その原因は何か、筆者の考えに最も近いものを一つ選んでください。
　　①　相手に何を与えると、相手も必ず何かをしてくれるから。
　　②　相手に何を与えると、相手も何かをしてくれるだろうと思うから。
　　③　相手を喜ばせるために何かをしてあげたのに、ちっとも喜んでくれないから。
　　④　善意で何かをしてあげたのに、また他の何かを要求するから。
　問三　筆者が考える③「業」とは何か。
　　①　現在の自分を変えようといくら努力しても、結局将来は何も変わらない。
　　②　過去の自分と現在の自分の存在は業の連続性とは全く関係のないことだ。
　　③　今の自分の姿は、自分がやりたいことをやりながら生きてきた結果の産物である。
　　④　今の自分の姿は、自分の意思では変えることのできなかった社会の産物である。

問四 筆者の考えとして、本文の内容と最も近いのはどれか。
① 人に何かを与える時は、相手に何か見返りを求めるべきではない。
② 人に何かを与える時は、相手が喜ぶかどうかを考えるべきだ。
③ 人がどんなに不幸に見えようが、同情してはいけない。
④ 人が不幸に見えたら、いやでも相手が好きなことをしてあげるべきだ。

五、文章二を読んで、次の質問に答えなさい。
問一 ①「デジタル化された情報」の特徴として本文の内容とあっているものはどれか。
① 著作物の転載が認められ、世界への波及効果が見込まれるようになった点。
② あっという間に世界中二広がり、情報に手を加えて何回でも発信することができるようになった点。
③ 二次、三次と次々に波及して行って、著作権者に大きな利益をもたらしてきた点。
④ 何回もコピーして使っているうちに、質が劣っていくようになった点。
問二 ②「このため」とあるが、どういう意味か。
① 転載を認めなければ、まだ著作権の基準を作らなくてもいいから。
② 転載を認めなければ、情報が波及していくのを防げるため。
③ 転載を認めた場合、情報の広がる範囲がつかめにくく、著作権範囲の基準もまだ定まっていないため。
④ 転載を認めた場合、情報ははっという間に広がり、著作権者としてはもう手がつけられなくなるため。
問三 ③「著作権侵害」についての説明として、本文の内容とあっているものはどれか。
① 企業のネットワークに転載するときは著作権者の承諾を得る必要はない。
② インターネット上に掲載した記事は著作権とは関係ない。
③ インクの場合にも、法的には著作権問題が生じることがある。
④ 引用の場合、著作権者の承諾を是非得てほしい。
問四 次のうち、本文の内容とあっているものを一つ選びなさい。
① 新聞は公共的な側面が強い報道機関としての立場上、読者の情報利用の要望に対して、拒否する権利がない。

②　新聞・通信社は、個人が情報利用を希望するとき、早く結論を伝えなければならない。

③　利用者側が、インターネットの上での利用を希望するとき、新聞社としては承諾せざるを得ない。

④　利用者側が、情報の利用を希望するときは、発信元と相談することは望ましい。

読解技法

议 论 文

一、什么是议论文

议论文，顾名思义，是对一个道理进行论证评论。议论文，重在"议"和"评"，使作者尽可能准确地、有逻辑地、浅显易懂地表达自己的主张。

二、评论文文章构造

议论文的文章构造根据结论部分的不同，可以分成三种：一是结论在前的"头括型"，二是结论在后的"尾括型"，三是结论在文章两头的"双括型"。

一般的议论文文章是按照"序論→本論→結論"的方式展开，序论部分往往提出问题。日语能力考试 N2 级读解部分选用的"尾括型"议论文较多。

议论文所采用的论述方法主要有以下四种：

1. 演绎法。它是由一般的道理推理演绎出特殊的具体事实和现象。读文章时要注意把握一般的道理和特例的具体事实在什么地方重叠，把握具体事实中的一般道理。

2. 归纳法。它是由不同的具体事实中引导出一般道理的方法。作者首先摆出几个具体的事实，最后提出通用的一般道理（结论性意见）。此时要注意理解具体事实和一般道理是怎么对应的。

3. 三段论法。从 A = B（大前提），C = A（小前提），导出 C = B（结论）。

4. 辨证法。即从两个对立的思想或矛盾的想法中，产生更加高级的想法。

三、议论文的出题方式

议论文的出题方式一般为：

1. 指示词

問い　「それ」は何を指すか。

問い　「これ」は何を指しているか。

2. 细节

　　問い　「好きにさせておいた」とあるが、だれがだれに何をさせておいたのか。

　　問い　「どちらかに電話をした」とあるが、筆者（親）は子どもがだれと話していると思っていたか。

　　問い　「出たがるようになった」とあるが、何をしたがるようになったのか。

3. 原因

　　問い　「子どもは元気?」とあるが、なぜこのように言ったのか。

　　問い　「幸運的な間違い電話」とあるが、なぜ「幸運的」なのか。

4. 释义

　　問い　「食わず嫌い」とは、食べたことがないのに嫌うことという意味であるが、ここではどのような意味か。

5. 主题主旨

　　問い　この文章は、何を説明しようとしたものか。

6. 接续词

　★問い　（　　）に入れる言葉を次の中から選びなさい。

四、议论文的读解技巧

一般议论文章为了引起读者的兴趣，想从身边所发生的事情入手，提出问题，展开论述。一个完整的内容为一个自然段落。为了便于理解，各段落之间使用接续词。每个段落都有关键词和句子（这是容易产生问题的地方），一般关键部分都要详细叙述或者多次使用同义词或者具体的例子。最后将自己最想说的话总结概括。

在读议论文时，首先要抓住话题，即文章的中心议题，主要方法有：①着眼于出现频率较高的词语，着眼于与标题有关的词语；②着眼于涉及问题提出的内容；③着眼于作者下定义的词语。

其次是抓论证部分，抓论证部分主要从三个方面，一是抓具体的事例，主要是：①将具体事例和其他部分区别开；②确认为什么使用这样的例子。二是抓反复出现的词语或者同义词，主要从以下三个方面入手：①着眼于指示词，抓指示词的替代内容；②整理同义表现和类义表现；③着眼于接续词，确认归纳内容。三是抓对比：①着眼于比较或对照的词语，整理对比的内容；②着眼于逆接接续词，整理对比的内容；③确认为什么进行比较。

再次是抓作者的主张，主要是着眼于接续词和文章末尾的表达部分。

在"尾括型"议论文的开始部分，一般使用"～について考えていきたい"

第十五課

或者"~について疑問を抱いた"的形式明确地提出问题，也有用"~だろうか"或者"~ではないだろうか"的疑问形式婉转地提出问题,以及用"~は~である"或者"私は~と考える"等肯定式的表达形式。

在复杂的议论文里，往往每个段落都可能提出一个观点，有的是作者的真实意图，有的则不是，这就需要仔细阅读和思考，对文章中的所有观点都要认真权衡，避免片面错误地理解作者的意图。

言語文化コラム

日本の政党

日本はアジアで政党が出るのが最も早かった国の一つであり、また多党制を実行している。日本の政党は資本主義経済の成長と資産階級民衆主義の制度の確立につれ、発展されてきたのである。

明治維新後、自由民権運動が盛り上げるに伴い、日本は初めて近代政党が出てきた。明治14年、板垣退助らが成立した自由党は日本歴史ではじめの資産階級政党であり、また、それも日本で組織形態がやや完備な政党が出た印であった。翌年、大隈重信らが立憲改進党が成立した。明治31年、自由党と進歩党（明治29年名前が変わった）を合併し、憲政党になった。大隈重信は内閣総理大臣、板垣退助は内務大臣になり、日本歴史ではじめの政党内閣が誕生した。しかし4か月後、憲政党は党内争いでばらばらになり、元自由党は「憲政党」との名前を使い続け、元進歩党は「憲政本党」と更新した。それから、この二つの政党は代わって与党になったり、議会をコントロールしたりしていた。そして、だんだん第二回世界大戦前、日本で二つ資産階級政党「立憲政友会」と「立憲民政会」になった。ただし、この時期、日本社会党（明治39年）、日本共産党（大正11年）などの社会主義政党も次々と立てられた。昭和15年、ファシスト独裁統治を実行した天皇政府は大政翼賛会以外の政党をすべて解散された。

昭和22年、日本は新しい憲法を実行し、日本で「立法・司法・行政」三権分立され、議会内閣制定を行われたと定められた。天皇は日本のシンプルになり、国会は最高の権力機関と唯一の立法機関として衆議院と参議院から組み合わせ、両院議員は全国民の選挙から出た。内閣は最高の行政機関として、国会の決定に責任をとられ、内閣総理大臣は政党側から名を出し、国会衆参両院議員が選挙されている。昭和22年、日本で社会党を始めの内閣に組み、昭和23から30年、7年間自由党と民主党が代わって、内閣を

組んでいだ。昭和30年、分裂された社会党左右両派が合併し、社会党の影響の拡大を防ぐために、同年11月、民主党と自由党は「自由民主党」との合併宣伝を発表した。その後、自民党一党優位になる一方であり、長い間政権を握り、社会党は野党になった「55年体制」が生まれた。

　自民党が与党になっているうちに、日本国内は安定であり、経済も高度成長期を迎えた。平成5年、自民党は大選で失敗したまで38年にわたっていた「55年体制」がやっと終わった。しかし、自民党は歴史の舞台に立ち去らず、翌年、社会党首を取り戻した村山内閣大臣と手を組み、政権を連立した。平成8年、政党連合内閣の形で、政権を取り返した。平成10年、多数の野党が結ばれ、新しい大型政党一民主党がうまれた。平成21年、自民党の代わりに民主党は与党になったが、3年後、安倍晋三は内閣総理大臣になったきっかけに、自民党は再び政権を握った。

　日本の政党発展史から見ると、日本の多党制度は「多党共存、一党優位」との特徴が明らかになった。平成5後、自民党の与党位置は何度チャレンジされたが、一党優位の特点は依然として変わっていない。現在、国会活動に参加しているおもな政党は自民党、民主党、公明党、日本共産党、社民党、維新党（平成26年日本維新会が脱出された組織）、生活党一山本太郎とその仲間たち（平成26年日本生活党が更新されたもの）、日本精神会（平成27年成立された）、新党改革（平成22年改革クラブから更新した組織）などである。

第十六課

――（一） ある銀行のATM利用手数料の案内 ――

　次は、ある銀行のATM利用手数料の案内である。下の問いに対する答えとして、もっともよいもの①・②・③・④から一つ選びなさい。

問一　国案内の内容と合っているものはどれか。
①ATMによるカードローンの返済はいつでも可能である。
②振込みの場合、日曜日にはできないので土曜日の午前中に済ませたほうがいい。
③預金口座の残高によって手数料が無料になることもある。
④平日の正午行こうは入金にも手数料がかかる。

問二　この銀行のクレジットカードを持っている次郎さんは、友人に頼まれて月曜日のよる8時30分に5万2千円を送金することになった。この銀行のATMを使った場合、次郎さんが負担する手数料はいくらなるか。
①手数料はかからない。
②210円
③315円
④引取はできません

二井友銀行ATM手数料のご案内

曜日	時間帯	お預入れ	お引出し	お振込み	お振替
平日	0:00～8:45		105円	ご利用できません	
	8:45～18:00	手数料がかかりません			
	18:00～24:00		105円	210円	
土曜日	0:00～9:00	105円		ご利用できません	
	9:00～14:00		210円		
	14:00～24:00		210円	ご利用できません	
日曜・祝日	終日		210円	ご利用できません	

＊　当行クレジットカードご利用のお客様は、時間外手数料が無料になります（ただし、出入金に限ります）。

＊　3万円以上の振込みには、通常の手数料に105円が加算されます。

＊　ATMによるカードローンのご返済は日中営業時間に限ります。ご了承ください。

＊　コンビニATMをご利用の場合は、各提携機関により手数料が異なりますので画面にてご確

認ください。

（二） 募集中のアルバイト一覧

次は、募集中のアルバイト一覧である。下の問い二対する答えとして、最も良いものを①・②・③・④から一つ選びさない。

問一　Aさんは17歳の女性で、平日夕方のアルバイトを探している。Aさんが募集することの出来るお店の食い合わせは、次のうちどれか。

①スーパーなかむら・池鶴青果・増田商店・Kマート
②池鶴青果・増田商店・Kマート・山田ベーカリー
③増田商店・Kマート・スーパーなかむら・丸銀食堂
④Kマート・スーパーなかむら・池鶴商店・丸山書店

問二　20歳の男性で、まかない付のアツバイトを探しているBさん（自動車免許所有）が応募することのできるお店の組み合わせは、次のうちどれか。

①山田ベーカリー・レストラン北山・みやこ寿司・丸銀食堂
②ラーメン大将・山田ベーカリー・レストラン北山・みやこ寿司
③レストラン北山・みやこ寿司・ラーメン大将・ほかほか弁当
④みやこ寿司・ラーメン大将・山田ベーカリー・マスター警備

募集中のアルバイト一覧

店名	時給	交通費	仕事内容・資格など
ラーメン大将	800円	支給なし	簡単な調理業務及び接客。まかない有り。18歳以上の元気な男女募集！
マスター警備	850円	一日500円支給	指定する場所での警備及び雑用業務 25歳以上の男性で深夜勤務可能な方
丸山書店	700円	支給なし	接客及び書籍の整理業務 土・日勤務可能な方。年齢・性別不問
スーパーなかむら	750円	支給なし	接客・レジ及び商品整理 17歳以上の明るい男女募集
藤川運輸	800円	一日200円支給	引越し業務。土・日・祝日勤務可能な方。18歳以上の体力ある男性を募集
増田商店	740円	支給なし	野菜の店頭販売。仕入れた野菜の仕分けなど。
Kマート	860円	支給なし	接客・レジ及び商品の陳列作業。25歳以下の男女

池鶴青果	700円	支給なし	果物とフレッシュジュースの店頭販売員
ホームセンター	820円	一日200円支給	接客・受付・在庫整理業務。20歳以上の男女。
山本建設	900円	一日200円支給	建設現場での警備業務。20歳以上の男性。
山田ベーカリー	730円	支給なし	パンの販売。おいしいパンのまかない有り！17歳以上で、早朝勤務可能な方
丸銀食堂	720円	支給なし	接客・調理補助など。土・日勤務可能で、明るくて元気な方を募集
永田水泳教室	800円	一日200円支給	水泳指導補助。20歳以上の男女。指導経験者優遇！
ほかほか弁当	820円	一日200円支給	簡単な調理業務及び配達業務。自動車又は原付の免許を有する18歳以上の男女
レストラン北山	850円	一日400円支給	調理補助業務。20歳以上の男女で、調理師免許を有する方を優遇する。まかない付
みやこ寿司	790円	支給なし	寿司の販売及び配達業務。18歳以上で、自動車又は原付の免許を有する方。まかない有り

（三）　空き部屋案内

　問一　会社員のＫさんは、オバワラ線かエノジマ線沿線で、2部屋以上の家を探している。風呂は必須。駅からは多少遠くても歩いて行けるところ希望。車を所有しているので、駐車場のあるところがいい。Ｋさんの条件に合う物件の組み合わせはどれか。

①ｂとｃとｄ
②ｅとｌ
③ｄとｇとｉ
④ｂとｌ

　問二　失業中のＣさんは、2部屋以上で、初期費用10万円以内のできるだけ安い物件を探している。駐車場はなくてもよいが、風呂はある物件を希望。Ｃさんの条件に合う物件の組み合わせはどれか。

①bとc
②b
③kとl
④hとi

空き部屋案内

	路線名 最寄り駅	最寄り駅からバス／徒歩	賃料／月 管理費等／月	敷金または保証金礼金（敷引）	間取り 占有面積	築年 築年数	備考
a	オバワラ線 ハタノ	－ 15分	3.28万円 3500円	なし 1ヶ月（なし）	1K 20.28m²	2004 築6年	
b	オバワラ線 エセハラ	－ 20分	3.00万円 1500円	5万円 なし（なし）	2DK 32.00m²	1986 築24年	駐車場 5000円
c	ヨゴハマ線 ウチノベ	－ 13分	3.00万円 なし	2ヶ月 なし（なし）	2DK 33.00m²	1972 築38年	
d	オバワラ線 シンマツダ	10分 12分	6.60万円 3000円	2ヶ月 1ヶ月（なし）	3LDK 165.57m²	2000 築10年	駐車場 4200円
e	ヨゴハマ線 ウチノベ	10分 17分	6.50万円 2500円	2ヶ月 なし（なし）	3DK 48.00m²	2000 築10年	駐車場 無料
f	オバワラ線／エノジマ線 サカミオオノ	13分 17分	2.30万円 1000円	1ヶ月 なし（なし）	1K 17.20m²	1986 築24年	ユニットバス 駐車場 10500円
g	ソウデツ線 ヤセ	－ 10分	2.00万円 1000円	2ヶ月 なし（なし）	2K 23.10m²	1977 築33年	風呂なし
h	オバワラ線 サカミハラ	－ 10分	3.00万円 なし	1ヶ月 1ヶ月（なし）	2K 26.40m²	1974年 築36年	風呂なし
i	エノジマ線 チョウコ	10分 15分	4.30万円 2000円	2ヶ月 2.15万円（なし）	2LDK 42.00m²	1986年 築24年	
j	エノジマ線 ヅルマ	－ 18分	2.80万円 なし	1ヶ月 なし（なし）	1R 11.26m²	1990 築20年	ユニットバス
k	キョウキュウ線 ガミオオカ	－ 3分	2.90万円 なし	1ヶ月 1ヶ月（なし）	2K 22.62m²	1965年 築45年	風呂なし 駐車場 5000円
l	オバワラ線 エセハラ	－ 18分	6.00万円 なし	2ヶ月 1ヶ月（なし）	3LDK 56.00m²	1994年 築16年	駐車場 6000円

第十六課

＊　間取り記号の見方：3LDK→3部屋＋L（居間）＋DK（ダイニングキッチン）

2K→2部屋＋K（キッチン）

1R→1部屋＋R（ロフト）

＊　備考の見方：空欄→風呂トイレつき（別室）、駐車場なし

ユニットバス→風呂トイレ同室

フローリング→床板張り

駐車場料金は月当たり

単　語

（一）

返済（へんさい）	（名・他サ）	偿付、偿还
振込み（ふりこみ）	（名）	转账、汇款
済ませる（すませる）	（他一）	完成
預金口座（よきんこうざ）	（名）	存款账户
残高（ざんだか）	（名）	余额、余款
手数料（てすうりょう）	（名）	手续费
取引（とりひき）	（名）	交易
お預入れ（あずけいれ）	（名）	存款
お引出し（ひきだし）	（名）	提取
お振替（ふりかえ）	（名）	转账
出入金（しゅつにゅうきん）	（名）	存取款
加算（かさん）	（名・他サ）	加上，加法
日中（にっちゅう）	（名）	白天
提携（ていけい）	（名・自サ）	携手，合作

（二）

平日（へいじつ）	（名）	平日
応募（おうぼ）	（名・自サ）	应聘
組み合わせ（くみあわせ）	（名）	组合
まかない	（名）	伙食
免許（めんきょ）	（名）	执照、许可证

警備（けいび）	（名）	警戒，保安
不問（ふもん）	（名）	不问，不限制
店頭（てんとう）	（名）	店铺前，柜台
仕入れる（しいれる）	（他一）	购入
仕分け（しわけ）	（名）	分类
大卒（だいそつ）	（名）	大学毕业
優遇（ゆうぐう）	（名・他サ）	优待，优先
配達（はいたつ）	（名・他サ）	配送，外卖
原付（げんつき）	（名）	电动自行车
調理師（ちょうりし）	（名）	厨师

（三）

不動産屋（ふどうさんや）	（名）	房地产
空き部屋（あきべや）	（名）	空房子
必須（ひっす）	（名）	必须
物件（ぶっけん）	（名）	物件（也指土地、建筑等）
最寄り（もより）	（名）	最近，附近
徒歩（とほ）	（名・自サ）	徒步
賃料（ちんりょう）	（名）	租金
敷金（しききん）	（名）	交易保证金
礼金（れいきん）	（名）	佣金
間取り（まどり）	（名）	房间配置
築年（ちくねん）	（名）	建筑年数
備考（びこう）	（名）	备注
空欄（くうらん）	（名）	空栏
床板張り（ゆかいたばり）	（名）	铺装木地板
月当たり（つきあたり）	（名）	每月，每月的标准

（一）

　　問一：根据参考事项第三项"＊ATMによるカードローンのご返済は日中営業時間に限ります"可以知道，使用ATM进行信用卡还款，不是"いつでも（随时）"，

而是"日中営業時間（白天营业时间）"，因此选项1是错误的；根据表中"お振込み"部分可以知道，周日"ご利用できません"，而周六只有"9:00～14:00"可以使用，因此选项②是正确答案；根据表中"お預入れ"部分可以知道，只有平时8:45～18:00免收手续费，因此是否免收手续费由时间段决定，而不是由余额决定；根据表中"お預入れ"部分可以知道，"8:45～18:00"不收手续费。这个时间段包含了中午以后一部分时间，因此选项4是错误的。

问二：根据注意事项第一项"＊当行クレジットカードご利用のお客様は、時間外手数料が無料になります（ただし、出入金に限ります）"的内容，进行转账的次郎不能享受时间段外免收手续费的优惠，故可以排除选项1；又因为是平时的晚上8:30，因此手续费是210日元，再根据注意事项第二项"＊3万円以上の振込みには、通常の手数料に105円が加算されます"可以知道，3万元以上的转账需要加收105日元的手续费，因此手续费一共是315日元，选项3是正确的。由此可以知道，一定要注意带"＊"号的注意事项，才能正确解答问题。

（二）

问一：正在寻找的是17岁女性非周末晚上能够从事的兼职工作。根据各招聘信息，如中村超市：招聘17岁以上的男女；池鹤蔬菜水果：年龄、资格不限；增田商店：没有年龄、性别要求；K商业中心：25岁以下的男女；山田面包房：17岁以上，能够在清晨工作（不能）；丸银饭馆：能够在周六、周日工作（不能）；丸山书店：能够在周六、周日工作这些情况，可以知道选项①是正确答案。

问二：20岁的男性寻找提供伙食的兼职工作。（持有汽车驾驶执照）根据各招聘信息，如山田面包房：17岁以上，提供伙食；北山西餐馆：20岁以上男女，提供伙食，持有厨师资格证者优先；都市寿司：18岁以上，提供伙食，持有驾驶执照者；丸银饭馆：能够在周六、周日工作者，不提供伙食；拉面大将：18岁以上，提供伙食；热乎盒饭：持有驾驶执照者，18岁以上，不提供伙食；雇主警备：25岁以上，不提供伙食。从这些情况看，可以知道选项②是正确答案。

（三）

问一：位于小场原或者江之岛的房屋，需要有2个以上的房间，能够徒步到达车站，能够停车。如果看＊的注解，空栏指代独立房间的意思。
b：2DK，有浴室，可以停车，步行20分钟
c：无法到达上述的两条路线
d：3LDK，有浴室，可以停车，步行12分钟

e：无法到达上述的两条路线

g：没有浴室

i：不能停车

l：3LDK，有浴室，可以停车，徒步 18 分钟

因此，符合条件的 b，d 和 l，正确答案是选项④。

问二：

b：房间 2+ 浴室	月租 30000 日元＋保证金 50000 日元＋管理费 1500 日元＝ 81500 日元（OK）	
c：房间 2+ 浴室卫生间分离	月租 30000 日元＋保证金 50000 日元＝ 90500 日元（OK）	
k：房间 2+ 没有浴室	由于没有浴室，排除	
h：房间 2 ＋没有浴室	月租 60000 日元＋保证金 120000 日元＋佣金 60000 日元 → 超过 100000 日元	
i：房间 2+ 浴室卫生间分离	月租 43000 日元＋保证金 86000 日元＋管理费 2000 日元 → 超过 100000 日元	

因此，答案是 b 和 c，正确答案是选项①。

読解技法

　　　信息检索是全新的题型，以实际生活在日本的时候会经常接触到的各种信息介绍为基础。解题的关键在于能否迅速而准确地掌握自己所需要的信息，同时需要很高的技巧。由于是全新的题型，第一眼看到会感觉很难，但是如果能够准确掌握与问题相关的信息，就能把握得分点。

　　　这个题型没有固定标准的出题方式，主要考察是否能够在大约 700 字的广告、宣传册、传单、商务文书等信息介绍中找出自己所需要的内容。旨在测定是否具有迅速阅读全部或者部分文本的能力，在各个级别中都有题目出现，一篇文章中会出现 2 个问题，解题时间大约为 10 分钟。

　　　根据信息来读文章，一般要求学生掌握两种解题技巧：①速读整体内容；②速读部分内容。答题时要结合文章内容与所提供的信息资料，边分析边对比，边判断、排除。结合所设题目和给出的课题，从文章中搜索有用信息。先通览和搜索必要的条件和信息，再探明符合设题条件的部分。找出所需要的信息位于文章中哪一个部分，重点是在确定信息介绍中某一基本构成的条件之后，再一项一项地筛选。

第十六課

在表示例外的"ただし""~別途""~のみ""~以外""別室""別館""除き"等词出现的时候，要特别留意，避免掉入陷阱中。尤其应该注意的是，如果没有完整地理解整篇文章，就很容易遗漏或者跳过相关信息。

言語文化コラム

日本の天皇

　天皇は日本君主の称号である。今上天皇明仁は1989年1月7日に即位し、年号は「平成」であり、日本の第125代の天皇である。

　「天皇」という称号は曾てからあることではなく、「王—大王—天皇」という変遷を経たのだ。中国の『後漢書』と『三国誌・倭人伝』の記載によると、日本の早期の君主は「王」と呼ばれ、当時に日本の列島では小国は林立しているが、統一はまだ実現していない。4世紀の末から5世紀の初めまで、大和国で百年以上の戦争を繰り返したあと、日本列島の統一は始めに実現され、同時に君主の称号も「王」から「大王」に変更した。7世紀の初め、聖徳太子の摂政の執り行った時期、日本は正式に「天皇」という称号が出てきた。西暦紀元608年、日本の遣唐使は隋朝への国書で「東の天皇が敬いて西の皇帝に白す」という記載があり、これは日本は対外交際中、初めに正式に「天皇」という称号を使うことを説明した。

　神武天皇は伝説の日本の初代天皇である。『古事記』、『日本書紀』の記載によると、神武天皇は天照大神の後裔であり、彼は最初の大和朝の政権を打ち立てて、日本の初代天皇とされている。この神話伝説は「神権は天から授けられたものだ」と「万世一系」に証拠を提供し、「天皇」という神人合一の無上の権威イメージを創立した。

　天皇の「万世一系」という説法には有力な証拠が足りないが、せめて「千世一系」と言える。日本の天皇は代代相伝できるのは、天皇は実権のない地位に据えて、実質的な統治権を行使していなく、ただ日本国及び日本国民統合の象徴とする意味を有するからである。ただし、聖徳太子改革（604～622年）、大化革新（645年）と壬申ノ乱（672年）を経て、日本は天皇を首脳とする中央集権国家を創した。天皇は神人合一の「現人神」（この世に人間の姿で現れた神）、政治権力と精神権威と二つの権力を握っている。奈良時代（710年～794年）までに、天皇はいつも最高の統治者として統治を実施している。平安時代（794～1192年）の中期以降、宮廷の貴族と武士の権威がどんどん拡大しており、天皇の実権を外戚の「摂政」、「関白」が手に入れる。11世紀の半ば以降、外戚の専権を防ぐために、太上天皇が

天下政権を握るような「院政」は生まれた。1192年に鎌倉幕府が建立し、日本は武家社会に入ることを象徴する。1192年から1868年まで、最高政権は実際「将軍」を首領とする「幕府」に握られる。室町時代から徳川幕府まで、天皇の権威が弱くなる一方で、ただ王権統治の象徴として存在している。1868年、明治維新は幕府統治を覆し、その政権は天皇に戻した。しかし、本来は「天皇大権」の名を利用し、極少数の軍閥、官僚、貴族などの寡頭制を実行することで、大地主大資本家階級の利益を維持する。

1945年8月15日、日本は無条件降伏を宣言した。次年の1月1日、昭和天皇はアメリカ政府の圧力を受けて『人間宣言』を発表し、初回に自分が神様ではなく普通の人間であることを承知したが、「王権神授説」の神話が終了した。1947年から実施した『日本国憲法』のなかで、天皇は日本国の象徴であり日本国民統合の象徴であって、内閣の助言と承認に基づいて、憲法で規定された、象徴性、礼儀性のある国事を行い、国権を処理する権威を持っていないことになる。これで、日本の天皇は「神権天皇」から「象徴天皇」に転換した。

憲法と現行皇室典範に関する規定に基づいて、天皇の皇位は男性の跡継ぎに継承される。皇室の財産は国家所有であり、皇室の財産の授与、皇室は財産への受け入れまた賜りは、国会の審議を通さなければならない。皇室機構は皇室会議、皇室経済会議と宮内庁から構成される。皇室会議は皇位の継承との変更、立后及び男性皇族の婚姻、摂政などに関する皇室の重要事項の審議と決定の任を負う。皇室経済会議は皇室経済事項の審議と決定の任を負う。宮内庁は皇室事務を管理する行政機構であり、内閣総理大臣属総理府の管理に属する。この三つの機構の実権は内閣総理大臣に握られ、日本天皇は既に「象徴天皇」になった。

附录一　课文译文

第一课

（一）美丽的日语

　　日语和汉语都是以汉字为语言框架的，而且在这一框架中，每一个字形的出现都是通过生动的图像来完成的。汉字不仅是传达意思的符号，也直接刺激着我们的视觉。对于以中文为母语的人来说，有人会被日语的假名所吸引，也有人会对汉字被简笔化以后剩下的线条感到些许别扭或困惑。假名的存在已不仅是语法上的作用，它也缓解了光看汉字时的视觉疲劳。假名被定义成汉字的偏旁部首。假名的笔画虽然不够厚重，但是它游弋于汉字世界的样子，就如同沙漠中出现的一片片绿洲。

　　作为一个图像的存在，汉字的形象既是饱满的，又充斥了意义的空间，像一处深深的水潭，看不到水底。汉字给予人类想象力的影响是极其巨大的，但同时，所有的汉字都必须以形示意，所以汉字的这种深刻的内涵有时会令人疲劳。图像是一片天空，同时也是一座牢笼。操纵两种语言进行写作的我，最近突然感觉对日语的印象发生了很大的改变。

　　语言是一种风景画，这可以让我们联想到在美术馆里面欣赏一个作品时的情景。当第一次接触绘画作品的时候，我们或许忽略了距离的存在。但实际上，人的视线与作品之间的关系，许多都是由距离决定的，比如说，你看一幅画，把它拿在手边看或在3米外看它，甚至10米以外看它，而将这幅画看成一个点的时候，我们的感受一样吗？换句话说，距离具有冲淡我们凝视一幅画的效果。同时，画以外的空间不断地进入我们的视觉领域，为我们的感受提供了越来越大的参照系数。一幅画只不过是一张画像，可是它切断了不断流动的现实世界，将其静止地凝固在纸面上。人这一生中，停止思维活动不是一件容易的事。所以静止的画像也形成了一种流动感，同时也刺激着我们的感官。

　　日语也是一个图像，有时更像一幅风景。尤其是假名与汉字的并用，更犹如一种水和油注到一起的状态。假名是水，清澈而透明。那些简约得不能再简约的笔画，如同树枝在汉字之间绵延穿梭。汉字是油，滴入假名当中瞬间凝固，只剩下那拖长的痕迹开始与假名一同飘荡。有时汉字与平假名一同飘摆，片假名不断浮起。

汉字所隐藏的寓意可以通过活用的假名来解释。比如说假名是大海，那么汉字就是小岛。我乘着一艘小船在海与岛之间自由穿梭。出生在汉字的小岛上，或许是我的命运，却是一件极其快乐的事。因为我可以在瞭望无垠空间的同时，尽情欣赏那包围着小岛的大海。当我能够操纵两种语言进行写作的时候，我觉得上帝似乎给了我新的生命。

（二）人生

我设计了一条长长的台阶。这是一条经过一年365天升一级的台阶。我坐在这个台阶第68级的最上端。接下来便是妻子、两个儿子、两个女儿及其配偶和孙子们，这十几个人分散地排列在这长长的各个台阶上。

从最下边数第二个台阶上，是两个去年（1973年）刚出生的婴儿，为了不让他们掉下去而用带子绑着。两个都是男孩，目前还不会爬，也不会讲话。然而，尽管如此，这两个婴儿却显然充满了生机。他们那小小的体内装满了从今往后要攀登几十级台阶的能量，同时体内也酝酿着使任何事情都可以成为现实的可能性。他们还没收到任何世俗人生的污染，只是出于本能寻找妈妈，要吃奶，除此之外没有任何欲望。他们既不知道美慕人，又不晓得憎恨人，同时也不会讨人欢心，与名誉和金钱更是毫无关系。他们时而笑一笑，但这笑就能让人觉得好像是神灵在让他们练习似的，只是天真无邪地笑着。

人类都是从婴儿期长大的，头脑里突然浮现出这样的想法。这两个婴儿要爬到我现在坐的地方，的确不容易。我想，从婴儿所处的第二级往上看的话，那距离一定是无限遥远的吧。而分散在第30～40级之间的儿子和女儿们，不知何时已度过了青春期，正要步入壮年。当然，他们一定也各自经历了我所无法知晓的人生的喜怒哀乐。遗憾的是，我无法体会他们的这些经历。不论有什么问题，都只有靠他们自己去解决。我想必须让他们像其父亲一样经历痛苦与悲伤。

像这样必须自己走自己的路，自己处理一切问题，这就是所谓的人生吧。

第二课

（一）话说贺年卡

一到日本后不久，我就收到了贺年卡。作为回信，我很困惑该写些什么好。问了朋友，他告诉我说，写上"承蒙您去年多方关照，深表谢意，今年还请您多多帮忙"是最保险的。于是在这之后的三四年间，我的贺年卡除了这句话之外，其他什么都没写。所有的贺年卡上都只写着："承蒙您去年多方关照，深表谢意，今年还请您

多多帮忙"。只有几个好友,最多也就加上"新年快乐"这样的话,就像是一条路走到黑,一直持续着寄出这样的贺年卡。之后因为一个叫做爱普森的计算机相关设备厂商的电视广告工作,让我突然间茅塞顿开。

当时在爱普森举行了用该公司的打印机制作贺年卡的比赛,我去参加了审查。收集上来的贺年卡在运用了计算机后拥有了各种设计。其中,有一张贺年卡格外吸引了我。它以土佐美丽湛蓝的海为背景,印着父亲般精神矍铄的笑脸画面。在人物的图片文字解说中,写着"大家都好吗?我很好哦"。虽然贺年卡上就写这么一点,但是我觉得非常棒,真是打破常规了。非常坦率地转达了自己的健康状况,也挂念着大家平安与否。我深受启发。

以见过这个贺年卡为契机,我也开始自由地写贺年卡了。可是,在同一天还有一件事,我发现自己被操作指南愚弄了。

从外地打电话回家,想确认不在家时的电话留言。当然,变成了留言电话的电话筒播放着录有自己声音的留言,"现在外出了,有留言的话请在哔的一声之后开始录音"。这是买电话时,向朋友请教在留言电话里录什么好,后来我就只按套路录下了他告诉我的道白。后来,就一直没有关心此事,想想真是惭愧。

我一回到家,立马重新录音。这次温柔地录下了"我感受到了您的电话"。于是结果如何呢?无留言电话减少了。

在常规的留言电话里,如果加上自己温柔的声音,我想连对方也觉得不留言的话会很失礼。我本身也是这样,如果对方的留言电话是机械声音的话,就不愿意留口信,甚至有时候会认为是不是打错电话了,手机的留言电话也是一样的。虽然大部分都是播放着机械声音,但是偶尔也有人录下了自己的声音。我的话,因为"我想听到你的声音"这样一个原因,所以在机械声音下不会留言。特别是手机,即使不留言,我也能在记录中判断是谁打过我的电话。

我认为,语言是为了人与人的接触才有的东西,语言是道具,但是通过语言可以使互相的关系更加融洽,使彼此互相挂念。

就像是我以前发的贺年卡一样,给所有人写的内容都是一样的,结果就变成了出于义务而发。

用那样的贺年卡是很难构筑起私人的人际关系的。贺年卡不该只按照操作手册上的常规形式来写,还要随机应变传达自己的心情。

(二)照片与记忆

这是与许久没有会面的朋友一起吃饭时的事情。朋友有个上小学高年级的女儿。

我开玩笑问朋友:"作为一个父亲,还是应该在运动会上尽情地拍摄视频,对

吧?"没看出来这位设计师朋友是一位那么热衷于儿童摄影的父亲呢。"嗯,就是普通程度的摄影就可以了。"他这么回答之后,神色突然变得奇怪了。

"我们还是孩子的时候,最多也就有些褪色的照片罢了,对吧?但是现在的孩子,在儿童时代留下了死板的动态图像。有很多的证据,所以不能擅自改写自己的记忆。记忆被这些影像牢牢地束缚。这样的事情,我认为是很痛苦的。"

小时候,我很喜欢听人讲故事。当时比较常见的七人家族结构,再加上在父亲工厂里的工人、帮忙做工的人、附近住的亲戚等,人们总是喜欢挤在我家里,讲着各种故事。无论是否喜欢,我身边都充斥着各种故事。

有父亲在东京驶往埼玉的列车上时遭到空袭,与祖父失散的故事;妈妈工作的工厂里发生了爆炸事故;祖母最小的弟弟因为意外事故丧生;祖父为了想要征兵检查合格,做了怎样的努力的故事;父母结婚仪式上,醉酒的农村亲戚在仪式的草坪上小便,大家傻了的脸庞;在东京工作的母亲,回到阔别已久的老家时,祖母提着灯笼在车站迎接……

只有记忆使过去重放,人们才会发现惊人的记忆力。轰炸机从空中接近。在黑暗中冲击着悬崖的风浪。在黑暗的街道慢慢地行走的灯笼微弱的光。

(一)鬼屋的电话号码

"和货车正面相撞,"刑警说,"不管怎样,彻底被毁了……太可怜。"

"不……"

悠子穿着黑西服,不忍正视白布之下丈夫的尸体。"没办法啊,因为是他自己逃跑的。"

"你丈夫撞了人,这事,你知道吗?"刑警问道。

安放尸体的冰凉空气中,悠子的脸竟些许泛青。

"好像发生了什么事呢。那天下着倾盆大雨……但是,他什么都没有说。"

"是这样啊——那你丈夫去世了,但他撞的人的赔偿方面,会很麻烦啊。"

"话虽如此,由于我丈夫要负责任,所以尽可能地,作为他的妻子,让我做些什么吧!"

……是的。一点点钱又算得了什么呢?

若代价是能从那男人和继母那里得到解放,真是太便宜了。

悠子走出屋外,耀眼的日光让她眯起双眼。

自由。我自由了!

悠子意识到,撞了人的事,反倒成为自己的"武器"。

悠子突然对久米子说:"还是内心不安。我想去自首。"婆婆开始讨好慌张失措的悠子。

那是比任何事都要愉快的经历。悠子奉承着久米子,一边往丈夫的公司打电话。小心翼翼的丈夫,想要欲盖弥彰,正在自掘坟墓。悠子猜得没错。

刑警询问的时机也是极佳的,总以为不至于那样——久米子之前都想和儿子共命运,但结果却真的梦想成真了。

走着走着,悠子终于绽放笑颜,无法遏制。

我和健一能一起快乐生活了。也许往后还能出现好男人……

悠子的脚步渐渐轻快。

"会是那样的。"

健一现在还一个人看家呢。打个电话吧。现在回家,然后——两个人一起吃美味的点心……

进入电话亭,给家里打电话的悠子听到通话中的提示音,皱起眉头。

"健一怎么……"

(他)打给谁呢,还是有人打给他的呢?

也罢,无所谓。过会儿再打给他吧。

悠子出了电话亭,走了出去。

"喂喂……"健一说。

"你好,这里是警察局。请说?"

"那个……我的母亲,用车撞了人。"

"你说什么?"

"有人,撞了人。"

"喂,你的名字是?"

健一在学校经常被表扬,据说是因为能大大方方地说出自己的名字。

当然在电话里,也能很好地说出名字——那毕竟是健一擅长的。

(二)……欠踹的背影

孤独在嘶叫。心中憋闷,这洪亮清脆的铃声显得格外刺耳。至少不要让周围的世界听见我撕碎刊物的声音。细长地,细长地。用刺耳的撕纸声来抵消孤独。也让我看见倦怠的神情。叶绿体?水蕴草?哈,就是这样的态度。好像你们看着微生物而吵吵闹闹(苦笑),我就不必了,早已是高中生。也罢,侧看着你们,纸也粉粉碎,

懒散。就是这样的心情。

黑色实验机器上堆着山一样的纸屑，又一张，背负着挂面般细长的碎纸。层层叠叠、堆积如山的纸屑，被凝缩成我的孤独时间山。

轮流（观察）显微镜的顺序一直接下去，没有轮回来过。同班的女生们看上去很愉悦地欢闹着，一边还轮番窥视显微镜。她们每一次扭动吱笑，飞扬起来微小的灰尘就受到窗外的阳光照射而闪闪发亮，异常美丽。这样的晴天，显微镜也一定能看见吧。从刚刚起，显微镜的反光镜因太阳光晃眼而烧到我的眼睛。真想拉上所有的黑窗帘，让整间理科教室陷入一片黑暗之中。

今天要做实验，所以把随意坐着的5人配成一组。或许是老师不经意间的一句，理科教室内刮起一阵非同一般的紧张气氛。说是随意——都是好朋友聚集在一起呢，亦是非要不够数的人凑到剩下的人中去——于是，寻找朋友穿过视线的伙伴们在看着看着之间就暗地勾结，编排小组。组成什么样的人脉，我是一目了然的。进高中不过两个月，现在6月，能画出班级交友关系图的，肯定只有我一个吧，尽管当时的我是被排除在关系之外的。我唯一信赖的友情线上的娟代也被抛弃了，"有谁多出人来么，听到的举起手"，那样的凄惨，哪怕是口头答复也好。睁大眼睛，我默不作声地把手举过脸，这样的我看起来像个十足的妖怪吧。

第四课

（一）牵牛花

我从十几年前开始，每年都会种牵牛花。比起观赏，被毒虫叮咬时其叶子的药用价值才是我不断种植的原因。从平常的蚊和蚋，到蜈蚣、蜜蜂都非常有效。把三四片叶子放在手中简单揉搓，就能挤出粘糊糊的汁液。将其和叶子一起涂在被叮咬的地方，立刻能止痛止痒，之后也就不需要一直挤汁液了。

我现在住在热海大洞台的深山中，在山腰上建了一幢简单的小屋。房子很小，窗户前就是斜坡。为了安全，我拉起了四面篱笆，在篱笆下面种起了茶籽。虽然一直想要弄成一个茶树篱笆，但是那需要好几年的功夫，所以今年就在东京的百货店里买了几种牵牛花种了起来。夏天快要来的时候，它们就开始交错攀爬篱笆了，藤蔓蔓延在对面的地面上。我将藤蔓放回篱笆那边。茶也在各处发芽，为茂盛的牵牛花遮挡了炎炎夏日。

每天早晨一起来，我就在窗前盘腿而坐，一边吸着烟，一边眺望景色，最后目光又回到眼前四面篱笆上盛开的牵牛花。

我从未发现牵牛花是这么的美丽。原因之一是早上睡懒觉，很少能看到刚刚绽放的牵牛花，看到的大多数是被阳光晒得形如枯槁的牵牛花，我不太喜欢这种娇弱的花。

　　但是，这个夏天，我在清晨醒来，能够看到刚刚绽放的牵牛花。比起美人蕉、天竺葵，这种水灵灵的美丽尤为特别，而牵牛花的生命只有一两个小时吧。牵牛花水灵灵的美丽，不由得让我想起我的少年时代。之后想起来，虽然少年时代就已经知道这种水灵灵的美丽，却没有在意，反而到了老年才感受到这种动人的美丽。

　　听到正房里传来声音，于是我下去看看。之前上小学的孙女摘了深蓝色、红色和深红色各一朵牵牛花作为标本材料，高高地举着走下了坡道的楼梯，这时一只虻在我面前飞来飞去，很是烦人。我用闲着的一只手驱赶它，但是怎么都不能摆脱它。我在坡道中停了下来。这时，一直飞来飞去的虻反身扎入了花蕊之中，开始吸取花蜜。它圆圆的有个虎斑的屁股好像在呼吸似的动着。过了一会儿，虻有点笨拙地从花蕊中抽出身体，立刻扎入下一朵花，然后再次反身扎入另一朵花，把花蜜吸了个遍，然后毫不留恋地飞走了。

　　虻眼中只有牵牛花，我这个大活人完全不入它的眼了。对这只虻，我有了一种亲切感，心情也愉悦起来。

（二）画花

　　在开始画花的时候，我希望我的心能像画纸般空白。就算是同一种花，仔细看，每一朵都像人的容貌一样各自有着不同的表情，并且就算是同一朵花，在早上和晚上颜色也是略有不同的。

　　再怎么常见的花，一旦抱着"这种花是这样的"这种成见来开始画的话，就难以画出这朵花本来的美丽，甚至会对面前的花置之不理。花店老板也不卖开放已久的花，但令人吃惊的是，过度开放使得雄蕊和雌蕊露在外面，有时看起来很像一张美丽的脸。就算花瓣一片两片地落下，被虫子吃掉，我也觉得挺好。花期结束，花瓣变成茶色也并没有死亡，它努力生长，现在迎来了它开始结果的美好时期。

　　也有被风吹折了的花和因为生病之类的原因歪着开放的花；有在阳光下长势良好的花朵，也有在雨天根部受到土壤的影响变得身形单薄的花。看到这些景象，感觉花和人类社会是一样的。有机灵的人，也有悠闲的人；有长得漂亮的人，也有并非如此的人。有健康的人，也有生病的人……有各种各样的人。

　　但是，我自己也经常对只了解一点的人就擅自产生"他是个好人啊"的印象。花在一天之中颜色也会有变化，更别说拥有心灵的人类。仅凭一点了解就做出判断，是完全不对的。

（一）樱花有感

每年一到3月，我就会迫不及待地期待着樱花绽放。而就在前些日子，我还在抱怨冬天不冷。如此看来，我还真有点过于现实主义了。但是，当树梢泛着红润，天空的颜色不再是暖冬的容貌，开始呈现出一种独特滋润的轻松感觉时，我便无法控制自己，感到自己的眼睛，不，不如说是感到自己全身心地在渴求樱花。

不过，我并非一直偏爱樱花。作为春天的花果，我更喜欢梅花。因其枝粗强韧，花朵纤细却韵味十足，让我一见倾心。我从少年时代起就一直深深地为梅花所吸引。当然，我绝非厌恶樱花。但是，与梅花相比，樱花平淡无奇，稍显浅薄。虽偶有美感，却难打动心灵。

其实，少年时代我之所以对樱花产生一种疏远的感情，原因并不在于樱花本身，而是缘于其他种种事情。其中之一，就是人们在樱花树下吵吵嚷嚷地饮酒唱歌。这种赏花活动，让我产生一种猥琐、下流的感觉，使我无法喜爱它。我也曾经参加过几次，但每次都让我彻底失望。之后，每当父母邀我去赏花时，我总是断然拒绝。而且，这种厌恶感渐渐迁移到樱花身上，让我对樱花也产生了一种猥琐、下流的感觉。不久，我甚至对樱花那权威似的外貌也产生了一种十分冷漠的感情。当然，我并不反对樱花为大和民族之魂的象征、凋谢时的樱花显示了武士果敢的精神等说法。岂止不反对，甚至一种伤感之情油然而生。然而，每当我看到樱花，每当那些词语进入我的脑海时，我会感到心烦。我的脑海里会浮现出教室里满口这种说辞的教师，让我产生一种无名的焦躁感。如此，可以说，是人们对樱花的种种言行，使我远离了樱花。

我不喜欢赏花时的气氛，觉得自己的樱花有点受制于人。当然，这不过源于我个人的喜好。然而实际上，社会成见是难以摆脱的，譬如很容易认为"樱花象征大和民族"的说法很蠢，但是要彻底摆脱社会成见，走回到最初的樱花却谈何容易！即便自以为摆脱一切社会成见，完全倾心于樱花之美，其实这种喜爱还是建立在自古传承下来的樱花观之上的。因此，一味地摆脱社会成见，追寻樱花的本质却越可能有损樱花的风韵。所谓纯粹之极便淡而无味是也。

那么，是否因为如此，就可以轻易地让自己接受各种观念呢？也并非如此。由于各种情况的存在，有关樱花的观念变得过于普通和呆板。若无任何防备地让这种观念得以侵入，就会失去与樱花个性相遇的契机。当然，能轻松地充分运用各种观念，

以此来捕捉樱花所具有的微妙生命，也并非不可能。但至少对于现在的我们来说，这是极其困难的。曾经，诗人们期待樱花、欣赏樱花、珍惜樱花，把自己置身于这种共同的感情之中，才能吟诵出具有个性的诗歌。此时，这种感情的共性成为支撑他们各自诗歌的独特之处。而对于我们来说，我们已经失去了这种共性和个性的幸福融合。尽管我们拥有西行的咏樱诗歌，以及其他无数以樱花为主题的名歌俳句，但是很难从近现代诗歌小说中找出一个作品，能过目一遍就在心灵深处留下樱花的烙印。可以说，这正反映了我们已失去了共性和个性的融合。

（二）失去包围的个人

现在的农村形势很严峻。人口稀少化以及高龄化不断地加剧，同时经济基盘也年年弱化。但不可思议的是，生活在农村的人们比都市的人们更觉得平安无事，那原因是什么呢？

我思考着它的理由，它存在于包围着"我"的丰富的人文历史中。在农村，自然包围着"我"，农村的人们包围着"我"，农村的文化、历史也包围着"我"。在这里，被很多东西包围着很安心，所以让人感觉活在平安无事的时空里。

现代社会弱化的原因是失去了这种被包围的安心感，而且人们远离了包围着自己的自然、地域以及风土，开始变成了生活在都市的个体。即使如此，在这之前的都市生活中，还是残存着一些"包围物"的。比如，人们被家庭包围的感觉、朋友之间的相互交流，还有采取终身雇佣制、论资排辈制度的企业带给人们像是被包围的安心感。

但如今，就连这些也开始脱落了。感觉不到被家庭包围着的人越来越多，将劳动者变成追求利益的工具的企业也越来越多，如今有三分之一的劳动者属于非正规雇用。即使是正规雇用，又有多少人可以确信退休之前的安定能得以保障呢？

我们渐渐变成"裸露的个人"，被很多东西包围着、生活着的人们，同时也失去了那些包围物，成了"裸露的个人"。

这个绝对是只看到个人利益而产生的思想。既然除了自己无所依靠，就要为自己的利益着想。如此，便展开了野蛮的市场经济，甚至出现了从市场经济退席的企业、个人增加的时代。不管是谁，即使有他们的方式，也不能平安无事的生活下去吧。

那么我们的社会具有什么呢。对于这个问题，我觉得没有一个具体的形式展现在我们面前，而更多的人认为这个社会各种各样的不安使其感到畏惧。

近代社会的思想是抓住作为个体的人。一定要视为"裸露的个人"，我想这是一个根本性的错误。如果不是这样的话，当我们被很多东西包围时，个人就会有安心感，就会有一个平安无事的人生。自然包围着人类，人类的活动包含着自然，当

这种关系成立时，自然或是人类都会相安无事，人类之间还会产生出相互交流，难道不是吗？

如今给予我们的课题是发现包含自然，使人类平安无事生存下去的方法。

（一）是朝内折还是往外折

那是好几年前的事了，（有一天）收到一封某政府机关寄来的信件。打开一看，打字机打印的文书一下子映入眼帘。也就是说，正文版面是往外折的。我心里扑通一下，当时心想：发信人大概是位年轻的事务官吧，资历尚浅所以才会出这种错误。

因为对这过分的事情感觉惊讶，所以在脑海里一直挥之不去。也没有特别留意，但如果细心留意一下，就会发现时不时会收到这样的信件。世上竟有做事如此不堪的人，实在是太丢人了。不知道一无所知的学生又会是怎样的呢？我忽然有了以他们为对象进行问卷调查的想法。

我询问了50个人，全部都回答正文版面朝内折。也有人反问我：有朝外折的吗？首先，这是常识，我暗自放心。这一次，我更肯定，是政府机关的做法太奇怪了。于是我写成文章出了书，结果却引起熟人的注意。

那个并不是无知。不要武断地认为这是缺乏常识，这种正文往外折一点也不罕见。我自己在工作上的信件也经常这样做。内容面往内折的话，打开费时，往外折的话一眼就知道是何事，便利又快捷。当然，私密信件另当别论，那个必须书写面朝内折好。

被这么一说，我感到很惊讶。原来不知不觉中，社会上已存在自己所不知晓的新方式。明明是自己无知，却还以为是对方的不是，真惭愧！（告诉我的）这位熟人不仅是活跃于大企业的最高层干部，文笔更是自成一家，是我一直很敬服的人，所以他说的话是决定性的结论。我决定要马上纠正自己的错误想法。

之后我收到一位上了年纪的女性熟人的明信片，写着她也同意看到过那样的信件。那人早些年在某机关从事事务工作时，最开始接受到的培训就是寄信件时，把文书面往外折。

经她一提醒，我才留意到，其实每天都有好几封文书面往外折的信件。多数是直邮类，一直没注意。那种信件通常不被视为正式的信，所以也没好好看，有时候甚至没拆封就扔掉了。这种信件多数是印刷品，或者是打字机打出来的，因为是用于事务、业务、宣传等，现在已经看不到往外折的手写私信。但是，外折的信件不

断增多，即便说是私信也可能会令人不放心吧。

因为需要折叠，所以文书面到底是朝内还是朝外，就成了问题。折叠后还带来了展开的麻烦。如果把整一枚信件原原本本地装入信封，那么以上问题都能一次性解决。这么思考的话，其实也不算太离谱吧。信件不折叠，原样发送。只是这样的邮件就会慢慢大型化。

（中略）

这问题，目前只能是私信的话文书面朝内，公务通信、直邮的话就朝外两种方式并存。只是希望机关或企业的人要意识到，不明白此事的大有人在。我们不管是什么事情，都不喜欢裸露。递给别人钱或物品时，一定是包着外皮的，折开信封，蹦出来赤裸裸的文书面，总感觉不太好吧。

（二）儿童节

来日本的法国人问为什么定5月5日为节日？

"（是因为）儿童节。"我回答。

"在我国，没有这样的爱心节日。"

法国人这样叹息道。去某个游乐园，他又问是什么地方。

"儿童王国。"我回答。

"日本真是重视孩子的国家呀，在我的国家里根本没有听过这种名字的游乐园。"

那个法国人，在日本生活了10年后，对我说："对日本的孩子来说，儿童节只有一天，也就只有儿童王国是为了孩子（而建造）的场所吧。"

"好像是的。"我回答。

每当"儿童节"到来时，我总会想到这件事情。要是取消儿童节，让孩子和大人能够一起拥有一年的365天就好了。把365天的一天给孩子，把巴掌大的地方给孩子，而剩下的364天都是我们大人的，把孩子从大部分的土地上赶出去的大人把空地围起来，道路上的汽车在驱赶着孩子，在街上没有孩子游玩的地方。我觉得儿童节这一天是大人还给孩子的债。

（中略）

在平日的都市里，孩子们被从道路、广场、公园的草坪里赶出去。而且有报道说，空地中放置的冰箱是导致孩子出事故死亡的主要原因之一。还有，大人出事死了，孩子则成了孤儿。这是只要你离开孩子王国就会发生的很平常的事情。孩子像个孩子样，学生像个学生样，姑娘像个姑娘样，日本的孩子生活在那种被粉饰得听起来好像很正经的话里而被无止境地差别对待。而就在这样的日本，还有一种讽刺的说

法，吹嘘着当今的孩子正受到过多保护。我不能说过多保护不存在，可是因为过多保护而把孩子从社会中脱离出去，这只不过是每个父母想要保护孩子所产生的反作用。

　　实际上，有的并不是溺爱，而只是对孩子的过分干涉。我认为只把一天作为儿童节是好事。

（一）森林交响曲

　　大阪府东北部和京都交界的地方是枚方市。位于住宅街道的市立山之上的儿童们于6月末在土地运动场上开始种植草坪。

　　"这种硬生生的感觉真好""好想草坪早点形成，想躺在上面"。127名六年级的学生享受着扎根的秋天，用长30厘米、宽40厘米的草苗一片一片地铺了大约1000平方米。

　　不管是为了美观也好，还是体育环境的完善也好，最大的目的是为了对付热岛效应。白天，日光照射着高楼大厦、道路，使其发热，即使到了夜晚，混凝土、柏油所储存的热量仍使城市的温度居高不下。应对这种现象，种植草坪是一个对策。

　　大阪府有7所幼儿园、小学，开始了共计3000平方米的草坪种植模型事业。与住宅地开发等导致绿化面积失去的速度相比，可谓是"杯水车薪"，但是作为自愿者的市内造园业的U先生说："孩子们亲自种植草坪会感到植物拥有的巨大力量。"

　　校园的草坪化在东京、杉并区、横滨、神户、兵库、名石市等地也得到了发展。从市民的立场出发的NPO法人、"草坪精神"（神户市）的代表理事远藤隆幸先生说："虽说起初是为了孩子们悠闲地玩耍，为了地区人们有休息的空间，却成了抑制城市温度上升的支柱。"

　　夏季，朝阳的土地以及柏油马路的温度超过了50℃，但是如果是草坪的话温度大约停留在30℃。冬天抑制了地表的散热，还有缓和受冻的效果。千叶大学的教授浅野义人（绿地植物学专家）说："在城市里建造森林最好了，但是考虑到土地利用就难了。于是，运动场、停车场的草坪化比较实际，不是吗？"

　　根据环保部门等报道，20世纪全球气温将平均上升0.6℃。东京、大阪等地要上升2～3℃。热带地区（一天的最低气温在25℃以上）的夜晚温度也会上升。

　　国家于3月份发表了热岛大纲，提出了对策。大阪府大农业学生命科学研究教授增田升说："自古以来，森林是守护我们的避暑胜地。而工业化、都市化的如今才让我们明白了森林的重要性。"

　　2002年一年里有47天，大阪的夜晚温度是东京的1.3倍，是"日本最热的城市"。

从由水域变为陆地的城市历史来看，绿化率的缺少是一个要因。

根据环保部门的试算，绿色覆盖面积比的"绿化率"如果提高10%的话，城市的气温将下降0.5～1℃。森林是都市降温的"自然空调"。

（二）共桌

前些日子，城市的"午饭战争"成为了话题，但不排队就吃不了的这一大都市严峻的午饭状况依旧没有多大改善。因此，午饭时在食堂拼桌就变得理所当然了。"请您与他人共桌"这样的事，根本就不算什么。

但是，单单和不认识的人相对而坐，就已经令人感到拘束，以那样的状态来吃东西就更加心神不宁了。遇到十万火急的事情时，就只能匆忙扒拉两口就走。虽说这是饱食时代，日本人吃饭时的这种景象甚至让人感觉到贫苦、凄凉。

在日本，已经弄不清是什么时候开始有了跟陌生人拼桌的习惯的。但以前的桌子普遍都很宽，没有拼桌之说，应该也不是多久以前的事吧。

但与完全不认识的人一起吃饭，又和在挤满人的电车中跟陌生人面对面站着不一样，有种特别的郁闷在里面。

与身体接触的其他作用一样，吃饭时在各个社会也有各种各样的忌讳，一般来说是谋求谨慎。因此，大多社会都或多或少有其固定的、复杂的吃饭方式。有的社会把被人看着吃饭比被人看到赤裸的自己更羞耻，也有的社会是男女分开吃饭的。

除了宴席等例外的机会，吃饭本来就是人类在自己的地盘与最亲密的人一起进行的，是十分私人的行为。

人类的地盘，虽然有些是集体的势力范围，但首先是一旦别人进入，个人就会感到不安从而想要逃走的那种非允许空间。个人周围像泡沫一样扩张的空间其实是自我的延伸。如果被迫与他人拼桌，就会变成互相进犯（个人空间），无意识中也会越发不安，不知不觉就食不知味了。

更严谨地说，为什么在吧台上，即使旁边坐着不相识的人也不会太反感呢，是因为这也叫做"个人空间"的个人地盘，其实是前面长、左右或背后短的椭圆形。

无论如何，如今在日本，家庭成员聚在一起吃饭的时间变少的情况下，也不会觉得与他人同席随意就餐有什么不妥吧。可是这若不是文化的退化，难道是文化的偏离吗？

第八课

（一）春天的魔法

这是儿子5岁时发生的事情，当时我们一家在印度尼西亚生活，每年大概有2

个星期左右的时间会回北海道的家乡。往年都是在暑假的时候回家乡，但是那年正好暑假不方便，所以决定冬天的时候回去。对于在热带长大的儿子来说，那是第一次体验到冬天。

一开始还有点担心儿子会不会感冒，但看到儿子在严寒中依然踏雪到处玩耍。不愧是小孩子啊，玩堆雪人，玩打雪仗，儿子尽情地享受着北国的冬天。

"雪化了会变成什么呢？"

"水吧。"

"不是，雪化了就是春天了哦。"

欢乐的时光总是短暂的。转眼间就到了回印度尼西亚的时间。然后儿子突然说"我要把雪带回去"，说这是因为和他住在附近的好朋友彼特约定好了。彼特是一个普通印尼家庭的孩子，所以很难轻易出国去有雪的国家。"我一定要让彼特看到雪，"儿子这样想着然后和彼特定下了这个约定。

虽说只是5岁的孩子，但也是相互许下的约定，无论如何也要让他实现。我着急地想着该如何将雪带回去，也试着询问了航空公司很多次。

"爸爸，把雪放到瓶子里带回去吧。"

"这样的话是不行的，好像可以放入干冰里装成行李带过去哦，要不把它凝固成雪人的形状放进去吧。"

儿子立刻反驳了我。

"和彼特约定的人是我，我自己带过去。"

好像是不满于通过父母带过去，因为这是和好朋友的约定。"我要用自己的力量实现这个约定"，儿子的脸上好像这样抗议着。

"父母用金钱解决问题不是好事。"妻子也同意儿子的观点。

最后决定用不锈钢的茶桶来装雪。儿子往里面不停地塞雪进去。眼睛闪耀着光辉，看起来很开心。很遗憾会立刻化掉的话，我也没能说出口。

儿子用毛巾把装满雪的茶桶卷起来，小心翼翼地放入自己的包里，片刻不离身地把雪带回去了。

到达雅加达的家里时，不出所料雪全部化掉了。可即便如此，第二天一大早，儿子小心地抱着茶桶，往隔着三户人家的彼特家跑去了。

外面响起"哇"的欢呼声，以为发生了什么事。我出去看了下，有10个左右的小孩围成了一圈，儿子和彼特在圈的中间，四周还聚集着附近的孩子。他们头挨头地往罐子里面张望着，并传来"这是日本的雪化掉后的水，好厉害啊"的欢呼声。

儿子很是得意。虽说已经化掉了，但也是自己辛苦带回来的雪。眼神放着光的

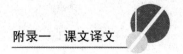

孩子围着自己，并发出充满向往的叹气声。

孩子们把这个水叫做"halu"，是儿子开玩笑说的日语。雪化了就会变成"halu"，还说着"halu 很通透、很漂亮"的话。

把"halu"交给了彼特，好友之间的约定也算是实现了。彼特发誓说会把"halu"当作宝物一样好好保存。

但是，一天晚上，彼特一脸无奈地来到我家。说妹妹发高烧昏睡过去了，想用"halu"让妹妹降温。本来"halu"就是雪，是在极寒之地降的雪，它肯定能让妹妹的温度降下来的。彼特这样想着，来到我家询问儿子是否可以为了妹妹用"halu"呢。儿子当然赞成了。

多亏浸湿了"halu"的毛巾，彼特妹妹的体温一下就降下来了。

之后一段时间，"halu 的魔法"成了附近孩子间的话题。

（二）以前没有这种事

以前没有这种事——有这种想法的事情有好几件，其中最近比较明显的是年龄意识的尖锐化。一天当中会有一两次，不，会有三四次想到自己的年龄，然后思考很多。所谓的尖锐化，也就是因为感觉到这个频率突然变高了。

人是和年龄一起生存的。一年一年地增长，自己的岁数也在变大。这个事情本身没有变化，但是对于这件事情的感受好像有很大的变化。

以前也有写过，到 10 几岁、20 几岁、30 几岁的时候，考虑到自己年龄的问题时，经常会拿父亲的年龄来举例，觉得自己还没有到父亲年龄的一半呢。接着看着老去的父亲，如果只活了父亲一半的岁数的话，会很有把握地感觉到自己的路还长着呢。然后等活到超过父亲岁数一半的年龄以后，在儿子眼里看到的就会是年龄慢慢增长到 60 岁、70 岁、80 岁的父亲，成了测量年龄的时钟。到了 70 岁会觉得，已经 70 了啊，接近 80 岁时，会感觉到"原来会变成那样啊"。孩子是看着父母的背长大的，长大之后，似乎又变成了看着父母的背老去了。

长寿的父亲近 90 岁时去世了，年龄的日历和时钟也停止了。有时候会莫名其妙地从心里佩服就这样把日子过到了 90 岁，但是也会不安这会不会成为自己的参考呢。

事到如今，不管怎么说，自己的年龄问题只能自己对待。与其考虑那个年龄的父亲过着什么样的生活，还不如多想想该怎么把握当下的自己。

即便说年龄意识越来越尖锐化，也没有必要一天好几次提到年龄。只要猛然发觉，在潜意识里还在记挂年龄的事情。

比如说，撞到一个必须勉强挪动身体的箱子的时候，就会考虑以自己现在的岁

数做的话会不会有点勉强。去做的话也可能成功，但是也会担心会不会对身体留下坏的影响。

比如说，解决了困难的课题度过难关以后，会不会觉得"以自己的岁数来说，我已经表现得非常好了"而偷偷地自己表扬自己，然后嘴里一直念叨着未必就得放弃的话。

相反，也有没做成就会觉得以自己的岁数没有做成是不是有点奇怪呢，然后变得不安，突然陷入难过的情绪里的情况。

但无论是哪一个，都会经常让人想起年龄的事情，然后在年龄这个限制里考虑事情。而以前是没有这种情况的。到了70岁之后会开始有变化。然后70岁过了一半之后，年龄在脸上会表现得很明显。接着一有机会，就算你没有叫它，年龄的增长也会自动地表现在脸上。

（一）常识这一名词

打开字典搜索"常识"这个单词时，给出的解释是"一般人拥有的，或者应该具有的知识、理解力和判断力"。

但是，如果按我个人的理解，可能会变成"在社会生活中，应当知道的、预想到的知识"。这里面的"应当知道的、预想到的知识"是这句话的难点。也就是说，每个人的思考方式和生存环境不同，这个"应当知道的、预想到的知识"的内容也会有很大的不同。

有一个"世间"的单词，翻译成英语就变成了"world(世界)"，但是"世间"和"世界"还是有点不同的。它和"社会"也有点像，但是接收到的感觉还是不一样的。土居健郎先生的书《日本人的心理结构》里说，在日本人生活的最里面有自己人的世界，这个世界不需要客气，在外面有世间，在这里需要有受束缚的用心。据说在外面还有一个完全不需要顾虑的他人的世界。

对于日本人来说，"常识"很重要是因为这个"世间"的世界。我们通过各种形式在世界里使用在自己人的世界里学到的"常识"。"被世间所嘲笑""在世间丢人"等这些词汇充满着日式的感觉。

但是从这个"世间"出来，去到完全不一样的他人的世界里的话，可能"常识并不是那么重要"了。日本人经常被人说没有公德心。在公园或大马路上丢弃空罐子，听说有这样做的原因。有人说是"出门在外，不怕丢丑"。没有认识的人的话，

做什么都可以。

比如说有个人受到一个美国人的多方照顾，然后这个人见到了美国人的妹妹。因为受到了他很多的照顾，所以拜托他妹妹帮忙问个好。日本人会觉得这是很应当的事情。但是他的妹妹却冷淡地说"我和我哥是不同的人，我们之间没有关系，你拜托我这样的事情让我很困扰。"听了这样的话，这个人非常吃惊。对于美国人来说，说这样的话好像是没有常识的表现。我深切地感受到，常识是一件很难的事情。所谓的"入乡随俗"，也就是说常识是随着地域和家庭的不同而不同的。反过来说，所谓常识，不一定是普遍被认知的知识，也不一定是合理地且被认为是优秀的规则。

某个人的父亲是东北岩手县人，母亲则是纯粹的东京人。两个人经常有意见不一致的地方。而最初两人意见不一致的地方，则是从正月吃杂煮里面放什么东西这件非常小的事情开始的。父亲说不放鱼籽的话就没有正月喜庆的感觉，而母亲则反驳说，从来没听说过往杂煮里放鱼籽这种充满腥味的东西。也就是说，对于父亲来说，往杂煮里放鱼籽是属于"常识"的事情，但对于母亲来说，不放鱼籽才属于"常识"。双方都深信自己是正确的，认为对方应该和自己一个想法，不一样的话就说"那个人没有常识"。也就是说，可以认为所谓的"常识"其实都是充满个人评价标准的东西。

像这样，常识会引起大的摩擦，这个摩擦又会因为时机不对导致误会。但是，坏的事情本身并不存在，像一句名言说的那样，它是因为时机和场合的不同而产生的。因为觉得这个常识是不是错了，通过理解这个不同从而变得理智，然后从中得到成长。

（二）K先生的时钟

一个周末，K先生为了坐巴士去S山旅行，正在做准备。衣服口袋里的便携式收音机正播着天气预报：明天从傍晚到夜里天气也许要稍微变坏。

K先生一边吹着口哨，一边拿出了手绢，像往常一样轻轻地擦拭着手表。那不单单是他的癖好，可以说是他对爱的一种表现。

K先生买这块表已经有5年了。那是工作后第一个领奖金的日子，在他路过百货公司的手表柜台时，玻璃橱里许多块表中的一块闪了一下，他觉得好像是一个女孩子在对他眨眼睛。

"好吧，就买你了。"他这样嘟哝着。从那儿以后，这块表就一直跟着K先生。K先生对他完全像是对待自己身体的一部分一样。他觉得自己尚且年轻，用不着做身体健康检查，但对于表却总是定期拿去检查。而（表在接受检查时）这几天对他来说是让人难以忍受的寂寞日子。

但正因为如此，表从来没有不准的时候，既不快也不慢，每天忠实地报告着时间。

这时，K先生听到了报时的声音，他歪了歪头。

"奇怪呀，难道报时不准吗？"

对他来说，从来没有想到要怀疑表的准确性。不过，当他调收音机的其他台，知道收音机报时是准确的时候，不禁有些慌了。汽车票都买好了，但是现在已经过了发车时间。他不仅对手表抱怨道：

"喂，你都对我干了些什么？亏我拿你当心肝宝贝一样。"可是，已经没有办法了，K先生放弃了旅行，急急忙忙赶到平日常去的钟表店。"麻烦你给我看一下。它开始慢了，好容易盼到的周末泡汤了。"

"前几天不是刚看过吗？"钟表店老板拿过来看了看，用不可思议的声音回答道：

"怪了，好像一点儿毛病也没有。"

"不可能。"

就在这个时候，突然，还在口袋里装着的那个收音机播放了一条新闻，"现在是观光季节，开往S山的观光汽车……"

听到这里，K先生说：

"就因为它，我没赶上这辆车。这只表确实有毛病。"

可是，新闻接着这样说道：

"……巴士因为事故，跌下了山谷……"

（一）和妻子的约定

妻子是左半身麻痹的重度残疾人。虽然脚上装备辅助工具、右手拿着拐杖的话也是能走几米的，但是一般都是她坐在椅子上由我推着行动。

几年前，那时我（54岁）和妻子（45岁）从所住的福井出发去名古屋。在名古屋乘地铁很方便，当然我们也是推着轮椅上的地铁。将轮椅固定在"轮椅专用位置"，锁上之后就不会移动了。就算不扶着也没关系。

车内十分拥挤，我没有座位。那时，我也不知道在想什么，就拿着妻子的拐杖站在过道中。没有想太多，只是想开个玩笑。旁边坐着的年轻姑娘看到了就说"请坐这里吧"，然后把位置让给了我。可能是把拿着拐杖的我也当成残疾人了。

我也没多想就坐下了。不经意间看到妻子，表情十分严厉，也许她觉得我装作

是残疾人骗那位姑娘把位子让给我吧。那时我才发觉我的行为是多么不合适，不由得难为情起来。虽然只是想开个玩笑，但是事到如今也没法说"啊，不是这样"。我觉得十分尴尬，头一直低着，不敢直视妻子。

　　地铁继续行驶，到了下一站一位老妇人上了车。车内很拥挤，没有人让座。我很犹豫，要是现在让座，大家就都知道我不是残疾人了。

　　就在那时，妻子用车上人都听得到的声音对着我说"定男，把座位让给她"。与其说是同我说话，倒不如说是在斥责我。妻子平时叫我一般用"喂"或是"那个"来开头，但是那时却叫我"定男"。妻子一定是忍无可忍，才把我的名字说了出来。

　　我慌忙站起身，把座位让给了老人，站在妻子轮椅的后面。这下乘客都知道我假装残疾人的事了。

　　地铁的乘客（我觉得好像）都在小声说"就算装残疾人也要坐着吗，定男"。刚才让位给我的姑娘（我觉得好像）也认为"浪费我的好意啊，定男"。（我觉得好像）车内的人都在鄙视地看着我。

　　我简直无地自容，为了不对上别人的目光，我看着窗外的风景。虽然从地铁的窗户，什么风景都看不到……

　　返程的JR车中，妻子一边哭一边对我说：

　　"请不要做这样的蠢事了。你的所作所为不仅是对我，更是对所有残疾人的侮辱。你懂吗？答应我以后别做这种事了……"

　　我想反驳说，不，其实没有这么夸张，但是看到妻子的眼泪却无法说出口，只能用细小的声音说"好的"。

　　那时妻子的话一直回荡在我耳边，虽然已经过去7年了。

（二）文化的多样性

　　世界上有各种各样的文化，他们各自拥有独特的世界观。而每个人对同一种文化有着不同的看法、思维方式。正因有了这样的"多样性"，我们才需要去理解他人的世界，与之产生交流，我们用这种方式来丰富"生存意义"的世界。

　　然而反之，也可以说，这种多样性构成了一种效率低下的恶性体系。想要理解对方的文化背景、"生存意义"的所在，就会影响交流。那样当然会产生各种误解和分歧，而逾越这些是需要花费时间的。像我这样的文化学者，倒认为这些分歧和误解恰恰是打破我们一贯的思考模式、加深新认识的好机会，但是也有人不支持这样的交流形式。

　　如果要解决世界文化多样性带来的非效率化问题，那非"数字信仰"莫属。不管它是什么文化，一万美元不就是一万美元吗？年收入三万不是比一万更让人期待

吗?所以,不管是隶属于哪种文化的人,大家不都是追求大的数字吗?就是这个道理。全球化的依据就在于"胜过多样性文化的数字信仰"。数字是有效率的,数字是易懂的。不管是对方的"生存意义"还是其他什么,都不需要费口舌,只要有数字,立刻便可交流。多少钱?甚至只要这样一问,便解决了。

但是,因现在世界上过于追求"任何人都通用的'意思'",导致出现了"谁的意思都不懂了"这样的讽刺现象。收入的数字提高便觉得很幸福——这种肤浅的"生存意义"不能使我们真正感受到活在世上。假如说学生的成绩提高了就可以了,那我们会觉得遗忘了自己重要的东西。我们的文化传承并不是像任何国家都以提高GDP数值为目标那么肤浅的东西。想用易懂的"数字"来规定我们的"生存意义"时,我们一边执迷于那种简单易懂,一边还自我纠结道"不可能那样"。这种纠结现在分布于地球的各个角落,有时化作恐怖行为或战争,有时化作青年人的反叛,有时化作抑郁症或自杀,它会以各种各样的形式出现。

我们需要从"数字信仰"中解放出来。数字是我们用来操纵的东西,如果我们被数字操纵,那我们"生命的光辉"将趋于灰烬。于是,我们那丰富的交流将消失,思考能力和感性也将损失殆尽。于是,我们的世界不再丰富多彩,不会在这里有个无可替代的"生存意义"的我,也不会在那里有个无可替代的"生存意义"的你了。

(一) 父亲的歌

现在回想起来,父亲也许是个音痴吧。

父亲虽然已经过世 15 年了,但是现在我每次回忆起父亲,心底总会慢慢变得温暖。作为女儿来说,父亲很有男子气概。父亲虽然生于大正年间,但是身高很高,尤其是小腿令人羡慕的长。小时候总是听父亲那些住在附近的童年玩伴说父亲是多么聪明。父亲是我的骄傲。

父亲总是说自己大概能活到 70 岁吧,因为剩下的 10 年想要随心所欲地生活,于是到了 60 岁就干脆辞职了。一开始对此不满的母亲那段时间总以父亲在家的事来找茬。从早到晚父亲都在家的生活开始了。父亲既不做家务,也完全不想去旅游或是有什么兴趣,只是一味小心翼翼地享受着和家人在一起的时光。

有时好像能听到在院子里拔完草的父亲念叨着什么。无意中接近的我停在父亲背后,走了回去。"爸爸在唱歌。"我过去告诉母亲。"你爸爸在唱歌?"母亲重复道,蹑手蹑脚地去看父亲,然后和我一样退了回来。"在唱歌啊。" "是在唱歌

呢。""什么歌啊?""不知道。"母亲说认识父亲30年,从来没有看过他哼歌,当然我也没见过。母亲沉下脸来,"是把我的话当真了吧。"

父亲从年轻的时候就没送过母亲什么礼物,就算是生日也不例外。母亲也早已习惯,并没有什么不满。但是前几天因为一点小事吵架的时候,母亲却生气地责问父亲说:"就算是生日,你也没有对我唱过歌或者送我一块手帕。"父亲生性认真,虽然在母亲的生日没有特意送什么,但一有机会就会买来母亲喜欢的鱼,亲自下厨。父亲不送母亲礼物,只是因为父亲太想让母亲开心,反而有点担心自己选的礼物母亲不喜欢,这点母亲很明白。

母亲生日那天,食物会丰盛一些。刺身蘸着调料,母亲也难得地喝一些葡萄酒。我把用自己存的零钱买的小礼物送给母亲。这都是母亲生日一直以来的场景。点燃蛋糕上的蜡烛时,父亲开始哼歌了。父亲当着母亲的面,有时眼神浮到别处,为母亲唱了首歌。

"忘不掉,我的爱人。"

不知道这是何时的流行歌曲了。总算唱完了,父亲对着母亲说"生日快乐。如果你喜欢,每年都给你唱。"

想起虽然有点跑调但很认真的父亲,母亲还是会笑着讲述。

父亲之后像约定的那样7次在母亲生日那天唱歌。然后在67岁的冬天突然倒下,到了70岁那年,在生养他的家里,听着最爱的家人的声音,长眠了。

从一个小小的吵架,母亲得到了一生的回忆。父亲实现了母亲的愿望,虽然笨拙但坚守了从自己口中说出的约定。父亲果然是最厉害的,到现在,我还会和母亲说起父亲唱歌的事。然后得出的结论是:父亲果然是个音痴啊。

(二)日常性社会学

法国经济学家菲拉斯提埃在计算不久后将来的人类的一生时,得出一个令人吃惊的结论。10年后法国人不得不在"工作"上花费的"时间"一共不到4万小时。这与人生的"总时间"对比起来很有意思。从我的计算来看,人一生有66万小时,睡眠占其中三分之一,剩下近44万小时。其中"工作"仅占4万小时,不过是人生的十分之一。

剩下的十分之九也就是40万小时的自由时间,我们通常称为空闲或余暇。人们对于这件事一直有很多误解,不少人说到空闲就认为是娱乐,但是正确来说,空闲是指能自由支配时间,不一定是娱乐,可以做任何喜欢的事。也可以说这是私人时间,不被任何人制约、干涉,可以自由使用的时间。这样的时间我们以10万小时为单位拥有着。

提到所谓空闲的时候，我认为下面这点很重要：空闲是个人的自由时间。这里的自由就是自由，不被任何人指定。"请这样使用空余时间"等类似的话看起来是饱含亲切的建议，但请不要当真。重点是自己的人生要能够最大程度地满足自己，要根据这个来亲自设计自己如何使用时间。自己的时间是自己的，自己决定就好。

这么想来，我们就有一点不得不反省的事。那就是现在所谓的"空闲"，大部分都是徒有其表、容易改变的。滑雪流行的时候，谁都去滑雪。说到高尔夫球，大家都热衷于高尔夫球。我认为参与到这种流行活动并将其当作"空闲"的人有很多。喜欢网球也没有关系，喜欢文学的话也可以。但是，仅短短两三年的流行对于我们唯一的人生来说就显得没什么关系。喜欢文学的话，会穷尽一生去读书，想要完全体会文学的喜悦，人生就显得这样短暂。虽然明白这一点，但是空闲就是实现自己人生的意义的行为，而非其他。人们所说的"空闲"和真正的空闲更是没有关系。我从朋友那里听说，英国有人一生都在收集跳蚤，热情地收集各种动物身上的，收集各种种类的。虽然别人看来很奇怪，但是对他本人来说，在这种行为上投入了毕生的热情，使得他的人生更加丰富，这就够了。这种事在人生的第三阶段，也就是想要对一直说的"老年"进行准备的时候，具有决定性的重要意义。人生的第一阶段（从出生到上完学）和第二阶段（工作到退休），身体健康，有时也会有麻烦，所以不缺消磨时间的事，在吵吵闹闹中时间就这样流逝。但是，第三阶段却不同。在此阶段，人是完全自由的，如果没有消磨孤独时间的"技巧"，就会很无聊。为了这第三阶段，很多人认为应该多存钱。但是，和它同样重要或更重要的事，我认为是准备使用"时间"的方法。现在尚处于人生第一阶段的年轻人们如果现在就去考虑几十年后的第三阶段，会被认为很滑稽，但是这是要一生去追求的自我。早一步设计人生，绝非没有意义。

（一）适当的距离感

如果和陌生人相遇的话，经常会根据与对方的关系决定坐和站的位置。这不需要彼此交谈，也不需要有意识地思考。举个例子，是要表现出亲近感而站得离对方很近，还是为了不表现出假装亲近而刻意远离，这都不需要问自己。在这种情况下，只要遵循"感觉正确"的距离感就可以了。

"人们感觉合适的"距离，明显受到其所属文化的支配。当两个人是相同文化里的成员时，基本上不会为应该站在距离对方多近的程度这样的问题感到苦恼。然

而，如果他们出身于对与他人之间的空间拥有不同想法的文化环境里，时常会产生各种问题。

在欧洲社会中，根据人们与他人站的距离的远近，大体上可以划分为3个区域。

第一个，就是被德斯蒙德·莫里斯称为"肘部区域"的区域。这个区域中，人们接近的程度就是能够用肘部接触彼此的身体的距离。这个区域包括西班牙、法国、意大利、希腊、土耳其等国家。

第二个区域涉及大部分东欧国家，包括波兰、匈牙利、罗马尼亚等。在被称为"腕部区域"的这个区域中，如果人们想接近的话，会将自己放在通过手腕能够触及对方身体的位置。

最后一个区域被莫里斯称为"指尖区域"。保持这个区域的包括英国、比利时、德国、斯堪的纳维亚等国。这个区域中的人们，不想和其他人接近到一臂的长度之内，即使触及不到彼此的身体，也绝不会感到不满。

关于这种与他人接近空间不同的区域，最令人瞩目的就是其各自的地理分布。"肘部区域"位于欧洲最温暖的地区，"指尖区域"位于最寒冷的地区，而"腕部区域"则基本位于中间地区。从这一点可以思考出多种原因。首先，也是最明显的原因就是气候。周围的气温对人们的快感指数和幸福指数产生影响，这是众所周知的。而对于温暖的气候还能够再进一步说明，如果气候温暖的话，就会为人们提供在野外接触的机会，因此对人们的社会风气带来影响。地中海沿岸的各个地区，夏天温暖且降雨少，即使在冬天也是非常适宜生活的天气。因此人们在野外聊着度过的时间比其他地区的人更长。

这样频繁的接触（也比其他地区的人们更频繁）使人们连接得更加紧密，对于人们一直喜欢坐在或站在离对方多近的地方的问题上，这一点起着很大的作用。

（二）男性？女性？

统计数理研究所于上月末发布了"日本人的国民性调查"结果。调查自昭和28年（1953年）开始每5年实施一次，从结果来看，认识到日本人想法的推移，颇有意思。

在本次调查结果中，我想边看有关男性女性的调查结果，边陈述我的看法。以前多数女性希望来生转世为男性，这个倾向如今逆转。

问题为："如果有来生的话，希望转世为男性还是女性？" 69%的女性回答"希望转世为女性"。而在1958年的调查结果中，有64%的女性回答"希望转世为男性"，两者完全相反。

与此关联的，如果问"快乐更多的是男性还是女性？"以前男女都回答"男性

更快乐",而这里也发生了逆转现象。从男女全体来看,回答"女性"更快乐的占42%,回答"男性"更快乐的占38%,开始有所抑制,表现出了女性优势。

在我国,这一现象反映出男女的生活方式和想法发生了相当程度的变化,极有意思。不过,解读这一结果并不简单,不可轻率地判断。

当然,很大的一个因素是最近突然开始强调的男女共同参与的社会已实现了,要改善之前的男性优势的社会状态。可是,主要原因不仅如此。就是说,虽然男女共同参与的社会已实现了,我不认为应该满足于如数字所显示的这种程度。必须承认,还有很多地方男性处于优势地位。

七成的女性希望"转世为女性",从男女全体看,虽能判断女性比男性更快乐,但在现实状况中,仍有需要注意的地方。可以认为这些数字反映出了"女性时代"正在到来。

这也就是说,表现出不是"因为男女能做同样的事情,所以没必要羡慕男性",而是"女性作为女性快乐,并且比男性更快乐"。可是,在这里急于下结论,认为男性要"像个男人"、女性要"像个女人"生活就好,却是不可取的。

毕竟,这里说的"像个男人""像个女人"究竟指什么,有必要试着考虑一下。在这个调查中,男女双方都以女方更快乐作为理由之一,男性仍受社会惯例的制约,而女性则自由——这是以往"像个男人"之类的话中所包含的意思——可以做喜欢的事情,所以很好。据此是得不出女性"像个女人"那样生活就很快乐的结论的吧。

那么接下来这样想如何?以往被认为是男性工作的领域是政治、经济、军事等,与此相对,被认为是女性工作的领域则是文化、表演艺术、家政,比较两者间的差别,前者比后者价值更高,因此认为男性比女性的地位更高,但最近发生了变化,不是吗?

女性和以往相比,在政治、经济、军事等领域参与程度要高得多。同时,男性也比以往在相反的文化、表演艺术、家政等领域的参与度高起来,认为这些是"女人的工作"的人减少了。这之中,关于以往的分类,一般男女都开始认识到女性比男性更快乐,这才是原因吧。由于这样的工作分类,所以女性的时代正在到来吧。

男性和女性的问题,非常复杂,决不能用一般的手段来分析男女,其意思也无法明确。因此,对于今天的调查结果,即使不急于做出回答,仍可以说打破以往常规的有趣的事情正在发生吧。

第十三课

(一)青年性健忘症的原因是什么?

经常听到新闻报道,为严重到无法继续工作的健忘症而感到苦恼的二三十岁的

青年人在不断增多。其原因被认为由于对话不足,这一点应该怎么理解呢?

众所周知,如果上了年纪,健忘症就会加重。如果想不起来要说的话,自己也会觉得自己上了年纪了。形成记忆场所的脑细胞,在20岁左右的时候就会停止生长,其后就是逐渐死亡。然而,世界上也有超过90岁还精神矍铄的人。这些人的特征就是好奇心旺盛,而且没有丧失对异性的兴趣。

也就是说,我认为如果在遗忘的事情之上添加了对有关新事物的记忆,就不能再说他们老糊涂了。但是对于青年健忘症来说,虽然同样也称为健忘症,但是大脑却完全没有出现异常。用计算机词汇来说的话,可以表述为硬件没有问题,而是用于存取记忆的搜索软件出了问题。

当然,青年人的身体年轻,因此不能认为他们能够使用的脑细胞不断减少。显然是能够调出曾记住的事情的机制出了某些问题。

人们是怎么样检索并提取记忆的呢?就像在生气的时候曾经使自己生气的记忆会复苏一样,感情与记忆力之间强烈的关联是人所共知的,还有声音、气味、皮肤的感觉,也能够使记忆更加鲜明。为了想起记住的事情,可以说感情或感觉与搜索的关键词非常复杂地纠缠在一起。

就像如果不键入正确的关键词就无法找到目标信息一样,我们可以说,如果生活的感情或者感觉变化很小的话,对于事物的回忆就很困难。

举个例子来说,与难对付的人搭话感到很痛苦,就是一种很好的刺激。然而,为什么有必要刻意地给自己刺激呢?似乎可以这么来思考:

交通工具是为了让我们加快脚程的便利设备,但是同时,如果我们过于依赖的话,它也会变成使我们的下肢变弱而退化的危险设备。另一方面,包围着我们的大部分方便的设备都配备了电脑,连电饭锅中都安装了电脑主板,在这些便利的设备对我们的脑力进行增强的同时,如果过分依赖的话,也会成为使我们大脑作用弱化的危险设备。

也许这就是产生青年型健忘症这种脑力低下症状的原因吧。

(二) 蜂鸟的故事

你知道蜂鸟这种鸟吗?蜂鸟是鸟类中体积最小,体长仅为3厘米的动物种属。它们筑的巢很小,产出的鸟蛋如豆粒般大小,常采集花蜜作为食物。首次看见蜂鸟振动小小的翅膀,一边飞翔一边吸食花蜜时,肯定会认为这是一个童话世界吧。

但是,这种鸟却生活在现实世界中。这样的小鸟存活在世上,本身就是一件不可思议的事情。这是因为这种小鸟本不应该活下来的。蜂鸟的体温与外界空气无关,一直可以保持在一个稳定温度。如果无法保持恒定温度,蜂鸟就会像人类被冻死一样死去。但是,如果身体非常小的话,相较于体积而言,其体表面积明显增大。也

就是说，体温维持除与散发出必要热量的体型有关外，与散热表面积过大也不无关系。因此，蜂鸟为了存活下去，必须维持必要体温，不断补充从体表散发的热量，否则，体温就会不断下降。

由于蜂鸟存活在热带地区，所以可能有些人认为不可能出现上述情况。但是，实际上蜂鸟的"经济状况"，也就是说，对食物（收入）和为维持体温而产生的体热（支出）关系进行了调查，发现蜂鸟是刚一摄入食物就马上支出热量（散失体热），想尽办法保持收支平衡。如果热量摄入停止后，数小时内其热量收支就会失衡。也就是说，如果停止摄取食物，热量生成会立即停止，导致蜂鸟体温下降，最后冻死。

夜晚来临时，蜂鸟也必须停在树枝的枝头睡觉。它们每天可以将近12小时不吃不喝。本来，蜂鸟在这个期间能量储备几乎耗尽，如果体温下降就会被冻死。不过几万年以来，蜂鸟一直活了下来。这是为什么呢？

这是因为蜂鸟们每天晚上都在冬眠。热带的夜晚不是很热。气温可能低于20℃。夜里到来后，蜂鸟就不再是恒温动物了。它不进行体温调节，成为爬行动物一类的冷血动物。体温会一下子下降到大气气温水平。仅进行微弱的呼吸，肌肉也不活动。因此，我们可以用手轻而易举地抓到晚上休眠的蜂鸟。早上气温升高，蜂鸟气温也升高。当体温超过一定温度后，蜂鸟会苏醒，成为恒温动物，开始采集花蜜，飞来飞去。

由于这些原因，蜂鸟虽然拥有宝石般的美丽，但为了维持小小的生命，只能居住在中南美洲的一部分地区，也就是一年内没有下过长雨，白天气温高，夜晚气温较为清冷的地方。如果中南美洲气候发生变化，雨水变多，或者冬天来临，或者晚上很炎热，无论上述哪一种变化，可能都会导致蜂鸟灭亡。这也是蜂鸟与生俱来的遗传基因和环境之间不可调和的矛盾所引起的。

第十四课

（一）米饭供应

在实施伙食供应的小学、初中等，米饭供应正在扩大。国立、公立、私立学校中的99.9%都进行供应，2007年的供应次数达到全国平均每周3次。根据文部科学省上个月发布的信息，2008年正在增加为每周3.1次。

第二次世界大战之后，以夹心面包和脱脂奶粉为主开始实行的学校伙食供应，完全改变了形式。修订后的《学校伙食供应法》在去年春天开始实施的同时，伙食供应自身的目的也由"营养改善"完全转变为"饮食教育"。

米饭供应正式出现于1976年，当时的目的是希望吃掉多余的大米。而现在似

乎已经成了学习日本传统饮食和培养对于食材的思考的最佳教材。

完全实行一周5次米饭供应的学校在全国范围内只有5%。其中，新泻县三条市于2003年开始制订以米饭为主的伙食供应，并从2008年开始取消每月1～2次的面包和面条的供应。

也有忧虑的呼声表示："孩子们吃腻了米饭，剩饭多了。"但是对于剩饭进行调查的结果显示，与2003年相比，今年小学的剩饭率下降了9.8个百分点，中学下降了9.2个百分点。孩子们也正在接受（米饭为主的伙食供应）吧。

有所谓"身土不二"，意思是人类的身体与土地合二为一。明治时期的军医石塚左玄等提出展开"自然饮食运动"的口号，倡导"以自己生活的土地四里范围之内收获的时令食物为食"的思想。

这是与以当地的鱼类和蔬菜为食的"自产自销"相同的思维方式。如果在伙食供应中以大米为主食的话，会带来配菜中传统饮食数量的增加，当地出产的蔬菜和鱼贝类也会被更多地使用。

如果不选择进口食材，而选择当地出产的食材，就与抑制运输时产生的二氧化碳量的"食物里程"的思想相吻合。为了使伙食供应成为学习和利用地方农产品等的机会，应该在现有的水平上增加地方食材的使用。

文部科学省于1985年制订了米饭供应"每周3次"的目标。由于该目标已经实现，所以从去年开始实行"每周3次以上"的制度。无法制订"每周4次"目标的原因，来自于提出"设施负担增加"的自治团体，以及"受到打击"的面包制造业的强烈反对。

如果考虑自产自销的话，仍然有余地研究引入米饭制造面包，去年的人均大米消费量为59kg。这是消费量最大的半个世纪之前水平的一半。食材自给率也从1965年的73%下降为去年的41%，与达到100%的美国、法国相比，明显处于发达国家的最低水平。

思考因大米消费不振而感到痛苦的农民以及食材自给率，也属于饮食教育。

（二）面部表情

面部表情是交流的主要元素。通常来说，在人与人交流（社会性的相互作用）中，面部是最先被观察的身体部位。然而，正确分析面部表情，就算对于以表情意义为基础的共同文化体系中的人来说，也是非常困难和复杂的。

这个问题在不同文化圈的人们相遇的时候尤为显著。学者们选取了10种表达基本感情（喜悦、悲伤、愤怒、恐惧、轻蔑、憎恶、困惑、感兴趣、坚定、惊讶）的常见表情，发现即使在不同的文化圈中进行统一分析，也能够得到一致的意见。

但是当人们想通过虚假的面容掩饰自己的真实情感时，分析的难度就增大了。当人们打算通过虚假的面容掩饰的时候，就会使用一系列充满趣味的技巧。当人们

不想表现出真实情感的时候，也会用其他的表现方法，例如在感到愤怒的时候，却做出似乎很愉快的表情。

还有，人们在改变面部表情的时候，会使用其他表情作为补偿。在人与人的交往中，日本人一般会被要求抑制强烈的或者直接的表情，即使是没有压制的时候（也会这样）。不会抑制自己情感的人，会被别人认为不够成熟。愤怒、憎恶以及轻蔑这些表达否定感情强烈的表情（不受语言的支配），可能会使他人感到困扰。就连喜悦的表情也要抑制，以免使他人感到不愉快。

个人行为遵循这样社会性规范的最好方法，就是使用通过虚假面孔来掩饰的技巧。因此即使是日本人自己没有意识到，也会时常在不经意间流露出意义不明确的表情，这却是西方人经常无法理解的。这就是为了不使他人感到不快活或困扰，而试图将强烈的感情缓和的技巧之一。

（中略）

当然，根据表情的种类、顺序、作用、时机、持续时间、出现频率等，也不是无法推测出感情的变化，但这里只是对其进行科学分析的讨论，希望大家关注日本人非常有节制的情感表达方式。

第十五课

（一）好人有好报

几年前，某大学入学考试中出现了这样的问题，"请就'好人有好报'这句话叙述您的看法"。

最近的年轻人对于这个俗语的含义，大部分进行了截然相反的解释。他们接纳的意思是"如果为他人做人情的话，会将其宠坏，这样不好"。很明显，这句日语本身就可有多种解释，因此如果不知道其真正含义的话，这样理解也是无可厚非的。

（中略）

《圣经》中也有这样的话："如果不期待绝对的回报而为别人做什么的话，将会数倍返还。"对此，我自己就有过多次体验。然而人们在做任何事情的时候，无论采用什么借口，还是假装没有任何私心，实际上全都是为了自己，无论为他人做什么，都只是由于自己心情会变得开心才去做。如果能让对方开心的话，也是由于那样能够使自己也开心才会去做。由于双方都开心，所以才说这样很好，但是全不能说总是这样。

问题就出在对方不开心的时候。如果"为他人做了什么"，对方却不开心的话，

大部分人的情绪会很糟糕,这就是因为从开始就期待为对方做什么会有回报。在这种心理作用下,为对方做了什么,却没出现期待中的回报。世界上这种类型的人非常多。更过分的时候,甚至会肆意地强加于人,也会要求回报。想用不道德的商业手段邮寄邮件的人,实际生活中有很多。

(中略)

人们自己现如今做的事情,将成为决定将来的"业"。现如今的自己也是存在于过去的自己的"业"之上的。现如今的自己不是突然变成目前的自己的。总而言之,如果说很繁琐,也许真的很繁琐,但是人们的现在或者未来都存在于"业"的延续之上。

人们在任何时候都尽量只去做自己想要做的事情。人就是这样的动物,并根据自己希望的那样由已经发生的结果创造现在的自己。有一点厌烦的话,任何人都可以改变。旁观者看到,可能会觉得"不幸",但是很多是自己喜欢才那样做的。

(中略)

只有真心体会到能够为他人"做事的可贵"时,才能够不再期待绝对的回报。

(二)报纸、通讯社

报纸、通讯社发布每天的消息时,不仅仅要较多丰富的刊载收集、积累的信息,更要以公正的原则编写更加适当准确的报道,虽然一再对此进行创意研究,但是在媒体环境中,报纸印制等出版行业正在实行计算机化,对于通过互联网发布信息的要求更加强烈。同时,符合广播数字化的通讯与广播的融合也在进行,它们的面貌都在不断发生巨变。其中,报纸、通讯社的主页成长为日本具有代表性的网站,各家公司都为了能够立于技术进步的前列而不断努力。

另一方面,报纸从肩负着公共使命的报道机关的立场出发,尽可能地不辜负读者希望通过印刷品或广播素材进行各种报道的要求。然而,经过数字化处理的信息能够简单地复制,无论复制多少次,品质也不会下降。如果刊载在互联网上,信息能够瞬间被全世界所获悉,而且能将获取的信息进行加工并发布,这时信息的双向交换也成为可能。对于作品转载的认定,经过2次、3次、4次转载的信息以何种形式传播,其具体的形象已经难以勾画,也还没有出台如何认定著作权人的明确标准。

因此,当互联网或者企业内部网络(LAN)想要刊载曾经在报纸上或互联网上刊载过的新闻报道或报道照片等时,该如何应对,不同报社的看法也是各式各样的。

报纸、通讯社对发布的报道、新闻快讯、照片、图片享有著作权,如果擅自使用,就构成著作权侵权。想要使用时,必须得到著作权人的许可。对已引用或者介绍报

道概要等，在法律意义上不需要著作权人的许可就能够使用的情况下，也存在其条件是否真正得到满足的含糊情况。同时，关于互联网的特征之一的"链接"，也有可能因表示方法不同而产生问题。这样的情况也不在少数。

无论使用者一方打算以何种形式使用信息，其动机、使用形式都是多种多样的，因此如果报纸、通讯社对各自的事务不加以过问，即使许可使用，也会陷入将一般论点作为结论进行传达的难堪境地。包括链接或引用在内，希望在互联网或者LAN上使用的时候，首先请与最早发表的报纸、通讯社取得联系并进行商谈。

（一）某银行自动存取款机（ATM）手续费说明

日期	时间段	存款	取款	转账1	转账2
平时	0:00～8:45	105日元		无法使用	
	8:45～18:00	不收取手续费			
	18:00～24:00	105日元		210日元	
周六	0:00～9:00	105日元		无法使用	
	9:00～14:00	210日元			
	14:00～24:00	210日元		无法使用	
周日・公休日	全天	210日元		无法使用	

※使用本银行信用卡的顾客在时间段外免手续费。（仅限存取款）

※3万日元以上的转账需要在平时手续费的基础上加收105日元。

※由ATM产生的信用卡还贷只限白天营业时间请知tonu。

※在使用便利店自动存取款机的时候，根据各个合作机构不同，手续费也不同，请在屏幕上确认。

（二）招聘中的兼职工作一览表

店名	时薪	交通费	工作内容・资格等
拉面大将	800日元	不支付	简单的配菜工作，以及接待客人、上菜等。不提供伙食。招聘18岁以上身体健康的男女！
雇主警备	850日元	一天500日元	在指定的地点从事警戒工作及处理杂务。招聘25岁以上的男性，要求能够值夜班。
丸山书店	700日元	不支付	接待客人及书籍整理。要求周六、周日可以上班，年龄、性别不限。
中村超市	750日元	不支付	接待客人、结算及商品整理。招聘17岁以上性格开朗的男女。
藤川运输	800日元	一天200日元	搬家业务。周六・周日・法定假日能够上班。招聘18岁以上体格健壮的男性。

附录一 课文译文

增田商店	740日元	不支付	蔬菜的店面销售（在商店前的柜台销售），负责采购的蔬菜分类等工作。
K商业中心	860日元	不支付	接待客人、结算以及商品陈列。招聘25岁以下的男女。
池鹤蔬菜水果	700日元	不支付	水果和新鲜果汁的店面销售。年龄、资历不限。
月台中心	820日元	一天200日元	负责接待客人、接受订单、库房整理等业务。招聘20岁以上的男女。
山本建设	900日元	一天200日元	施工现场的保安业务。招聘20岁以上的男性。
山田面包房	730日元	不支付	面包销售。提供美味的面包！17岁以上，能够在清晨工作。
丸银饭馆	720日元	不支付	接待客人、配菜助理等。能够在周六、周日工作，招聘活泼并健康的人。
永田游泳教室	800日元	一天200日元	游泳指导助理。20岁以上男女均可。有指导经验者优先！
热乎盒饭	820日元	一天200日元	简单的配菜及外卖业务。招聘18岁以上，有汽车或电动自行车驾驶执照的男女。
北山西餐馆	850日元	一天400日元	配菜助理。招聘20岁以上的男女，有厨师执照的优先，提供伙食。
都市寿司	790日元	不支付	寿司的销售及外卖。招聘18岁以上，有汽车或电动自行车驾驶执照者，提供伙食。

（三）

空房信息说明

	线路名称最近的站	距离最近的站公交车/徒步所需时间	租金/月管理费等/月	押金或保证金酬金（押金退回）	房屋配置使用面积	建筑年代使用的年数	备注
a	小场原线 畑野站	— 15分钟	3.28万日元 3500日元	无 1个月（不退还）	1K 20.28m²	2004 6年	
b	小场原线 枝瀬原站	— 20分钟	3.00万日元 1500日元	5万日元 无（无）	2DK 32.00m²	1986 24年	停车场 5000日元
c	世后滨站 内野边站	— 13分钟	3.00万日元 无	2个月 无（无）	2DK 33.00m²	1972 38年	
d	小场原站 新间图田站	10分钟 12分钟	6.60万日元 3000日元	2个月 1个月（不退还）	3LDK 165.57m²	2000 10年	停车场 4200日元
e	世后滨站 内野边站	10分钟 17分钟	6.50万日元 2500日元	2个月 无（无）	3DK 48.00m²	2000 10年	停车场 免费

f	小场原站/ 江之岛线 阪见大野站	13分钟 17分钟	2.30万日元 1000日元	1个月 无（无）	1K 17.20m²	1986年 24年	一体化浴室 停车场 10500日元
g	相出图线 八濑站	— 10分钟	2.00万日元 1000日元	2个月 无（无）	2K 23.10m²	1977年 33年	无浴室
h	小场原线 阪见原站	— 10分钟	3.00万日元 无	1个月 1个月（不退还）	2K 26.40m²	1974年 36年	无浴室
i	江之岛线 长户站	10分钟 15分钟	4.30万日元 2000日元	2个月 2.15万日元 （不退还）	2LDK 42.00m²	1986年 24年	
j	江之岛线 图流间站	— 18分钟	2.80万日元 无	1个月 无（无）	1R 11.26m²	1990年 20年	一体化浴室
k	乡急站 贺见大冈站	— 3分钟	2.90万日元 无	1个月 1个月（不退还）	2K 22.62m²	1965年 45年	无浴室 停车场 5000日元
l	小场原线 枝濑原站	— 18分钟	6.00万日元 无	2个月 1个月（不退还）	3LDK 56.00m²	1994年 16年	停车场 6000日元

＊房间配置符号阅读方法：3LDK表示：房间3个＋L（客厅）＋DK（厨房餐厅）

2K表示：房间2个＋K（厨房）

1R表示：房间1个＋R（阁楼）

＊备注阅读方法：空栏表示：带浴室和卫生间（独立），无停车场

一体化浴室表示：浴室和卫生间在一起

地板铺装表示：木地板铺装

停车场收费标准为月收费标准

附录二　语言文化广场译文

第一课

日本教育

从古代到现代，日本的教育经历了多个发展阶段，通过不断地改革完善，逐渐稳定成形。

古代日本教育

日本古代有一定组织形式的教育，是从儒学传入日本后，在宫廷中设立私学开始的。圣德太子在593～622年摄政期间，大兴文化教育事业，创立众多佛教寺院以传播佛教；同时，宣扬孔子哲学，曾向中国隋朝派遣使臣和留学生，移植中国的封建制度和文化。646年"大化改新"诏书颁布后，日本开始设官治学，仿照中国唐朝的教育制度建立日本的贵族教育制度。668年天智天皇即位，开始在京都设大学（或称大学察），在地方设国学。奈良时代，官立的大学和国学、私塾、家学三种教学形式出现并发展起来。平安时代中期，大学衰落，私学有了发展。到了江户时期，幕府为了维护封建等级制度，尊崇中国宋儒朱熹创立的朱子学，教育机构分为幕府直辖的学校、藩学、民众教育所三种。

近代日本教育

1868年，明治政府实行了"明治维新"，设置文部省，改革学校制度。1872年颁布《学制》令，开始探索教育改革问题。1877年明治政府把东京开成学校和东京医学校合并，改为东京大学，建立了日本近代史上的第一所大学。1886年政府制定《学校令》，设四年制普通小学和四年制高等小学，使普通国民能够获得初等教育。1918年公布的《高等学校令》将高等学校分为文理两科，允许地方设公立大学，允许私人团体设私立大学。

第二次世界大战期间，日本实行战时教育，确立了军国主义的教育体制。强迫学生服兵役、征用学生劳动力；减少文化课、增加军事训练课。战争末期，日本学校教育完全陷入瘫痪和彻底崩溃的境地。二战后，日本以美国教育为样板确立了资产阶级民主教育制度。1947年，日本开始实施教育史上的第二次教育大改革，前后用了3年多的时间，建立了新的教育制度，学制和教育管理体制发生了重大变化。

现代日本教育

经历了战后的教育改革，现代日本的教育主要包括小学（6～12岁学生入读）、初中（12～15岁学生入读）、高中·高等专科学校（16～18岁学生入读）、大学·短期大学四个阶段，从性质上分成国立、公立（都立）、私立学校。义务教育年限从6年延长到9年，即小学6年和初中3年为义务教育；再加上之后的高中3年、大学4年，确立了"6·3·3·4"新学制。小学下面有幼儿园，大学之上设研究生院。幼儿园是非强制性学校，招收3岁以上的儿童。小学和初中是强制学习阶段。截至当年4月1日满6岁的儿童都要上小学，所有读完小学课程的儿童都要升入初中继续学习。初中毕业后即可根据个人意愿继续升学学习，也可以参加工作。

由于高中并非义务教育，所以不论初中毕业后升入高中或高等专科学校，学生都必须参加入学考试。高中学制为3年，分为普通高中、高等专科学校、定时高中和函授高中（定时和函授高中学制为3年以上）。高等专科学校学制为5年制，简称高专，专业涉及工业、商船、无线电、航空等领域。定时高中和函授高中主要面向对象为无法全日制学习的人。高中毕业后即可获得短期大学（以下称短大）和大学的考试资格。短大学制2年，大学学制4年。短大及高专毕业后有时也可以直接编入大学三年级。大学毕业后可以进入研究生院深造，研究生院（硕士课程）学制一般为2年。

每年的新学年从4月初开始，到下一年的3月底结束，每个学期之间会有假期。根据法律规定，每个学年最少有210日为上课日，但是大多数公立学校会拨出大约30日，作为学校节日、运动会和非学术上的仪式（特别是一些鼓励合作和学校精神的仪式）安排时间。

在教育理念方面，日本重视学习海外教育的优秀成果。无论是古代封建社会时期对中国的效仿，还是明治维新后对西方教育模式的学习，都可以看出其善于博采众长的特点。其次，注重硬件设施的投入与使用，也更加注重教育发展的均衡性。以日本小学为例，无论是地处偏远的乡村，还是繁华的都市中心，教学楼、运动场、图书室等都是不可或缺的基础设施，还有美术室、计算机室、音乐室、保健室等。另外，日本还注重教学过程中特色活动的开展，如学校的各种节庆仪式、修学旅行等活动。

虽然日本教育还存在不公待遇、校园欺凌等问题和弊端，但总体上来说，日本教育还是较为完善和成熟的，在亚洲乃至世界都处于较为领先的水平。

第二课

日本报纸

日本的报纸根据内容大体可分为以下四类：报道各方面消息的综合性报纸；专门报道各行各业的专业性报纸以及以报道体育界、演艺界为主要内容的娱乐报、体育报，以报道工商业等业界情况为主的报纸。

一般家庭阅读的报纸大部分是综合性报纸，综合性报纸中发行量较大的是《读卖新闻》《朝日新闻》《每日新闻》三大报刊。这三家报刊面向全国发行，因此被称为全国性报纸。反之，在特定地区内发行的报纸被称为地方报纸。由于近年来日本经济持续不景气，订阅《日本经济新闻》等专业报纸的人也在悄悄增多。

日本报纸分"朝刊"和"夕刊"。"朝刊"是早上送的报，"夕刊"是傍晚送的报，但是日本的"朝刊""夕刊"和中国的日报、晚报不同。中国的日报和晚报是两种不同的报纸，而日本的"朝刊"和"夕刊"是同一种报纸分早晚两次送递。

在东京，有专人利用人们在家的时间，挨家挨户地推销报纸。如果工作繁忙，碰不到推销员时，只要打个电话到住家附近的报纸销售店，马上会有人上门服务。契约一般最短为3个月。签约时，订户通常还会收到啤酒券、洗衣粉之类的小礼品。

日本报纸的特点：①商业性、股份制经营；②广告占收入的40%；③5家全国性报纸，发行量占到全国日报发行量的60%；④在日本舆论界居于主导地位。

日本报业作为媒体集团实行实业化经营，报纸出全国版、地方版，涉及杂志、图书、电视等媒介产业，也跨行业兼营房地产、保险等其他业务。

全国性的五家报纸：

一、《读卖新闻》：1874年11月2日创刊于东京，创始人子安峻。初为市井小报，持"俗谈平话"的编辑方针，以刊载通俗小说为主要特色。办报方针是"要敢于同左右两翼独裁思想作斗争"。《读卖新闻》是日本的第一大报，也是世界第一大报。2009年该报日均发行量达到1408.1万份。以市民为主要销售对象，《读卖新闻》拥有大约10万投递员组成的投递网络，99%的报纸都是由他们直接送到订户手里，同时负责回收旧的《读卖新闻》，回收率是50%。

二、《朝日新闻》：1879年1月25日在大阪创刊，创办人是木村滕、村山龙平，办报方针为"不偏不党"。1888年以《东京朝日新闻》的名义进入东京出版市场。1930年前后，与《读卖新闻》《每日新闻》在东京形成三报鼎立竞争的局面。1940年9月1日将日本各地出版的该报纸统一命名为《朝日新闻》，现发行量为1200万份。

该报初为插图小报,民权运动时期开始涉足政治,刊载言论,兼具大报和小报的特点,且以中立面目出现,追求新闻报道的时效性,努力采集独家新闻,在华盛顿、伦敦、开罗、曼谷、北京(成立于1964年)设立《朝日新闻》的5个总局。其特点是:①读者对象主要是知识分子,被称为"高雅而不俗"的报纸;②保持时效原则,不断引入新技术、新设备。

三、《每日新闻》:《每日新闻》前身是1876年创办的《大阪日报》。报纸创刊的口号为"争论之下,显现真理"。官方公布发行数量为393万份。原来读者对象以农民为主,现在转而争取市民读者。1918年实行股份公司制,国内设四局,国外在华盛顿和伦敦设两局。早刊28版,发行量近400万份;晚刊16版,发行量约160多万份。同时出版其他报纸、杂志和书籍,并拥有多家企业。

四、《日本经济新闻》:《日本经济新闻》前身是1876年创办于东京的《中外物价新闻》周刊。1946年3月起改名为《日本经济新闻》。其办报方针是"中正公允,促进国民生活基础——经济的和平民主发展"。报纸以日本中产阶级为读者对象,读者大多是日本经济界、政治界等各界的精英和公司的从业人员,其影响力远远超过了它的发行量。报纸内容侧重于经济报道,以经济信息为中心,带有一定专业性。它是全世界发行量最大的财经类报纸,2005年创造了463.5万份财经类报纸的发行记录。

五、《产业经济新闻》:前身是1933年在大阪创办的《日本工业新闻》,日本最大的财经类报纸,1942年由关西地区的多家经济类报纸合并而成。该报的宣传口号是"不避讳、不炒作、讲要闻的报纸",立场倾向于保守主义,被部分人士讥讽为"自民党的推销员"。1958年将东京分社作为总社,重心转移到东京,从而成为全国性报纸。它是股份公司制,在东京、大阪有两个总社。早刊发行量200多万份,晚刊发行量90多万份,旗下还拥有其他文化产业。

日本社会治安

从日本警察厅获悉,2014年全年警方掌握的全国刑事案件共约121.22万起,较上一年减少10.19万起(7.8%),为战后第三低。

日本是当今世界上最发达的资本主义国家之一,作为世界第三经济大国和人口最密集的国家之一,社会管理水平高、治安状况良好,被公认为世界上社会治安秩序最好的国家之一。

然而，对社会治安影响最显著的莫过于暴力犯罪，暴力犯罪中则以杀人、抢劫为多。世界卫生组织有过一项研究，涉及西方20个工业发达国家，发现只有英国的杀人发案率与日本较为接近。澳大利亚、英国、德国、新加坡属于治安秩序较好的发达国家，劫案的发生几率却是日本的20～30倍。韩国也是治安良好的国家，且在地理和文化方面与日本紧邻，但其劫案的发案率仍高出后者6.5倍。

衡量某一社会治安状况的另一项重要指标是民众的安全感。日本治安情况良好，中国留学生在日本关西地区人数过万，并没有因为社会治安引发大纠纷。一些在日本旅游或作实地调查的西方人士也有类似体会。例如，店外无专人照看的货摊、未上锁的自行车比比皆是；妇女只身可以在任何时段乘坐公共汽车或地铁，无需担惊受怕。

那么，对日本社会治安起到整体掌控的警察机关与其他发达国家的相关机构相比，又有哪些独到之处呢？可以说，"交番"和"驻在所"制度是日本警方自豪的勤务方式，也是日本警务工作的最显著特点。分布在全国城乡的6500多个"交番"和7600多个"驻在所"处在警务工作的最前沿，向困难民众提供咨询与帮助等，确保了社区秩序的稳定和生活的安宁。

作为日本警察机关最前沿的"交番"，在值班、巡逻以及定点位置设置上都体现了较强的便利性和高效性。一是实行倒班制而非值班制。"驻在所"警察则与家属住在所内，从制度上落实了全天候工作制。二是实行巡逻制而非坐班制。通过全方位的巡逻，对有困难的公众提供即时服务。三是位置设置便利。所有"交番"和"驻在所"均设在交通便利的闹市街头或村镇主要街道，形成了社区"安全中心"。四是时刻保持同群众的密切关系。社区警察定期探视、走访居民和社区单位，参加社区公益活动，对青少年进行遵纪守法教育。这种科学合理的勤务模式以及采取的各项预防措施，不仅有效地减少了犯罪的发生，而且密切了警民关系，使得社区氛围更加和谐、社会治安更加良好。

当然，日本目前也面临一些突出的社会治安问题。一是近年来日本经济不景气，失业人口不断增多，街头犯罪、入室偷盗和抢劫案件数量上升。二是具有黑社会性质的暴力组织呈发展蔓延的势头，其活动越来越猖獗。三是外国人在日本犯罪案件不断增多，并与日本的暴力组织相互勾结，犯罪活动组织化程度越来越高。四是警力不足的矛盾日益凸显。目前，日本警察与民众的比例为1∶527，他们认为，这一比例达到1∶225最为理想。但是受经济社会现状的制约，不可能在短时期内大幅度增加警力，因而显得有些捉襟见肘和力不从心。

另一方面，网络犯罪的频发也影响了日本社会的治安。近年来，未成年网络犯

罪的增加成为日本警方不得不警戒的一个领域。东京警视厅为警务人员发放智能手机，以密切注意时下的少年活动，还将把论坛、网上留言板以及社交网站等其他可能的网络通信手段列入监控范围。警务人员伪装个人身份，检查东京青少年在网上留言板发布的帖子。一旦发现可能导致青少年犯罪的可疑线索，警务人员就将摆明身份并发出警告。

总体而言，日本的社会治安环境良好，警察执法效率很高，警民关系密切。虽然在新时期会遭遇各种各样的新型犯罪挑战，但是日本警察机关一直在尽力构建一个执法有效的治安环境，日本民众的积极配合也是社会治安良好的一大保障。

第四课

日本茶道文化

日本最早的饮茶文化是在唐朝时由留学中国的遣唐僧人传入的。公元 8 世纪，绿茶传入了日本。根据日本《茶经详说》记叙："本朝圣武皇帝，天平元年 (729 年) 召百人僧侣入内讲般若，次日行茶礼。"《茶道入门》中记载道，公元 749 年，孝谦天皇在奈良东大寺召集五千僧侣在佛前诵经，事毕以茶犒赏。在当时刚刚接触茶的日本人看来，茶还仅仅是一种来自天朝上国的珍贵药物之一，非常珍贵，能得到天皇以茶犒赏的仪式也就非同一般了。

进入平安时代 (794～1184 年)，日本高僧永忠、最澄、空海先后将中国茶种带回日本播种，并建立正式的茶园。至弘仁年间 (810～823 年)，崇福寺、梵释寺之大僧都永忠为天皇奉献煎茶，形成日本茶文化初期的"弘仁茶风"。此时，日本仍将茶作为药物，饮茶方法基本上是学习和传授中国的茶礼和茶俗。

到了镰仓时代 (1185～1333 年)，日本兴起品茶风，领头人是曾经留学中国的禅师荣西。建久二年 (1191 年)，他亲自种茶，还把茶种送给京都高僧明惠上人，明惠把茶种种在栂尾山上，当时有歌道："栂尾山顶，种上茶树；从此生出，驹之蹄影。"后来这成为日本闻名遐迩的"栂尾茶"，至今此茶园仍被称为"驹之蹄影"。荣西研究中国唐代陆羽的《茶经》，写出了日本第一部饮茶专著《吃茶养生记》，为 300 年后的日本茶道文化的诞生开辟了先机。他将此书献给镰仓幕府，上层阶级开始爱好饮茶，随后，日本举国上下都盛行饮茶之风，饮茶习惯已经普及到一般庶民，日本茶道中的"抹茶"也是从镰仓时代开始的。正庆元年 (1332 年)，具有新趣味、新娱乐的民间"斗茶"开始流行。

室町时代 (1336～1572 年) 以后，茶树的栽种已普及起来。把饮茶仪式引入日

本的是大应国师，后有一休和尚。品茗大师村田珠光继承和发展了他们的饮茶礼仪，创造了更为典雅的品茗形式，他被称为日本茶道的创始人。村田珠光将禅的哲学内涵与饮茶所追求的精神境界、民间的饮茶活动与贵族的饮茶活动相互结合，创立"茶禅一味"的草庵茶文化，这也是日本茶道的精神宗旨与形式的雏形。

进入安土桃山（1573～1598年）时代，以村田珠光为鼻祖、武野绍鸥为中心的日本茶文化，至千利秋时代发展到了前所未有的昌盛阶段，并且最终发展为今天闻名世界的日本茶道。此时的日本茶文化，从对中国禅宗修行活动的单纯模仿，又经过上流社会的娱乐性借用，终于摆脱了道具的命运，而上升到一种既具有繁复表现形式，又具有缜密思想内涵的名副其实的高层次综合性文化生活。

现在日本流行的茶道，是在16世纪后期由茶道大师千利休创立的。千利休继承了前辈创制的苦涩茶，主张茶室的简洁化、庭园的创意化，在环境幽雅的地方建筑茶室，讲究茶具的"名器之美"，茶碗小巧、木竹互用，创立独具风格的日本正宗茶道——"千家流"茶法。1591年，千利休被武将丰臣秀吉逼迫自杀，他的技艺由其孙子继承下来。到江户时代（1603～1867年），"家元制度"建立，使茶道"传宗接代，不出祖流"。千利休的子孙分为"里千家""表千家"和"武者小路千家"三个流派。而其他门派林立，主要有织部流、远州流、三斋流、薮内流、石州流、宗遍流、庸轩流等。近几年，以"里千家"的传人最负盛名，弟子最多。

现在，茶道在日本可谓家喻户晓、人尽皆知。茶道组织遍及全国，其"道"中人约达1000万，将近全国总人口的十分之一。年轻女孩出嫁前，要经过特别的茶道程序训练。茶道也是日本中小学生课余时间的重要课目。

第五课

年功序列

所谓"年功序列"，就是依据员工的年龄、学历、以及企业工龄相应提升其工资和职位等级。年功序列与终身雇佣、企业内工会一起并称为日本企业经营的"三大神器"，对日本经济发展做出了贡献。年功序列经历了如下4个发展变化阶段：

经济恢复阶段（1945～1960年）——纯粹年功序列

战后初期，日本经济遭到严重破坏，人民饱受粮食短缺和住房困难之苦，工人运动高涨。为了保障员工及家庭的最低生活，企业逐步实行了具有平均主义倾向的年功序列。刚入职的年轻职工薪金低，随着工作年限和年龄增长，家庭整体消费增多，所得的薪金也就相应增长。1946年日本电业工会提出的"电力工资体系"是年功序

列的原形。在该工资体系下，年龄、家庭人口数、连续工龄是决定工资的直接标准，学历、经验年数为薪资标准。该工资模式最早在电力行业开始实施，之后其他企业纷纷效仿，并逐渐在当时的日本企业薪金制度中占据主导地位。

经济高速增长阶段（1960～1975年）——年功序列鼎盛期

随着经济高速发展，员工的生活水平提高，带有平均主义倾向的纯粹年功序列制已经不能适应经济发展和企业管理需要。在这样的背景下，为了减少薪金总额并保证员工队伍的稳定性，调动员工的工作热情，20世纪60年代初，日本引入职能工资制（又称职能资格工资制），即根据职工履行职务的能力决定工资高低，突出能力作为制定工资标准的依据。职能工资虽然带来了竞争元素，但是年龄和工龄在当时的工资体系中依然占据绝对优势。相应地，在晋升制度方面，开始实行职能资格制度，提升资格的标准除了学历和一定的连续工作年限外，还通过人事考核，考核其履行职务的能力及实际业绩。

经济稳定增长阶段（1975～1990年）——年功序列衰弱，能力要素增强

20世纪70年代开始，日本经济增长放缓，企业规模无法继续扩大，从而无法保障每年录取大批新职工，中老年员工的工资和职位提升速度减慢甚至停止，年功序列制度发生着微妙变化。如部分企业强化了能力和工作业绩评价体系，并加入开发创新能力、对工作环境的适应能力、对企业的关心、服从企业安排等新的能力因素。但从总体上看，这一时期工资和职务基本是随着工龄的增长而不断提高，年功序列仍然起着很大作用。

长期萧条阶段（1990年至今）——年功序列丧失主体地位

20世纪90年代，泡沫经济崩溃，日本经济陷入长期萧条。经营环境的恶化使得企业难以按照年龄和工龄定期给员工提升工资和职务。为了摆脱经营管理上的困境，日本企业引入"目标管理制度"，开始实行注重业绩的工资体系。另外，越来越多的企业开始打破晋升方面的年龄限制，提拔年轻、有实力的人担任领导岗位。这样按照工龄和年龄等逐级定期加薪和晋级的年功序列制度受到巨大冲击，逐渐走向崩溃。

在经济恢复期与高速经济增长期，日本年功序列对于保持职工队伍稳定性，增强公司职工归属意识起着不可估量的作用。但是随着20世纪90年代泡沫经济崩溃，年功序列失去了赖以生存的经济土壤，正慢慢退出历史舞台。

第六课

日本民间故事

　　日本民间故事是日本民间文化的综合表现，是日本民间智慧、艺术、知识的混合体，而且也是日本民众生活和理想的缩影，是一切高雅艺术的源泉。日本有许多民间故事深受中国或印度故事的影响，在中国、印度大多能发现其故事原形。根据内容和形式，大体上可以分为"昔话""传说""世间话"三种形式。"昔话"多指口头流传的故事，其人物、时间、场所一般都不确定，经常用"昔"表示时间，用"あるところに"表示场所，往往用一种不太确定的一种语气讲述故事情节。最后结尾处往往使用"てっぺんぐらりん""どんどはれ""とっぴんぱらりのぷう"等语句。"传说"一般以说明性的方式讲述某个特定的故事情节，常常和某个场所密切联系，意在增强故事的真实性。很多传说以弘法大师和源义经等历史上著名的人物作为主人公，内容夸张、离奇，通常很难和神话区别。"世间话"是指主人公幻化为狐狸这类的故事，也有将邻居和亲人、亲戚作为主人公的。通过本人实际感受和体验的形式口头流传。日本民间故事在内容上有以下特点：

　　一、邻里冲突。日本许多故事中冲突的双方都是两家邻居。在这一类型的故事中，主人公多为一个善良的老爷爷，邻居住的是一个嫉妒心极强、善投机钻营的坏老头。双方平日里相安无事，当好人一方遇上意外之喜、时来运转时，另一方龌龊的本性、卑劣的人格便显露无疑，当然最后受到了应有的惩罚。代表作品如《让枯树开花的爷爷》《摘瘤爷》《富贵草子》《割舌雀》等。

　　二、以弱制强以小胜大。《桃太郎》《金太郎》《一寸法师》《竹取物语》等故事在日本深受欢迎。前3个故事的人物共同特点是：身材小，成长快，最后打败了大于自己几倍乃至几十倍的敌人。《竹取物语》的主人公身材也很矮小，所不同的是她是个女孩，用计谋击败了求婚者。《桃太郎》等4个故事，在日本家喻户晓，而且非常受欢迎、经久不衰。他们由小变大战胜强敌，成长速度极快，这不就是日本民族的缩影吗？日本列岛虽然很早就有人居住但文明发展史很短，当日本远远不能赶上或是超过他的强大对手时，便幻想着在故事中实现自己的愿望。

　　三、恶人不死。日本民间故事的另一个特点就是反面人物很少被处死。当然在日本故事中被处死的并不是完全没有，但被处死的反面人物多为动物或植物变成的精灵妖怪，而很少是人。反面人物如《猿蟹合战》中的坏猴子，《喀嚓喀嚓山》里的貉精，最后终于被打死了。但当反面人物是人的时候，则是另一番情形。这是因

为日本人比起对立阶级，更喜欢谈有共性的人性问题。即使在阶级对立中，民间故事里所体现的也往往不是以武力消灭对方，而是感化对方，以达到整体层面上的和谐统一。在人际关系方面，日本人历来就注重内与外的区别。从人的角度来看，人类为内，动物为外。

此外，日本民间故事还有人物类型化、情节简单化、语言口头化、结构完整化等特点，这更能直接反映该民族的思维方式，所以它如同整个日本文化一样，虽然受到了中国文化的影响和哺育，但其内核确实是日式的。

第七课

日本文化特征

一般来说，民族的发展是以其整个文化的进步为标志的。各民族文化的进步，又是在与外部民族的文化碰撞、冲击、融合的过程中达到的，尤其是日本这样一个自古以来地处文明边缘的民族，这种过程显得更为典型。文化作为一个整体结构，其适应能力、应变能力，是一个民族具有生机活力的表现。从文化角度来看，日本文化具备了体现这种活力的特征：一、中空结构带来的文化多重性；二、对外来文化日本化的能力；三、实践运用能力与综合创造力。

一、中空结构带来的文化多重性。日本文化是一种融合不同文化体系并存、乃至整合于一体的多重文化，这方面的例证数不胜数。诸如政治上的新旧并存制度、衣食住方面的和洋合璧、宗教上的神佛双重信仰、占常用日语词汇一半以上的汉字词语，等等。

多重文化产生的原因主要在于日本人对不同性质的文化有着强烈的好奇心；日本人生活在一个未受到过彻底否定传统文化的外来侵略、并可根据需要摄取外来文化的环境之中，而这些与日本传统文化的中空性密切相关。日本文化的"中空性"指任何东西都能侵入中心，取得与其他事物的并存地位，这种特性能体现在日本文化对外来文化的强烈认同感与自身的外向趋力上。

从历史来看，日本位于发达的中华文化的边缘，近代又处于西方文明的最西端。日本自身文化的落后、历史遗产的贫乏，造成了这种边缘与中心的巨大落差。对于日本人来说，他们极容易受到外来先进文化的辐射，而且在遇到外来文化挑战时，没有"自我中心"的偏见，能够以博大的"无我"的空白状态去理解和接受外来文明。被吸取来的外来文化又与众多的文化实体平衡共存于日本文化之中。文化的这种外向性、宽容感，给日本民族提供了强大的发展原动力。

二、将外来文化日本化的能力。日本人具有将外来文化为我所用的能力。镰仓时代，6世纪传入日本的佛教脱离了外来宗教的色彩，成为日本的佛教，其中关键因素也是由于法然和亲鸾宣扬的学说迎合了日本人的独特教义，得到了民众的广泛支持和信仰。

这种将外来文化日本化的能力，表现为文化转换时极强的适应能力。当受到新的文化冲击时，日本文化没有沉重的历史包袱，于是表现出极大的应变能力。二战日本战败，美国制订了严苛的计划，然后进驻日本。但并未出现令人担心的骚乱状况。虽然不认为占领军一切都是正确的，但一般来说，日本人承认美国和英国拥有卓越的文化。而这种文化的适应力，在具有均一性的日本社会中，显得更加灵活和整体划一。这种灵活的适应性，使得日本文化永远不乏先进文化之源。

三、实践运用能力与综合创造力。日本人是讲究现实的，他们重视个别事物甚于普遍性的概念，例如将佛教转变成注重现世利益的宗教。就连现代科学都是如此，日本人在原理应用及商品化方面所体现出的能力强于探索原理的能力，这都是众所周知的事实。

那么，日本文化有无创造力呢？有人认为日本文化无创造力，只不过是简单的模仿而已，这是一种片面的看法。从心理学角度看，综合本身就是一种创造。表面上看似是对外来文化的模仿，实际上是以传统文化的创造为主体，与外来文化不断融合，创造出了一个新的文化实体。除了这种受外来文化影响产生的创造外，日本文化本身的主体创造也是显而易见的。古代日本创造了神治时代朴素的原始宗教，无数绚烂优雅的宫廷文学、贵族文学、茶道、能乐、狂言、花道等，无不体现出日本文化的独创风格。

一个民族对外来文化吸收得越多、越合理，就能使这个文化迅速发展的世界立于不败之地。日本文化正是以其自身对外来文化的包容性和极强的适应能力、实践运用能力、综合创造力，适时根据自身发展的需要，不断吸收新鲜的文化特质，永保旺盛的生命力。

第八课

日本社会保障

二战结束前，"社会保障"意识已经在日本萌芽。这一时期，救济和慈善事业兴起并逐渐普及，与此同时，也出现了一系列有关社会保险的法案。二战结束后，日本社会保障取得了迅速发展。1947年实施的《日本国宪法》第25条规定："全

体国民都享有维持最低限度的健康和文化生活权利。国家必须在生活的一切方面努力提高和增进社会福利、社会保障以及公共卫生事业。"此后，日本开始广泛使用"社会保障"一词。1950年社会保障审议会发表了《社会保障制度建议书》，对社会保障的概念做出了明确界定，将社会福利、公共卫生纳入社会保障。1961年日本实现"国民皆保险·皆年金"。1973年"福利元年"扩充了社会保障规模，实行老人免费医疗制度，提高了医疗补助费用。20世纪80年代后，改革年金制度、医疗保险制度，以减少财政开支。20世纪90年代后的社会保障注重老人的生活、医疗和看护，以及减轻生育和抚养子女负担。

日本社会保障在历经建立、扩充、调整和改革后，形成了一个种类繁多、形式多样、较为完善的体系。现行的社会保障制度主要有社会保险、社会福利、社会救济和公共卫生医疗四类。其中，社会保险是最为核心的内容，与社会福利、社会救济、公共卫生医疗一起构成了支撑日本社会保障的四大支柱。

一、社会保险

社会保险是日本社会保障的核心内容。目前，日本的社会保险中有应对生病、受伤的"医疗保险"，老龄或年老、残疾时支付年金的年金保险，应对公伤、因公务或上下班导致伤残的工伤保险，应对失业的雇佣保险和年老需要护理时的护理保险。社会保险的财源主要是被保险者和被保险者单位缴纳的保险费，国家、地方自治体和受益者也负担一部分。

二、社会福利

日本社会福利以税收为财源，给儿童、单亲母子家庭、残疾人、精神病患者、老人等在生活上有困难的人提供帮助。包括经济支援和提供服务两种形式：前者指提供儿童津贴、儿童抚养津贴、残疾人或精神病患者机能恢复津贴等；后者指对上述特定人群提供社会福利服务，如为残疾人或精神病患者机能恢复提供的设施以及设施的运行、老年福利设施的配备及运行、保育园等。

三、社会救济

社会救济是对生活贫困者提供生活、教育、住宅、医疗、护理、生育、就业、丧葬等方面的救助，以保障其能达到国民的最低生活水平，保障国民的生存权。社会救济与社会福利一样以税收为财源。由受助人提出申请并通过政府严格的审查后才能得到需要的救助。

四、公共卫生医疗

公共卫生医疗主要包括传染病预防、疫苗接种、下水道设施修整、保健所服务、医疗机构配备、医护人员培育、水质管理、废弃物处理和公害对策等，旨在使国民

能够健康地生活。

第九课

日本广播电视

日本的广播事业诞生于1925年,当年出现了东京、大阪、名古屋三个电台。第二年政府为了加强控制,指示三家电台合并成立日本广播协会,也就是大家所熟知的NHK,它受邮政省监督。日本广播协会成立后很快进入了黄金发展期,两年后就形成了覆盖全国的广播网。第二次世界大战结束后,进驻日本的盟国占领军立即对广播进行监督管理,1945年12月指令日本广播协会改组,更换领导机构、改革节目内容、重建广播记者队伍,从此广播协会的面貌发生了天翻地覆的变化。

1950年4月,日本国会根据盟军总部的意见通过了有关无线电管理的三项法案,即"电波三法"。"电波三法"共同确立了战后日本广播事业自主经营和广播自由的原则,确立了公营和私营并存的双轨体制。从此以后,日本广播事业在新形势下日益发展。1951年4月,第一批私营电台获准营业,并组成了"日本民间广播联盟"。1953年2月,刚成立的东京电视台开始播放电视节目,同年8月私营的"日本电视广播网"(NTV)也在东京开播。进入20世纪60年代后,随着经济的高速运行,日本电视业有了飞跃式发展。私营电台、电视台日益增多,公私并存、共同繁荣的局面正式形成。

日本广播协会(NHK)

日本最大的广播电视机构,简称NHK。创建于1926年,第二次世界大战结束后重新改组。1953年开播电视以前一直专营广播事业,现在主要力量已转向电视。NHK是个公营机构,依据广播法设立特殊法人。广播法规定的宗旨是"出于公共利益的需要,在日本全面普及和推动广播电视事业发展"。协会的最高决策机构为经营委员会,政府责成邮电大臣具体监督NHK的活动,所以NHK实际上是政府领导的公营企业。但是NHK又依法自主经营,它的经营委员会成员来自社会各界。它在承担法律规定的职责和义务的同时,享有编辑自由、表达自由,任何人不得对广播内容进行非法限制和干涉的权利。它的一般收益来源于用户交的收视费、收听费(1968年以后,收音机用户不再交收听费),经济基本自立。它不能播放广告,不得从事以赢利为目的的业务活动。

NHK的总部设在东京,机构庞大、分工细密、设备先进、专业人才众多。在全国各地设有众多的发射台和转播台,以保证节目的有效传送。日本国内各道、府、

县设有54个地区广播电视台，转播全国性节目并制作地方节目；国外在伦敦、纽约、北京设有总分社，在其他国家派驻了几十个记者站和摄制组，从事采访报道。

NHK有3个频道，播送3套节目。广播一台以新闻时事为主（占40%以上），其次是文化和娱乐节目；广播二台以知识教育为主（占70%），其次是文化和新闻时事；广播3台即FM调频广播电台以音乐和文化娱乐为主，也有新闻时事。NHK的地面电视有两个台：一个是综合电视台，以新闻时事为主，兼有文化及娱乐体育节目；另一个是教育频道，主要关注、推进国民的终身教育问题，内容以知识文化节目为主，也有少量新闻。NHK还有3个卫星电视台、一个国际广播频道和一个国际电视频道。

二、商业广播电视

日本的商业广播电视通常称为民间广播电视，一般由私人投资，采用股份公司制，实行商业运作，收入几乎全部依靠广告。自从1951年开办商业广播、1953年开办商业电视以来，经过半个世纪的发展，总体实力已超过NHK，受众数量同NHK平分秋色。到1995年底，这种民间商业台共有265座，其中地面广播电视台248座（广播电台125座、电视和广播兼营台123座）、卫星广播电视台17座。

民间商业广播电视以赢利为目的，娱乐节目的比重大，其内容良莠不齐。广告是商业广播电视的基本财源。同其他国家一样，日本的商业台无不挖空心思、努力增强节目的吸引力，以提高收听收视率，从而增加广告收入。滚滚而来的广告费又把私营广播电视同工商企业联系在一起，互相制约，互相利用。日本政府的邮电省负责依法对商业广播电视进行行政管理。民间广播电视的行业性组织是日本民间广播联盟。

目前日本的商业广播主要有两大系统，多数电台加入了这两个广播网。一个是日本广播网（JRN），另一个是全国广播网（NRN）。另外还有34个调频台，联结成日本调频广播网（JFN）。日本的商业电视大部分同东京的五大广播电视公司联结成网。这五大广播电视公司中其中四家只办电视，它们分别是东京广播公司(TBS)、日本电视广播公司（NTV）、全国朝日广播公司(ANB)、富士电视公司（Fuji TV）、东京电视公司（TV Tokyo）。

三、广播电视与高科技

居民拥有电视机总量1958年为198万台，1961年上升为1022万台，1965年为1822万台，1970年为2282万台，家庭普及率达94%。私营电视公司1960年为39家，1965年48家，1970年增至71家。与此同时，日本广播协会的地方台也不断增加。1960年9月第一批彩色电视开播，1975年彩色电视在全国普及。1963年日本首次

利用通信卫星转播美国的电视节目，不久又实现了双向互转。1964年10月东京奥运会的卫星转播更是盛况空前，随后，这种卫星转播被快速推广。目前日本广播电视业相当发达。1998年前后全国有收音机12050万台，平均每千人956台；电视机9100万台，平均每千人719台。彩电为NTSC制式。

日本有线电视最初也是为了解决边远地区收看电视困难以及大中城市电视信号受干扰的问题而开设的。1972年国会通过了《有线电视广播法》，此后有线电视纳入法制轨道，由邮电省负责管理。经过多年的发展，目前民间经营的大小不等的有线电视网共有6万多个，其中有的只转播节目，有的兼播自办节目。世纪之交有线电视拥有用户1000多万，占全部电视用户的1/4，但比其他发达国家人数略少。2006年年底，日本全国签约利用有线电视的家庭已达2050万户，普及率已经超过40%。随着信息技术的发展，不少有线电视网络向多媒体方向发展，目前正在开发电话业务和电脑联网业务。

日本自1984年起已发射了多颗广播卫星，依托这些卫星已办有10多个卫星电视频道，信号直接入户（卫星直播）是其主要传送方式。其中主要的卫星电视台有4个，NHK卫星电视一台（BS1）、NHK卫星电视二台（BS2）、NHK高清晰度电视频道（Hi-vision）、日本卫星广播公司（JSB）的WOWOW台。日本的广播电视数字化事业也在加紧推行。这一进程在卫星电视领域发展较快。有线电视方面，NHK已采取技术措施在有线电视网上传输卫星节目。地面电视的数字化也已经起步。按照邮电省的计划，东京、大阪、名古屋这3个城市在2003年开始实施数字传输，其他地区逐步跟上，2006年模拟电视已完全停止。

第十课

日本劳使关系

劳使关系是指劳动者和劳动力使用者（以下简称使用者）之间形成的诸多关系的总称。第二次世界大战前及战后初期日本多使用"劳资关系"一词，之后随着企业所有权与经营权分离、企业所有者与企业经营者分离，劳资关系（劳动者与资本家的关系）也逐渐转变为"劳使关系"。昭和30年之后，"劳使关系"一词开始被广泛使用。

劳使关系包括"个别劳使关系"和"集团劳使关系"。前者指围绕劳动者个人与使用者之间的劳动合同的签订、展开、结束等一系列关系；后者指以工会的组建、组织、运营以及工会和使用者之间的集体谈判为中心的关系。二战后，日本形成了

以终身雇佣、年功序列、企业内工会为支柱的长期稳定和谐的劳使关系，其特色主要表现在以下三个方面：

一、终身雇佣、年功序列、企业内工会相辅相成。终身雇佣是劳使关系稳定的基础条件。企业不解雇员工（除非员工本人有重大过失），被雇佣的员工不跳槽，有利于形成长期稳定的劳使关系。年功序列给予员工晋级、提薪的预期，有利于稳定人心、巩固劳使关系。企业内工会通过集体谈判和劳使协商营造和谐的劳使关系，有利于终身雇佣制和年功序列的顺利实施。终身雇佣、年功序列和企业内工会相辅相成、密切配合，从不同的侧面调整着劳使关系。

二、强化并完善劳使关系相关法律。战后初期，日本颁布《工会法》《劳动关系调整法》和《劳动基准法》，保障劳动者的权利和义务，规定了劳动标准和劳动争议的处理方式。目前，日本有关劳使关系的法律有《工资支付确保法》《最低工资法》《劳动者派遣法》《劳动安全卫生法》《工作环境检测法》《职业安定法》《职业能力开发促进法》《老年人就业促进法》《残疾人就业促进法》《男女就业机会均等法》《育儿护理休业法》和《雇佣保险法》等20余部。这些法律涵盖了劳使关系的方方面面，为劳使关系的和谐营造了良好的法治环境。

三、建立了较为完善的劳使协调机制，主要包括集体谈判、劳使协商和三方协商。集体谈判指劳使双方代表为签订集体合同就双方的权利、义务以及劳动条件等进行的谈判。集体谈判是工会的主要职能，受宪法和工会法保护。劳使协商指劳使双方就企业经营方面的事项等进行协商，主要协商不适用集体谈判的有关经营和生产上的问题，或在进行集体谈判前以预备性的协商缓和双方矛盾。劳使协商是对集体谈判的补充，强调劳使双方利益一致，建立在双方自愿的基础上；三方协商是指公劳使（公益委员、劳动者和使用者）或政劳使（政府官方代表、劳动者和使用者）就劳使关系相关的社会经济政策、立法以及争议处理等问题进行沟通、协商、谈判和合作。三方协商制度构建了三方共同处理劳使关系问题的平台，三方之间的对话和交流加深，劳使矛盾得以缓和。

随着泡沫经济破裂和经济全球化程度加深，日本大多数企业陷入困境，终身雇佣和年功序列逐渐瓦解，劳使关系呈现新变化。近年来，个别劳使争议数量增加，内容变得多样化，涉及待遇下降、性别歧视、性骚扰、多样的雇佣形式、业绩、工资、奖金或升职等方面。另外，由于工会组织率下降，集体谈判的覆盖面缩小，劳使双方趋向合作，劳使协商进一步加强。

日本的宗教

　　日本是一个多宗教国家，神教、佛教、基督教是三个大的宗教，除此之外还有一些小宗教。据日本文化厅统计，截至2013年12月31日，日本神教信徒达到91260343人，佛教信徒86902013人，基督教信徒2947765人，其他宗教的信徒9066141人，各类宗教信徒共计190176262人，远远超过同年日本的总人口数（约127277000人），出现这一现象的原因在于大多数日本人同时信仰两种甚至多种宗教。

　　神教是日本的传统民族宗教，最初以自然崇拜为主，属于多神信仰，《古事记》和《日本书纪》称有"八百万神"。神道教大致有神社神道、教派神道和民俗神道三种流派。神社神道是日本神道的主体，是以神社为中心的神道，重视对天地神祇和祖先神的祭祀，没有教祖和教义。日本几乎每个人口聚集地都至少有一个神社，其中重要的有祭祀天照大神的伊势神宫（三重县）等。二战前日本军国主义当局以神社神道为主体建立了"国家神道"，对国民进行思想统治。二战后，根据新的宗教法令，日本废止国家神道、实行政教分离。1946年，神社神道团体共同设立了神社本厅，这是一个以伊势神宫为本宗的全国神社的自愿性组织，旨在执行祭祀，教化培养氏子、崇敬者，在全国各都道府县设有神社厅。教派神道是指从德川幕府后期开始兴起的神道教团组织，包括"神道十三派"以及从这些教派中分离出来的许多新的神道团体。这些教派各有教祖、独立的教义和比较严密的宗教组织，不以某一神社为活动中心。民俗神道是日本民间流行的一般神道信仰。如对土地神、屋神的信仰以及重视崇神祭祖仪式和占卜、咒术、巫医等方术习俗等，实际上与神社神道无严格区别，无严密组织。

　　佛教在6世纪初由中国经过朝鲜半岛传入日本。历经传统佛教盛行期（奈良时代和平安时代）、新佛教盛行期（镰仓时代）、低谷期（江户时代和明治维新以后）以及二战后的发展扩大期后，日本的佛教形成了自己鲜明的民族特色，例如日本的佛教宗派分明，各宗派之间壁垒森严，奉行各自的修行法。目前主要的佛教宗派有天台宗、真言宗、净土宗、禅宗、日莲宗、奈良佛教等。日本佛教呈现世俗化倾向，僧侣可以娶妻、生子、食肉，有的宗派宣称善人恶人皆可通过念佛而灭罪往生。

　　基督教于16世纪中期传入日本，传入日本后既受到过残酷镇压，也得到过有力扶持。但是其教义理念过于强调神的唯一性和排他性，与日本的传统文化和信奉

多神的宗教意识差异较大，因此在日本信徒较少，以知识分子和年轻人为主。

　　日本的宗教与其说是一种概念，不如说已经变成一种习俗。根据日本民间习俗，刚过满月的婴儿由家人抱着去参拜神社。每年11月15日，3岁、5岁的男孩和3岁、7岁的女孩穿上传统和式礼服，去神社参拜。每年新年时绝大多数人会到神社参拜；每年12月25日按基督教习俗过圣诞节。结婚时举行教会式、神前式或佛前式婚礼，死后按照佛教方式举行葬礼。很多人既去神社参拜也去寺院拜佛。传统的日本人住宅通常既供有神道的祭坛神龛也有祭坛佛龛。神道教、佛教乃至基督教，已经作为一种信仰或风俗深深融入日本人生活的方方面面。

第十二课

日本农民职业教育

　　明治维新以来，日本十分重视发展农业教育，并且培养出了大批农业科技人才、农业技术推广人员和适应现代农村建设的高素质农民。日本的农民职业教育主要包括如下内容：

　　一、农业高中、大学农学类学部教育

　　日本的农业高中是文部科学省所管辖的职业高中的一种，以培养自营农业人员和农业关联产业技术人员为办学目标。大多数农业高中设置有农业、园艺、畜产、食品加工、农业土木、园林、农业机械等学科。学生通过在校学习可考取职业资格证书，如测量技师、助理测量技师、操作技师、园艺装饰和造园技师等职业资格。

　　目前日本从事农学相关研究教学的学部有60所左右。沿用"农学部"这一名称的大学共31所（2013年），其中国立25所，私立6所。随着农学研究领域不断扩展，多数学部用"生物""生命""资源""环境""食"等术语组合成新学部名，学部名称呈现多样化。

　　二、农林水产省系统下的教育

　　都道府县的农业大学是农林水产省管辖的农业教育研修设施之一，除秋田、东京、富山、石川、福井之外的42个道府县均有设立，其教学内容大多与当地的农业生产紧密结合。学校一般设有培养部、进修部和研究部。培养部招收高中毕业生，学制2年，实行寄宿制。进修部招收当地农业骨干和务农青年，属于短期的进修教育培训。研究部招收培养部毕业生，培养适应现代农业发展的经营管理者，学制为1～2年。

　　此外，还有一些民间团体设立和经营的农业教育研修设施，主要有茨城县的日

本农业实践学院、长野县的八岳中央农业实践大学校、茨城县的鲤渊学园和2012年设立的日本农业经营者大学校等。前两所学校成立于战前,是以注重实践、寄宿制进修教育为特色,鲤渊学园采用实验、研究一体化的教学方式。日本农业经营者大学校以培养具有高级经营能力的地区领袖人物为目标,招收19～40岁确定从事农业的人员,入学前需具备一定的农业劳动和农业实习经验。

三、农业技术普及组织教育

农业改良普及中心依照《农业改良助长法》,在农林水产省的资助下,与中央和都道府县的相关部门合作,对农户给予生产、经营、技术生活等方面的支持。普及指导员是取得相关国家资格考试的都道府县职员,直接面向农民进行农业生产、农村发展指导、农村青少年教育等活动。农协是由农民组成的合作社,在农村中拥有相当大的力量,全国农民几乎全部是它的成员。从农业经营目标诊断、农业经营类型选择、土壤的科学利用、有机农产品生产者的培育等农业经营领域到成员农户的健康指导、家庭理财、社会理念教育等农村生活领域,对农民进行全方位的培养。

四、国内外研修制度

国内研修制度始于20世纪60年代初,由社团法人全国农村青少年教育振兴会组织实施。将30岁以下的务农青年、即将务农的青年派到国内具有"指导农业士"资格的先进农户,农业生产或流通、农产品加工等企业去,在3～6个月同吃、同住、同劳动的实践中掌握先进的技术和经验。国外研修制度始于20世纪50年代,由国际农业者交流协会和全国农村青少年教育振兴会组织实施。日本的务农青年作为进修生被派往欧美等先进国家,学习农业技术和知识的同时,培养在日本国内难以获得的国际化思维和交流能力。

第十三课

日本人的消费活动

消费是人们为了满足自身需要而对各种物质生活资料、劳务和精神产品的消耗,它是人们维持自身生存和发展的必要条件,也是人类社会最大量、最普遍的经济现象和行为活动。仔细考察日本人的消费活动发现,数十年来,日本人的消费活动一直不同于欧美的消费者。首先,日本人一切从简,从不铺张讲排场。其次,日本人一直以愿意为质量和便利付费而著称,通常对廉价产品兴趣不大。除此之外,日本人的消费活动还有如下特点:

(一)追求新颖与时尚

整体而言，日本人对低价商品不屑一顾，而偏爱高端的百货商店和价格昂贵的地区性超市。他们愿意为高科技和高质量的产品支付高价，对品牌的热爱催生了大众奢侈品市场，拥有昂贵的高档产品似乎也成为一种生活必需。比如说他们主动搜集来自各方面的市场消费信息，购买那些被认为最优的商品，带动起一个又一个的消费流行，如数码摄像机、电子宠物、高科技材料制成的旅游用品及新型的运动汽车等。这些特点促使2008年该国的零售额提高到约135万亿日元（1.48万亿美元），仅次于美国，而中国市场正在随着80后的消费能力的提升和消费意识的变化而逐渐发生上述类似转变。

（二）更具健康和环保意识

得益于生活形式、饮食和遗传因素的影响，日本一直以来被认为是世界上最健康的国家，而日本人对于自己健康的关注也日益上升，日本人的长寿率也远远超出其他发达国家，居于世界前列，这与其健康的消费模式息息相关。另据2009年9月"我的声音"互联网调查显示，与其他所有的消费品类别相比，日本人在健康、运动和娱乐方面的支出保持上升趋势。

另外，日本人环保意识日益增强，之前麦肯锡公司对日本人的消费活动进行研究分析，结果84%的受访者首选购买环保的日常消费产品，比如，可口可乐的"乐活"（LOHAS健康和可持续的生活樣式）的卖点包括降低碳足迹：其瓶子由12克的可回收聚酯3塑料制成（而不是标准的26克），瓶子在回收中可以被扭曲和压缩。而且"乐活"还是在本地灌装的，减少了运输成本。该饮料一经推出后，成为日本最畅销的一次性瓶装水品牌。而且调查显示，大部分日本受访者乐于为绿色产品支付略高的费用。

（三）日用品购物地点选择侧重方便性

从食品、服装、化妆品等日用品购买地点的选择来看，人们光顾一般商店街的次数逐渐减少，而光顾食品超市、便利店、药店（兼售百货食品等）的次数不断增长。从这些变化中可以看出，方便与否是选择日用品购物地点的关键。由于便利店等为日本人提供了便利，受到光顾的机会自然就多，而食品超市自2000年到2003年扩大了夜间营业时间，为人们提供了新的方便，也引来了顾客，这些可以充分说明日本人的消费心理和消费特征。

村八分

　　"村八分"是日本历史上对村落中破坏规矩和秩序者进行消极制裁行为的俗称。日本传统农村中人们的共同生活一般涉及十大方面的内容：即成人礼、结婚、生产、照料病人、房屋改建、水灾救助、祭祀、旅行、葬礼和灭火。村民违反村规、不服管教时，除了帮助其料理葬礼和消灭火灾事项外，其余八项内容都不参与往来或施以援手。而协助料理葬礼，是因为尸体放久的话会散发尸臭，甚至引发传染病，帮助灭火则是担心殃及其他村民。除了因为这两件事情如果置之不理会造成他人困扰外，剩下的八件事情则完全不进行交流协助。即村中十分之八的大事拒绝其参与，亦不予以帮忙。也有人认为这十件事里面除了埋葬和灭火的两分外，剩下的八件事情其实是后世的穿凿附会，也就是说该处分其实就是断绝一切来往，并没有规定那么具体的内容。不过此种说法尚无定论，有待进一步的考证。

　　形成原因：村落是日本社会组织的原形，而村规就是社会规则的原点。由于日本根深蒂固的集团主义思想，导致个人在村落以及其他集体活动中都不愿让自己言行举止出格。因为这样损害了集体的和谐，所以一旦有人违背了规则，将受到一定的处置。江户时期，随着它们逐渐被制度化，最终形成典型的村规——"村八分"。当然，17世纪初日本尚处于严密的幕藩体制之下，普通居民被严格固定在居住地内，未经藩主许可严禁擅自离开，这在客观上为"村八分"的产生创造了条件。

　　处罚机制：最初，"村八分"不过是日本农村对损害集体利益或严重违规者进行绝交或孤立的一种惩罚方式。需要对破坏村规的人进行惩治时，一般要召开村民集会做出表决，决定给其戴红帽子或令其离开村庄。当然，不同地区也有不同规定。不过，如果村里有权势的人出面斡旋，当事人提供酒菜并向村民道歉的话，也可以获得谅解。只是此人以后在村中的大小事务中几乎再无发言权，在村民面前也抬不起头。

　　积极意义：由于村落是个大集体，村民们的共同利益和公共秩序需要维护，因此在集体中人们要相互关心、相互帮助，而且集体利益高于个人权益，二者发生冲突时个人权益需做出让步。正因为如此，当个体行为损害集体利益时，为了维护集体的和谐与稳定，就要对破坏者进行相应惩罚，以儆效尤。

　　消极影响："村八分"行为会给个人甚至家人带来肉体和精神上的极大伤害。例如1952年，静冈县富士郡上野村（现富士宫市）某高中女生由于告发参议院候

选人在全村投票选举中舞弊一事，而使其一家遭受到了村民们的"村八分"处分，不仅导致自己在学校被边缘化和欺负，整个家族都受到排挤和报复，影响极其恶劣。

另外，从法律角度而言，"村八分"这种惩罚机制应该称为"集体绝交"，是一种严重侵犯人权的违法行为，等同于现代社会的胁迫罪。而日本法院因其弊端早在1909年就判决"村八分"是恐吓和损害名誉的行为。因此，随着时代变迁和社会进步，"村八分"这种制裁制度几近名存实亡。

第十五课

日本政党

日本是亚洲最早出现政党的国家之一，实行多党制，其政党是随着日本资本主义经济成长、资产阶级民主主义政治体制确立而发展起来的。

明治维新后，随着自由民权运动兴起，日本出现了一批早期近代政党。1881年板垣退助等人成立的自由党是日本历史上第一个资产阶级政党，标志着日本正式出现组织形态较完备的政党。1882年大隈重信等人成立立宪改进党。1898年6月，自由党与进步党（1896年立宪改进党改组为进步党）合并为宪政党，组成以大隈重信为内阁总理大臣、板垣退助为内务大臣的内阁，成为日本历史上第一个政党内阁。但4个月后，宪政党因党内斗争而分裂，原自由党继续沿用宪政党的名称，原进步党改称宪政本党。此后这两个政党轮流执政或主导议会，后来分别演变成二战前日本的两大资产阶级政党——立宪政友会和立宪民政党。另外，这一时期日本社会党（1906年）、日本共产党（1922年）等社会主义政党组织也纷纷建立。1940年，实行法西斯独裁统治的日本天皇政府，解散了除大政翼赞会以外的所有政党。

战后初期，美国对日本实行非军事化、民主化改革，日本各政党得以恢复和重建。如雨后春笋般建立的政党经分化、重组后形成两大势力——代表资产阶级利益的民主党（1947年）、自由党（1945年）和代表劳动工人利益的共产党（1945年）、社会党（1945年）。1947年日本开始实施新宪，规定日本实行立法、司法、行政三权分立的议会内阁制；天皇为日本的象征；国会为最高权力机关和唯一立法机关，由众议院和参议院构成，两院议员由全民选举产生；内阁为最高行政机关，对国会负责，内阁总理大臣由政党提名、国会众参两院议员投票选举产生。1947年日本组建了以社会党为主的内阁，1948～1955年间由自由党和民主党轮流组阁。1955年，分裂的社会党左右两派实现合并。为了阻止社会党势力增长，同年11月民主党与自由党宣布合并为自由民主党（简称自民党），此后日本形成了自民党一党独大、

长期执政，社会党在野的"55年体制"。

自民党执政期间，日本政局稳定，经济持续高速发展。直到1993年，自民党在大选中败北，才结束了长达38年的"55年体制"。但是自民党并没有退出历史舞台，1994年重回社会党党首村山任内阁总理大臣的联合政权，1996年通过主导政党联合内阁的形式重返执政地位。1998年，多个在野政党合并组成一个新的大型政党——民主党。2009年9月民主党取代自民党成为日本的执政党。但是3年后，以安倍晋三出任内阁总理大臣为标志，自民党再次夺回执政地位。

纵观日本政党发展历程，可以看出日本的多党制具有多党并存、自民党一党独大的特点。虽然1993年后自民党执政地位受到多次挑战，但其一党独大的特征依然没有改变。目前参加国会活动的日本主要政党有自民党、民主党、公明党、日本共产党、社民党、维新党（2014年日本维新会改组以后的名称）、次世代党（2014年由日本维新会分裂而来）、生活党和山本太郎及伙伴们（2014年由生活党改名而来）、日本精神会（2015年成立）、新党改革（2010年由改革俱乐部改名而来）等。

第十六课

日本天皇

天皇是日本君主的称谓。当今天皇明仁于1989年1月7日即位，年号"平成"，是日本第125代天皇。

"天皇"这一称谓并非自古就有，而是经历了由"王—大王—天皇"的变迁。据中国《后汉书》和《三国志·倭人传》记载，日本早期君主称"王"，当时整个日本列岛小国林立，尚未实现统一。4世纪末至5世纪初，大和国历经上百年征伐后，首次统一了日本列岛，此时君主的称谓由"王"转变为"大王"。7世纪初圣德太子摄政时期，日本正式出现"天皇"称号。公元608年，日本遣隋使致隋朝的国书中出现"东天皇敬白西皇帝"的表述，这是日本在对外交往中首次正式使用"天皇"称号。

神武天皇是传说中的日本第一代天皇。据《古事记》《日本书纪》记载，神武天皇是天照大神的后裔。他建立了最早的大和王权，是日本的开国之君。这一神话传说为"天授神权"和"万世一系"提供了依据，创立了"天皇"这一人神合一的无上权威形象。

虽然天皇"万世一系"之说缺乏有力依据，但也可以称得上"千世一系"。日本天皇能够代代传承，其原因在于很多时候天皇的权利被架空，不掌握实权，只有

象征意义。圣德太子改革（604～622年）、大化改新（645年）和壬申之乱（672年）之后，日本建立起以天皇为首的中央集权国家。天皇成为人神合一的"现人神"（以人身出现的神），拥有政治权力与精神权威双重权利。直到奈良时代（710～794年），天皇一直作为最高统治者实施统治。平安时代（794～1192年）中期以后，宫廷贵族和武士势力逐渐扩大，天皇的实权落入外戚"摄政"和"关白"手中。11世纪中叶以后，为了摆脱外戚专权，由太上天皇执掌天下政权的"院政"出现了。1192年镰仓幕府建立，标志着日本进入武家社会。1192～1868年，最高政权实际掌握在以"将军"为首的"幕府"手中。从室町幕府到德川幕府，天皇的权力越来越小，仅作为王权统治的一种象征而存在。1868年明治维新运动推翻了幕府统治，归政于天皇。但其本质是借"天皇大权"之名，实行极少数军阀、官僚、贵族的寡头专制，以维护大地主大资产阶级利益。

　　1945年8月15日，日本宣布无条件投降。次年1月1日，昭和天皇迫于美国政府的强大压力发表《人间宣言》，首次公开声明自己是人而不是神，"天授神权"神话终结。1947年实施的《日本国宪法》明确规定，天皇作为"日本国的象征，日本国民整体的象征"存在，只能在内阁的建议和允许下从事宪法规定的、象征性的、礼仪性的国事活动，无处理国政的权能。至此，日本天皇完成了由"神权天皇"向"象征天皇"的转变。

　　根据宪法和现行皇室典范相关规定，天皇皇位世袭，由天皇的男性子嗣继承。皇室财产均归国家所有，授予皇室财产、皇室接受或赐予财产，须通过国会决议。皇室机构有皇室会议、皇室经济会议和宫内厅。皇室会议负责审议和决定皇位继承变更、立后及男性皇族的婚姻、摄政等有关皇室的重要事项；皇室经济会议负责审议和决定皇室经济事项；宫内厅是管理皇室事务的行政机关，隶属内阁总理大臣管辖的总理府。这三个机构的实权均由内阁总理大臣掌握，日本天皇已是名副其实的"象征天皇"。

附录三　练习参考答案

第一课

一、

1. ひっかく
2. ていぎ
3. うったえかける
4. えいじ
5. うかびあがる
6. おおうなばら
7. あいかん
8. ぎょうし
9. なりたつ
10. あつみ
11. せいし
12. しい
13. ほねぐみ
14. やわらげる
15. しぼりこむ
16. たくわえる
17. そくばく
18. てもと
19. ふうけい
20. にくむ

二、

1. 画像
2. 偏旁
3. 困惑
4. 貯える
5. 隠喩
6. 溌剌
7. 羨む
8. 違和感
9. 痕跡
10. 参照
11. 伝達
12. 配偶者
13. 染まる
14. 往来
15. 企図
16. 豊満
17. 薄める
18. 流動
19. 満喫
20. 点景

三、略

四、

問一	問二	問三	問四
③	②	③	①

五、
問一　本文では、人生は長い階段に喩えられています。
問二　略

一、
1. ちょうちん　　2. ばくげきき
3. ふりょ　　　　4. くうしゅう
5. りんきおうへん　6. ぶんめん
7. むかんしん　　8. ほんろう
9. かたやぶり　　10. ひときわ
11. とびまざる　　12. はせる
13. ちゃかす　　　14. どうしゃ
15. ぶなん　　　　16. のうか
17. しんせき　　　18. しきじょう
19. しばい　　　　20. じっか

二、
1. 荒波　　　　　2. 叩き付ける
3. 酔っぱらう　　4. 徴兵
5. 爆発　　　　　6. 縛る
7. 捲くる　　　　8. 熱狂
9. 神妙　　　　　10. 定型
11. 触れ合い　　　12. 判別
13. 吹き込む　　　14. 科白
15. 気遣う　　　　16. 安否
17. 吹き出し　　　18. 紺碧
19. 駆使　　　　　20. 審査

三、略

四、

問一	問二	問三	問四	問五
②	③	③	④	②

第三课

一、

1. しょうとつ
2. そむける
3. ともかく
4. こぼれる
5. はかあな / ぼけつ
6. なりひびく
7. しょうしん
8. しめつける
9. ちぎる
10. みみざわり
11. うずたかい
12. ぎょうしゅく
13. はしゃぐ
14. からみあう
15. みすてる
16. むごん / しじま
17. けんびきょう
18. まっくら
19. しめつける
20. どうどう

二、

1. 日射
2. 咎める
3. 機嫌
4. 足取り
5. 放っておく
6. 苦笑
7. 横目
8. 紙屑
9. 日和
10. 跳ね返す
11. 暗幕
12. 代わり番こ
13. 挙手
14. 気の毒
15. 置き場
16. 青ざめる
17. 補償
18. 細長い
19. 絶好
20. 留守番

三、略

四、

問一	問二
④	③

五、

問一	問二
④	②

 第四课

一、

1. あたみ
2. ちゅうふく
3. けいしゃく
4. まく
5. あぐら
6. あさがお
7. ねぼう
8. つる
9. えんそう
10. まごむすめ
11. あぶ
12. よわよわしい
13. おしべ
14. ぶよ
15. いちりん
16. とらふ
17. すばらしい
18. まったく
19. ひなた
20. がようし

二、

1. 百足
2. 繁る
3. 母屋
4. 瑠璃色
5. 坂路
6. 虻
7. 空しい
8. 雌蕊
9. ぶら下がる
10. 煙草
11. 傾斜
12. 先入観
13. 雄蕊
14. 茶色い

三、略

四、

問一	問二	問三
②	①	③

 第五课

一、

1. みいだす
2. めでる
3. こばむ
4. ばかばかしい
5. はいりこむ
6. いさぎよい

7. けんおかん
8. けはい
9. さわぐ
10. うはく
11. つまる
12. うるおい
13. ふへいがお
14. ちんきん
15. やばん
16. りだつ
17. のびやか
18. こずえ
19. あからむ
20. まちどおし

二、
1. 一読
2. 融和
3. 出会い
4. 薄っぺら
5. 委ねる
6. 引っぺがす
7. 苛立つ
8. 煩わしい
9. 長じる
10. 御題目
11. 纏う
12. 頑な
13. 懲りる
14. 卑しい
15. 猥雑
16. 余所余所しい
17. のめり込む
18. 何やら
19. 立姿
20. 枝振り

三、略

四、

問一　目の前の利益のことで、急に態度を変わった。

問二　絶対に反対する。

五、

問一	問二	問三	問四
②	③	②	④

第六课

一、
1. かんしょう
2. ひにく
3. ひびく
4. れいぞうこ
5. ついほう
6. ひたい
7. かんちょう
8. すてる

9. きかん　　　　　10. ぶんぴつ
11. びんせん　　　 12. やくしょ
13. うちがわ　　　 14. さしだしにん
15. ふうしょ　　　 16. のうりつてき
17. しゅっぱん　　 18. じょうしきてき
19. はんもん　　　 20. なさけない

二、
1. 反動　　　　　2. 疎外
3. 過保護　　　　4. 差別
5. 孤児　　　　　6. 報じる
7. 放置　　　　　8. 空地
9. 追い払う　　　10. 追い出す
11. ため息　　　　12. 遊園地
13. 一挙　　　　　14. 宣伝
15. 訓練　　　　　16. 郵便物
17. 訂正　　　　　18. 敬服
19. 活躍　　　　　20. 幹部

三、略

四、

問一	問二	問三	問四	問五	問六	問七
②	③	④	④	③	③	④

五、

問一	問二	問三
①	③	④

第七课

一、
1. いつだつ　　　2. ていこう
3. むいしき　　　4. たちいる
5. つつしみ　　　6. ほうしょく
7. あいせき　　　8. りょくひりつ
9. りくち　　　　10. やわらげる
11. よくせい　　　12. じっかん

13. たくわえる　　14. ちょくしゃ
15. じどう　　　　16. たくち
17. せいび　　　　18. しきつめる
19. しさん　　　　20. ひやす

二、
1. 退行　　　　　2. 楕円形
3. 厳密　　　　　4. 延長
5. 滋味　　　　　6. 非許容
7. 集団　　　　　8. 饗宴
9. 概して　　　　10. 突き合わせる
11. 落ち着く　　　12. 気詰まり
13. 廃棄物　　　　14. 埋め立て
15. 水辺　　　　　16. 乗り出す
17. 冷え込む　　　18. 放熱
19. 上昇　　　　　20. 憩い

三、略

四、

問一	問二
③	④

五、

問一	問二	問三	問四	問五	問六
②	①	③	②	③	④

第八课

一、
1. じっか　　　　2. きせい
3. まばたく　　　4. つらら
5. かわす　　　　6. こっかん
7. まふゆ　　　　8. はんぱつ
9. ちゃづつ　　　10. つきあわせる
11. ひたす　　　　12. きわだつ
13. ひきあい　　　14. いくたび
15. こよみ　　　　16. おのれ

17. まんざら　　　　　18. きゅうば
19. こなす　　　　　　20. おぼつかない

二、
1. 瞬く　　　　　　　2. 雪だるま
3. 酷寒　　　　　　　4. 存分
5. 溶ける　　　　　　6. 熱帯
7. 駄目　　　　　　　8. 訴える
9. 茶筒　　　　　　　10. 両手
11. 擁護　　　　　　　12. 魔法
13. 事態　　　　　　　14. 頻度
15. 最早　　　　　　　16. 無理
17. 老いる　　　　　　18. 影響
19. 把握　　　　　　　20. 先鋭化

三、略

四、

問一	問二
④	②

五、

問一	問二	問三	問四
④	③	①	②

 第九课

一、
1. みうち　　　　　　2. ためす
3. こころづかい　　　4. かきすて
5. きっすい　　　　　6. なまぐさい
7. しゃくど　　　　　8. ととのえる
9. つげる　　　　　　10. くずれる
11. ぬぐう　　　　　　12. くろう
13. いとなむ　　　　　14. かいしゃく
15. かんきょう　　　　16. めいわく
17. ことば　　　　　　18. しんだん
19. あいじょう　　　　20. たんなる

二、
1. 窮屈　　　　　2. 至極
3. 衝突　　　　　4. 雑煮
5. 転落　　　　　6. 遠慮
7. 時報　　　　　8. 忠実
9. 癖　　　　　　10. 扱う
11. 故障　　　　　12. 覗き込む
13. 観光　　　　　14. 慌てる
15. 中止　　　　　16. 検査
17. 口笛　　　　　18. 用意
19. 携帯　　　　　20. 時刻

三、略

四、
問一　略
問二　略

五、

問一	問二	問三
②	③	①

第十课

一、
1. くるまいす　　　2. しょうがいしゃ
3. だます　　　　　4. しせん
5. しかる　　　　　6. こゆう
7. こうりつせい　　8. ごかい
9. はかい　　　　　10. しんこう
11. ねんしゅう　　 12. ぞくする
13. いきょ　　　　 14. しゅんじ
15. うすっぺら　　 16. たましい
17. かっとう　　　 18. はんらん

二、
1. 譲る　　　　　　2. 険しい

3. 気まずい　　　4. 躊躇
5. 囁き　　　　　6. 豊か
7. 思い込み　　　8. 苛立つ
9. 望ましい　　　10. 面倒くさい
11. 数値　　　　　12. 奪う
13. うつ病　　　　14. 追放

三、略

四、問一（C）

問二	問三	問四	問五	問六	問七
②	①	②	④	①	③

第十一课

一、

1. おんち　　　　2. じまん
3. つつましい　　4. はらだち
5. はたけ　　　　6. かようきょく
7. じゅうじつ　　8. ひそう
9. うつろう　　　10. じょげん

二、

1. 幼馴染　　　　2. 口癖
3. 険しい　　　　4. 臆病
5. 工面　　　　　6. 指図
7. 制約　　　　　8. 老後
9. 合計　　　　　10. 干渉

三、略

四、

問1	問2	問3	問4	問5	問6	問7
③	④	②	③	①	①	②

第十二课

一、

1. なれなれしい　　2. さゆう

3. めったに　　　4. ひじ
5. しょこく　　　6. れいりょう
7. すいい　　　　8. せつもん
9. そくだん　　　10. ひとすじなわ
11. おさえる　　　12. あっとうてき
13. てくび　　　　14. きんせつ
15. せっしょく　　16. みっせつ

二、

1. 見知らぬ　　　2. 話し合う
3. 親近感　　　　4. 自問
5. 沿岸　　　　　6. 屋外
7. 快適度　　　　8. 願望
9. 逆転　　　　　10. 参画
11. 分類　　　　　12. 到来
13. 進出　　　　　14. 気付く
15. 因習　　　　　16. 間違える
17. 異なる　　　　18. 頻繁

三、略

四、

問一	問二	問三	問四
①	④	②	③

五、

問一	問二	問三	問四	問五	問六	問七	問八
②	②	④	④	②	①	③	④

第十三课

一、

1. ものわすれ　　2. ぞうか
3. ふそく　　　　4. こうきしん
5. ぼける　　　　6. よみがえる
7. からみあう　　8. きゃくりょく
9. すいはんき　　10. とりまく
11. こんちゅう　　12. まめつぶ

13. こうおん　　　　14. おぎなう
15. たくわえる　　　16. ながあめ
17. ちゅうなんべい　18. しくみ
19. おんけつどうぶつ 20. けんぼうしょう

二、

1. 深刻　　　　　2. 死滅
3. 旺盛　　　　　4. 若年
5. 組み合わせる　6. 拡張
7. 翼　　　　　　8. 恒温
9. 外気　　　　　10. 凍死
11. 熱帯　　　　　12. 支出
13. 冬眠　　　　　14. 爬虫類
15. 一気　　　　　16. 足腰
17. 複雑　　　　　18. 不思議
19. 表面積　　　　20. 冬眠

三、略

四、

問一	問二	問三	問四
③	④	①	③

五、

問一	問二	問三	問四
③	①	④	②

第十四课

一、

1. さとる　　　2. ぎほう
3. みじゅく　　4. よくせい
5. せいぎょ　　6. じぞく
7. とうわく　　8. けんお
9. けいべつ　　10. けんちょ
11. そうぐう　　12. かいしゃく

二、

1. 実施　　　　2. 米飯

3. 脱脂粉乳　　　4. 昨春
5. 施行　　　　　6. 転換
7. 余る　　　　　8. 狙い
9. 絶好　　　　　10. 食べ残し
11. 地元　　　　 12. 地産地消

三、略

四、

問一	問二	問三	問四
③	③	②	①

五、

問一	問二	問三	問四
③	④	④	③

第十五课

一、
1. ことわざ　　　2. みかえり
3. あくとく　　　4. さんぶつ
5. ちくせき　　　6. けいさい
7. ゆうごう　　　8. しゅんじ
9. てんさい　　　10. ずはん

二、
1. 甘やかす　　　2. 無私
3. 押し付ける　　4. 報い
5. 収集　　　　　6. 豊富
7. 公正　　　　　8. 劣化
9. 波及　　　　　10. 著作権

三、略

四、

問一	問二	問三	問四
③	②	③	①

五、

問一	問二	問三	問四
②	③	③	④

第十六课

一、

問一	問二
②	③

二、

問一	問二
①	②

三、

問一	問二
④	①